'구별짓기'를 넘어서
영화로 보는 세계정치

이 저서는 2019년 대한민국 교육부와 한국연구재단의 인문사회분야 중견연구자지원사업의 지원을 받아 수행된 연구(NRF-2019S1A5A2A01045322)이며 더불어 2020년 서울대학교 미래기초학문분야 기반조성사업 (200-20200033)의 지원을 받아 수행한 연구임.

This work was supported by the Ministry of Education of the Republic of Korea and the National Research Foundation of Korea(NRF-2019S1A5A2A01045322) and by Seoul National University Program for the Fundamental Development of Basic Studies(200-20200033).

'구별짓기'를 넘어서

영화로 보는
세계정치

이옥연 편저

고주현
김새미
김인춘
윤석준
임동현
장선화

World Politics in Film:
Going Beyond Boundaries

Okyeon Yi (ed.)

Joohyun Go · Saemee Kim · Inchoon Kim

Seock-Jun Yoon · Donghyun Lim · Seonhwa Jang

ORUEM Publishing House

Seoul, Korea

2022

책을 펴내며

영화[는] 한 번 봐서는 알 수 없다. 왜냐하면 결말을 모르는 상태로 영화를 따라가기 때문이다. 영화가 이끄는 대로 결말에 집중하다 보면, 과정의 디테일한 부분들은 눈에 잘 들어오지 않는다. … 영화의 끝을 알고 보면, 결말에 끌려가지 않고 … 이전에는 놓친 부분이 반드시 보인다. … 그 지점이 … 영화의 목적지로 안내하는 열쇠가 된다. … 영화에 대한 사랑은 영화가 숨긴 열쇠를 알아가는 과정에 있다(김시선, 『오늘의 시선』 중에서).

특별한 교육이나 훈련을 거치지 않아도 누구나 영화 … 를 볼 수 있다. 뿐만 아니라 그 내용과 의미를 쉽게 이해할 수 있다. … 영화는 관객의 주목을 이끌어내는 것을 고려하여 만들어졌으므로 굳이 일부러 집중하려 노력하지 않아도 영상에 집중하게 된다. … 그러나 영화는 … 스토리 구성을 위해 대단히 복잡한 형식적 장치를 갖고 있다. … 무엇보다도 … 우리가 경험하는 일상세계의 질서와는 전혀 다른 논리로 구성된다는 사실을 유념해야 한다(조형래 외, 『문학과 미디어의 이해』 중에서).

『문학과 미디어의 이해』는 '영화라는 대중적 형식'을 일상 현실과 대조해 다음과 같은 차이점을 제시한다. 첫째, '사각의 스크린'에 담긴 영상은 세상을 바라보는 우리에게 번갈아 신체 일부를 비춰주는 초현실성과 분절을 드러내 이야기를 전달한다. 둘째, 시작과 종결이 전제된 영화의 시간은 "처음이나 끝이 없이 부단히 지속되는" 일상 현실과 달리 의미를 부여하는 '인과적·논리적 구조'에 의해 전개된다. 그를 염두에 두고 이 책은 영화 속에서 넓은 의미의 세계정치 메시지를 뽑아 엮은 결과물이다.

『영화로 보는 세계정치: '구별짓기'를 넘어서』는 총 12편의 영화 영상을 통해 전파되는 이야기를 활자 매체에 담고자 한다. '구별짓기', 즉 경계는 가시적으로 보이거나 제도적으로 거쳐야 하는 물리적 형태를 취하기도 하지만 표면상 드러나지 않거나 관습적으로 받아들여지는 심리나 감정 또는 정서적 장벽으로 나타나기도 한다. 적대·배제·차등 등의 요인이 구별짓기를 초래하지만 그를 넘어서 타자를 환대할 수도 있다. 이 편저는 구별짓기의 결과물을 적나라하게 묘사한 영화의 역사적 배경, 사회적 맥락, 또는 논리적 구조를 파헤친다. 그리고 결론에서 전면전을 치른 적과의 동침을 위해 연대 형성을 목표로 유럽이 채택한 차별화된 통합의 양면성에 관해 논한다.

첫 번째 파트는 적대로 인한 구별짓기에 희생된 개인의 존재 가치를 그리는 4편의 영화에 대한 이야기를 담았다.

영화 〈김귀덕Kim Ki Dok〉(2006)은 한국전쟁 시기 동유럽으로 보내진 북한 전쟁고아들의 이야기를 다룬 다큐멘터리이다. 폴란드인 감독은 우연히 지역 공동묘지에서 한국어로 적힌 묘비명을 발견한다. 그리고 그 실마리를 찾다가 한국전쟁이 끝날 무렵 폴란드에 온 북한 전쟁고아들의 흔적을 찾게 된다. 영화는 당시 북한 전쟁고아들을 보살핀 폴란드인들의 기억에 기반해 반세기 전 전쟁이 남긴 상처를 그려낸다. 한반도에서 전쟁이라는 역사를 되풀이하면 안 된다는 교훈을 주는, 실화에 기반한 다큐멘터리 영화이다.

영화 〈판의 미로El Laberinto del Fauno〉(2006)는 스페인 내전이라는 역사적 사건에 뿌리를 둔 작품이자 어린아이의 두려움과 경이로움을 탐구하는 어두운 동화로 인간의 도덕성과 자유의지라는 복잡한 주제를 탐구한다. 델 토로 감독은 현실과 환상 속 악당을 통해 관객들에게 권위주의 스페인이 어떻게 스페인 국가의 순수함과 상상력, 자유를 짓밟았는지를 보여준다. 영화 〈두 개의 카탈루냐Dos Cataluñas〉(2018)는 유럽의 지식인들을 끌어들인 참혹한 내전을 거쳐 여전히 중요한 이슈인 카탈루냐의 분리독립을 찬성하는 자와 그렇지 않은 자로 나뉜 스페인을 그린 다큐멘터리다.

영화 〈랜드 오브 마인Land of Mine〉(2015)은 2차 세계대전 중 있었던 실화를 바탕으로 국가(조국)의 부름과 명령으로 전쟁의 가해자 측이 되었다가 절망적인 상황의 피해자가 된 어린 소년들의 잔인한 운명을 보여주며, 이것이 누구의 책임인지를 묻는다. 종전 직후 덴마크군은 전쟁포로로 잡아둔 독일 소년병들을 독일군이 매설한 지뢰를 맨손으로 찾아 해체하는 위험한 작업에 투입시킨다. 이 작업에 2,000명이 넘는 병사가 투입되었는데, 1,000여 명이 죽거나 부상당했다. 독일에 대한 덴마크의 적개심을 반인륜적인 복수로 재현해 전쟁 승전국인 영국과 덴마크의 치부를 여과 없이 보여준, 덴마크 감독에 의한 독일·덴마크 합작영화라는 점에서 더욱 의미가 크다.

영화 〈러시아 하우스The Russia House〉(1990)는 영국 대외 비밀정보국인 SIS(Secret Intelligence Service, 일명 MI6) 출신이자 영국 외무부 외교관인 존 르 카레(본명 David John Moore Cornwell, 1931-2020)의 원작 소설에 바탕을 둔 작품이다. 냉전시대의 스파이 활동을 냉소적으로 신랄하게 다룬 이 영화는 민주진영인 서방세계의 실상 또한 소련의 그들과 다를 바 없음을 고발한다. 그리고 거대한 가치나 관념보다 자유로운 일상, 개인적인 삶, 사랑 등 개인의 가치를 강조하면서 개인의 자유와 사랑이 국가나 이념보다 소중하다고 말한다.

두 번째 파트는 배제로 인한 구별짓기에 유린당한 개인의 권리를 그리는 4편의 영화에 대한 이야기를 담았다.

영화 〈테라페르마Terraferma〉(2011)는 이탈리아 최남단의 작은 섬 람페두사를 배경으로 갖은 역경을 이겨내고 이탈리아에 도착한 아프리카 난민들을 바라보는 이탈리아인들의 상반된 시선을 다룬다. 오늘날 이탈리아인들은 한편으로는 난민의 유입으로 인해 일자리가 줄어들고 사회보장체계가 붕괴될 것이라는 두려움, 다른 한편으로는 난민의 유입이 새로운 발전의 동력과 새로운 문화 창출의 기회가 될 것이라는 기대를 동시에 품고 있다. 이러한 시선은 단지 이탈리아 사회에만 국한되는 일이 아니며, 우리 사회도 마찬가지로 고민해야 한다.

레쥬 리 감독의 21세기 판 〈레 미제라블Les Misérables〉(2019)이 전하는 가장 큰 메시지는 프랑스 사회의 통합 문제다. 프랑스 사회의 큰 비중을 차지하는 이민자들을 어떻게 대하는가의 문제일 뿐만 아니라 특히 다른 문화와 종교를 지닌 국가에서 온 이민자와 그 후손 세대가 어떻게 진정한 프랑스 시민으로 녹아드느냐의 문제는 여전히 해결되지 못한 상태다. 영화 〈레 미제라블〉은 서로 다른 문화집단이 일정한 규범적 원칙을 가지고 평등하게 공존하는 다문화주의 논의의 필요성을 깨우쳐준다.

영화 〈디스 이즈 잉글랜드This is England〉(2006)는 1980년대 초반 영국 대처 시기 북부 사회의 모습을 스킨헤드와 극우청년 문화를 통해 극명하게 보여준다. 주인공인 열두 살 초등학생 숀Shaun의 시각을 통해서 국가권력에 대한 실망감이 어떻게 왜곡된 애국주의로 변질되어 나타나는지, 비판적 시각으로 영국의 유럽통합에 대한 기본 기조와 철학이 무엇인지, 대처 시기 사회상과 2016년 6월 브렉시트Brexit 찬반 국민투표로 영국에서 유럽연합 탈퇴를 결정하기 전까지를 배경으로 영국독립당UKIP이 제기한 문제를 살펴본다. 이주노동자가 일상화된 한국의 현실에서 제노포비아나 정치화로 이용될 수 있다는 점에서 영국의 사례를 숙고해 볼 필요가 있다.

영화 〈거룩한 분노Die gottliche Ordnung〉(2017)는 1970년대 초반 스위스의 작은 시골 마을을 배경으로 스위스 여성들이 참정권을 얻게 된 과정을 보여준다. 스위스는 유럽 내에서는 물론 전세계적으로도 가장 뒤

늦게 여성 참정권이 인정된 나라로 일부 칸톤에서는 1970년대, 그리고 1990년대에 이르러서야 모든 여성이 온전한 참정권을 인정받는다. 그 험난한 과정에서 실제로 있었을 법한 작은 이야기를 소재로 삼아 여성 참정권의 반대 이유가 복합적으로 얽힌 상황을 상세하게 그려낸다. 더불어 오늘날 스위스에서 여성운동이 활발한 배경도 간접적으로 설명한다.

세 번째 파트는 차등으로 인한 구별짓기에 거부된 개인의 존엄성을 그린 4편의 영화에 대한 이야기를 담았으며, '차별화된 통합'에 의해 형성되고 유지되는 유럽연합을 분리-통합 역학으로 설명하려 시도하였다.

영화 〈나, 다니엘 블레이크I Daniel Blake〉(2016)는 글로벌 시장과 민주주의 체제가 지배하는 21세기, 자유주의 복지국가 영국에서 시민에게 마땅히 주어져야 할 기본적 권리를 보장하지 않는 시스템에 항의하다 죽어가는 다니엘과 국가로부터 제공받는 주거와 식량이 턱없이 부족한 환경에 견디지 못하고 제도에서 이탈하는 케이티를 그린다. 현대 복지국가는 개인이 의지와 노력으로 극복하기 어려운 사회적 위험에 처하게 되었을 때 국가가 인간으로서 존엄과 품위를 지킬 수 있도록 지켜주는 최소한의 역할을 해야 한다는 사회적 합의에 근거한다. 제도의 사각지대에 서 있는 그들은 권리장전과 유럽조약에 새겨진 시민과 인간 기본권을 되새기며 "나는 인간, 시민"임을 외치지만 끝내 소외에서 벗어나지 못한다.

영화 〈미안해요, 리키Sorry We Missed You〉(2019)를 통해 켄 로치 감독은 자아를 실현하고 나와 타인을 연결하는 매개로서의 의미를 갖는 노동은 사라지고 시스템과 무한경쟁만 남은 현대 자본주의 사회에서 생존하기 위해 스스로를 상품화하는 개인이 처한 현실을 고발하고 인간 존엄성에 대해 반복적으로 질문을 던진다. 적정 수면시간, 가족의 유대, 배우자와의 섹스, 건강을 유지하기 위한 배설 타이밍 … 이 모든 것은 인간의 기본 욕구이자 건강한 삶을 유지하기 위한 필수조건인데, 노동자들의 조직적 연대와 평등한 질서의 희망은 어디로 갔는가? "Sorry, We missed you"는 수령자 부재 시 택배를 직접 전달하지 못한 택배원이 남기는 메시지인 동시에 시스템의 한 톱니바퀴로 살아가는 익명의 누군가에 대한 사과의 메시지다.

영화 〈웰컴 투 사우스Benvenuti al Sud〉(2010)는 이탈리아의 지역정서를 소재로 한 코미디이다. 19세기 초 반백 년에 걸쳐 리소르지멘토il Risorgimento를 통해 성공적으로 남북통일을 달성했으나, 이탈리아 북부와 남부의 경제적·사회적·문화적 격차는 오늘날 이탈리아의 사회통합을 가로막는 가장 중요한 원인이다. 통일 이후 지역격차를 해소하기 위한 이탈리아 정부의 많은 노력에도 불구하고 격차는 좁혀지지 않았고 이로 인한 갈등은 더욱 심화되었다. 비록 영화의 주인공 알베르토는 지역감정을 넘어서는 데 성공했으나, 21세기 이탈리아가 지역갈등을 극복하고 온전한 사회통합으로 향할 수 있을지 의구심이 든다.

영화 〈더 스퀘어The Square〉(2017)는 혐오가 일상화되는 가운데 타인과의 사회적 관계에 대해 재고한다. 세계화와 과학기술의 발달로 물리적 경계는 허물어지고 있으나 오히려 심리적 감정적 갈등과 벽은 심화한다. 더불어 공동체의 규범이 무너졌기 때문에 이를 사회적 연대로 회복해야 한다는 퍼트넘, 나와 다르다는 차이가 기존의 사회질서를 훼손한다는 논리로 적용되기 때문에 자기성찰적 과정이 필요하다는 엠케와 누스바움, 보다 근원적 본질에 도달하고자 타인에 대한 환대를 제기한 데리다 등은 모두 타인과 사회를 바라보는 인식의 변화를 추적한다. 그리고 굴절된 시각을 벗어던지고 자기성찰적 시각을 가지고 상황에 맞게 타인을 바라볼 필요성을 일깨운다.

유럽연합이 채택한 다층 거버넌스는 강압적 통제를 최소한으로 사용하며 인위적으로 창출한 정치 통합체를 보존하려는 목표를 지향한다. 그러나 원칙과 실재 간 간극을 해소하는 과정에서 분리를 통합의 상극으로 상정하는 세력과 분리와 통합을 연속선에 전제하려는 세력 간 팽팽한 대결이 반복되었다. 유럽연합은 구성원 간 상호 주체성을 수용하며 공유 주권을 보장하는 다층 거버넌스를 운용 기제이자 작동 수칙으로 정립해, 원칙과 실재 간 발생한 간극을 조정하는 데 '차별화된 통합differentiated integration' 접근 방식을 적극적으로 활용했다. 이 차별화된 통합은 확대와 심화가 진행되는 가운데 유럽연합을 보존한 해법이기도 했지만, 동시에 위기 상황이 동시다발적으로 포개져 '구별짓기'를 통해 유럽연합을 압박하면서 유럽공동체 정신을 와해시킬 수도 있는 차별화된 분해 differentiated disintegration의 진원지가 되었다.

바야흐로 유럽연합은 적대로 인한 구별짓기에 희생된 개인의 존재 가치, 배제로 인한 구별짓기에 유린을 당한 개인의 권리, 차등으로 인한 구별짓기에 거부된 개인의 존엄성을 복구하려는 행보에 따라 전후복구 프로젝트의 성패가 결정되는 분기점에 있다.

이 편저는 '사각의 스크린'에 담긴 12편의 영화 영상에서 전개되는 이야기를 풀어 엮은 결과물이다. 영화를 보며 생각할 것을 찾거나 그 감상과 논지를 활자로 옮기려는 독자에게 유용한 길잡이가 되길 바란다. 더불어 "영화를 찍으며 생각한 것"을 고민한 고레에다 히로카즈是枝裕和 감독을 인용해 '영화 속 세계정치' 강의에서 특별 강연을 해주신 이철하 감독께 감사하는 마음을 전한다.

이 편저가 완성되기까지 2019년 한국연구재단 중견연구자지원사업과 2020년 서울대학교 미래기초학문분야 기반조성사업의 지원이 있었다. 더불어 교양과목 '영화 속 세계정치'의 특별 강연에 필진을 초빙해 강연료를 지원한 서울대학교 연계과정 유럽지역학에 감사를 표한다.

2022년 여름
이옥연

차 례

PART 1
•
적대로 인한 구별짓기

전쟁과 고아: 폴란드로 간 북한의 전쟁고아들

〈김귀덕Kim Ki Dok〉 (2006, 폴란드)

윤석준

전쟁과 고아[1]

전쟁은 고아를 만든다. 양차 세계대전 기간 동안 발생한 전쟁고아들은 대략 수백만 명으로 추산된다. 유엔아동기금UNICEF은 지난 1990년대에 일어난 각종 전쟁들에서만 무려 약 백만 명의 전쟁고아가 발생했다고 발표한 바 있다. 이러한 전쟁고아들은 전쟁이 끝난 뒤 그 국가나 사회의 보살핌을 받기도 하지만, 때로는 전쟁으로 피폐화된 경제 상황 때문에 국가나 사회로부터 보호를 받지 못하고 입양 등의 형태로 해외에 보내지기도 한다.

수백만 명의 사상자를 남긴 잔혹했던 한국전쟁에서도 마찬가지였다. 이 기간 동안 한반도에서는 남한 약 5만 명, 북한 약 5만 명 등 총 10만 명 이상의 전쟁고아가 발생한 것으로 추정되고 있다. 이들 중 남한에서

---

1 본 내용은 필자가 『내일을 여는 역사』 2020년 봄호(78호)에 기고한 「잊혀진 아이들을 기억하기: 동유럽으로 간 북한의 전쟁고아들」이라는 글의 일부를 토대로 새로운 내용을 보완하여 작성함.

발생한 전쟁고아들의 상당수는 홀트아동복지회 등 민간기관들을 통해 미국과 유럽의 주요 국가들로 입양되었다. 전쟁 이후 빈곤에 허덕이면서 정부 및 민간의 관련 기관들의 역량은 부족했고, 개인들의 입양 의지도 충분하지 않았기 때문이다.

그렇다면 북한에서 발생한 전쟁고아들은 모두 어떻게 되었을까? 남한에서 발생한 전쟁고아들의 해외 입양과 그들을 통해 형성된 디아스포라에 대해서는 그동안 많은 연구들이 주목해왔지만, 북한에서 발생한 전쟁고아들에 대한 연구는 분단 반세기가 넘어 최근에서야 주목을 받기 시작했다. 일반적으로 북한 전쟁고아들에 대해 그동안 알려진 것은 부모 잃은 북한의 전쟁 유공자 자녀들이 혁명유공자 자녀들과 함께 혁명학원들에서 양육되었다는 것과, 그 외의 전쟁고아들은 육아원, 애육원, 초중등학원 등 고아들을 위해 북한 정부가 운영한 전담 기관들에서 성장해왔다는 것이다.

그러나 전쟁고아에 대한 북한 당국의 정책은 한국전쟁이 한창이던 1951년부터 마련되었음에도 불구하고 실제로 전쟁고아들을 위한 새로운 시설들이 확충되어 본격적으로 운영되기 시작한 것은 1950년대 후반 이후였다는 점에 주목할 필요가 있다. 이 기간 동안 북한 당국의 손길이 미치지 않았던 전쟁고아들이 상당수 있었음에도 불구하고 이들의 존재는 오랫동안 한반도 역사에서 희미하게 사라져 있었다.

한국전쟁 기간 동안 발생한 북한 전쟁고아들의 상당수가 동유럽으로 보내졌다는 이야기를 필자가 우연히 접하게 된 것은 2000년대 초반이었다. 당시 필자는 현대그룹에서 금강산관광, 개성공단사업 등 남북경협사업의 전략기획 업무를 담당하고 있었는데, 북한 현지 출장 중 북측 관계자와의 저녁식사 자리에서 이에 대한 이야기를 접할 수 있었다. 당시 북측 관계자는 우연히 나온 그 이야기에 대해 더 이상의 언급을 삼가는 눈치였기에 더욱 궁금함을 가지고 있었다.

그리고 필자는 이후 2000년대 중반에 현대그룹을 떠나 프랑스 파리 정치대학(시앙스포)에서 유럽-북한 관계에 대한 정치학 박사 학위논문을 준비하면서, 동유럽으로 간 북한 전쟁고아들에 대한 이야기를 학위논문에서 다룰 기회를 갖게 되었다. 유럽-북한 관계에 대한 역사적 배경을 서술하는 과정에서 한국전쟁 전후 동유럽과 북한과의 관계를 언급하는 부분이 있었는데 이때 동유럽으로 간 북한 전쟁고아들에 대한 이야기를 설명할 필요가 있었기 때문이다.

사실 당시 박사학위 논문의 구성상 동유럽으로 간 북한 전쟁고아들에 대한 내용은 불과 한 두 페이지를 넘길 필요가 없었음에도 불구하고 마치 무언가에 홀린 듯 이 아이들에 대한 자료들을 찾느라 예상보다 많은 시간을 할애했었다. 전쟁 통에 부모 잃은 수천 명의 아이들이 제대로 된 보살핌의 손길 없이 배곯아가면서, 기저귀도 제때 못 갈아가면서, 시베리아 동토의 땅을 가로질러 가던 그 길이 얼마나 힘들었을까 하는 불편한 문학적 상상력이 자극되었기 때문이다.

지금도 시베리아횡단 철도TSR를 타고 이 한반도의 끝에서 저 멀리 유럽 대륙까지 이동하려면 보름이 넘는 시간이 걸리는데, 그 당시에 부모 잃은 어린아이들이 동유럽으로 가는 여정은 얼마나 고되었을까? 실제로 그 아이들에 대한 자료를 찾아가면서 알게 된 동유럽으로 향하던 그들의 힘겨운 여정들, 동유럽 국가들에서 보냈던 유년기의 낯선 삶들, 그리고 북한으로의 귀국 이후 갖게 된 여러 사연들은 그 문학적 상상력과 현실의 경계를 여실히 무너뜨리고는 했다.

폴란드로 간 북한의 전쟁고아들

영화 〈김귀덕 Kim Ki-Dok〉은 한국전쟁 기간 북한에서 발생한 전쟁고아들의 이야기를 다루고 있는 영화이다. 구체적으로 이 영화는 1950년대 초반 폴란드로 간 북한 전쟁고아들이 그곳에서 어떠한 삶을 살았는지 추적한다. 이 영화가 세상에 나오게 된 것은 욜란타 크리소바타Jolanta Krysowata라는 폴란드 언론인의 작은 호기심 덕분이었다. 어느 날 그녀는 브로츠와프Wrocław시의 한 공동묘지에서 우연히 한국어 이름이 쓰여진 묘비를 하나 발견하게 된다.

그녀는 1950년대 중반에 사망한 것으로 적혀 있는 이 낯선 묘비에 얽힌 사연을 추적하게 되고, 결국 그것이 폴란드에서 병사한 북한 전쟁고아 고故 김귀덕의 묘였다는 사실을 알아낸다. 그리고 그 과정에서 상당히 많은 북한 전쟁고아들이 폴란드에서 양육되었다는 사실을 알게 되고, 당시 이들을 돌봤던 폴란드 현지 관계자들을 하나하나 찾아 증언을 모으고 각종 자료들을 발굴한다. 증언을 하는 이들은 이제 모두 백발의 노인들이 되었지만 모두 이 아이들을 생생히 기억하고 있었다.

욜란타 크리소바타는 수년간의 취재를 바탕으로 라디오 다큐멘터리를 제작하여 2003년에 폴란드 라디오 방송을 통해 김귀덕을 포함한 폴란드에 온 북한 전쟁고아들에 대한 사연들을 소개한다. 이후 그녀는 다년간의 추가 취재를 통해서 극장용 다큐멘터리를 제작하게 되고, 마침내 2006년에 폴란드 공영방송을 통해 〈김귀덕 Kim Ki-Dok〉이라는 제목의 다큐멘터리 영화를 소개하면서 폴란드에 온 북한 전쟁고아들의 이야기가 본격적으로 세상에 알려지게 된다.

영화는 한국전쟁 중이었던 1951년 겨울, 전쟁으로 인해 부모를 잃은 수천여 명의 북한 전쟁고아들이 오랜 기차여행 끝에 지구 반대편의 낯선 나라 기차역에 도착한 이야기부터 시작된다. 이들은 기차역에서의 짧은 환영행사를 마친 뒤 폴란드 당국에서 미리 준비해 놓은 몇 개의 양육시설들로 이동하게 되는데, 영화는 브로츠와프 근교의 작은 마을인 프와코비체Płakowice에서 이들의 성장 과정을 함께 한 현지 관계자들의 증언을 중심으로 이 아이들의 삶을 추적한다.

아이들은 처음에 폴란드어를 한 마디도 하지 못했고, 폴란드 음식도 입에 잘 맞지 않았음은 물론, 익숙한 온돌방이 아닌 낯선 침대 생활에 밤잠을 설쳐야만 했다. 하지만 이들을 진심 어린 마음으로 보살펴준 현지 관계자들에게 마음을 열면서 새로운 환경에 빠르게 적응하기 시작했다. 선생님들은 아이들의 폴란드어 습득을 위해서 외국어 교수법을 연구하기도 했다. 이들은 자신들을 진심으로 보살펴주는 선생님들과 직원들을 엄마나 아빠라고 부를 정도로 마음을 빠르게 열기 시작했다.

김귀덕은 이때 폴란드에 온 북한 전쟁고아들 중 한 명이었다. 그러나 어린 나이에 불치병에 걸려 폴란드에서 치료를 받다가 사망하여 브로츠와프시의 공동묘지에 묻혔던 것이었다. 당시 그녀의 진료를 맡았던 의사와 그녀를 돌봤던 학교 관계자들은 안타까운 순간들을 생생히 기억하고 있었다. 당시 많은 아이들이 기생충에 감염되어 있었음에도 이에 쓸 마땅한 약조차 없어 휘발유를 사용할 정도로 의료 상황이 좋지 않았지만, 김귀덕을 살리기 위해서 수많은 현지인들이 상당한 양의 수혈을 할 정도로 혼신의 노력을 다 했다는 것이다.

그러나 결국 김귀덕은 숨을 거두었고, 브로츠와프시의 공동묘지에 묻히게 된다. 그리고 그녀의 비명에는 "김귀덕"이라는 한글 이름과 함께 "1955년 11월 20일 13세의 나이로 이곳에 묻히다"라는 글귀가 남겨진다. 김귀덕은 이렇게 안타까운 사연으로 결국 폴란드에 영원히 남게 되었지만, 그녀와 함께 폴란드에 온 대부분의 북한 전쟁고아들은 1950년

[그림 1-1] 브로츠와프 외곽 공동묘지 내 김귀덕 묘비(사진 제공: 정희창)

대 후반까지 폴란드에 머물다가 북한 정부의 방침에 의해 모두 북한으로 귀국하게 된다.

북한 전쟁고아들을 보살폈던 폴란드인들은 이들의 귀국을 매우 안타까워했다. 어린 시절 수년 동안 폴란드에서 자라면서 이제는 북한에서의 삶보다 폴란드에서의 삶이 더 익숙한 아이들이 갑자기 귀국하게 되었을 때 겪어야 할 심리적 어려움을 걱정했던 것이다. 실제로 폴란드에서 북한으로 귀국한 이후 북한에서의 삶에 적응하지 못하고 폴란드에서의 삶을 그리워하는 아이들의 편지가 한동안 이어지기도 했다고 한다.

사회주의 형제국가에 대한 지원

영화 〈김귀덕〉은 폴란드로 간 북한의 전쟁고아들이 존재했었다는 사실에만 주목한다. 그래서 이들이 왜 한국전쟁 기간 중에 폴란드로 보내졌는지, 그리고 왜 다시 몇 년 뒤 북한으로 되돌아가야 했는지 등 영화를 본 이들이라면 갖게 되는 여러 의문들은 그대로 남는다. 이에 대한 해답의 실마리는 당시 냉전 초기 동유럽 국가들과 북한이 서로를 '사회주의 형제국가'로 규정하고 대륙을 초월한 연대를 추구했던 역사적 맥락에서 찾을 수 있다.

2차 세계대전 직후 유럽 대륙은 베를린봉쇄를 계기로 동서 진영 분열이 가속화되는 냉전 초기 상황에 직면하게 된다. 이러한 상황에서 동구권을 형성해가던 폴란드, 헝가리, 불가리아, 체코슬로바키아 등은 당시 한반도에서 남과 북이 각각 단독정부를 수립하고 국제사회에서 정통성 우위를 확보하기 위해서 치열한 국가 승인 및 수교 경쟁을 벌이자 북한을 사회주의 형제국가로 규정하고 적극적인 지원 행보에 나서게 된다.

이러한 맥락에서 1948년 9월 북한이 단독정부를 수립하자마자 폴란드, 루마니아, 헝가리, 불가리아, 체코슬로바키아가 곧바로 북한에 대한 국가 승인 및 외교적 관계를 수립하여 한반도에서 사회주의 형제국가의 정통성 경쟁에 힘을 실어주려 한다. 당시 남한이 1948년 8월에 단독정부를 수립하고 1~2년이 지난 1949년에 영국과 프랑스, 1950년에 스페인 등 불과 3개국만이 수교 행보에 나섰던 서유럽 국가들과는 상당히 대비되는 모습이었다.

이들 동유럽 국가들은 1950년 6월 한국전쟁이 발발하자 곧바로 전쟁의 원인이 미국의 침략에 있다고 규정하면서 자국 내에서 대도시 및 공장 등을 중심으로 북한을 지지하는 대규모 군중집회를 조직하기도 했다. 당시 동유럽 국가들은 이러한 대규모 군중집회들에서 행해진 연설들과 유인물들을 통해서 '제국주의 미국의 침략에 대한 규탄'이나 '계급투쟁을 함께하는 형제의 의무' 등과 같은 표현을 사용하면서 북한에 대한 지원의 당위성과 필요성을 호소했다.

또한 동유럽 국가들은 한국전쟁 기간 동안 의료진을 중심으로 한 비전투 인력과 상당한 규모의 물자를 지원하기도 했다. 그리고 전쟁 이후에는 북한의 전후 경제 복구를 위한 산업시설 및 주요 도시 재건을 위해 상당한 규모의 경제적 지원을 한다. 동독은 함흥 도시 재건을, 체코는 기계공장 건설을, 불가리아는 직물공장 건설을 지원하는 등 국가별로 역할을 분담하였는데, 당시 동유럽 국가들의 북한에 대한 전후복구 원조 총액은 소련이나 중국의 원조 총액에 버금갈 규모였다.

폴란드는 물론 루마니아, 불가리아, 헝가리, 체코슬로바키아, 동독 등 여러 동유럽 국가들이 북한의 전쟁고아들을 받아들이게 된 것도 이러한 냉전 초기 역사적 맥락에 기반한다. 현재까지 여러 학자들의 연구와 관계자들의 증언에 따르면 북한 전쟁고아들은 1951년부터 1954년까지 최소 약 1만여 명에서 최대 약 3만여 명이 동유럽 국가들에 보내져 수년간 위탁 양육되었던 것으로 추산되고 있다.

전쟁으로 폐허가 되어 전쟁고아들을 국내에서 제대로 책임질 수 없던 상황에서 북한 당국의 지원 요청과 동유럽 당국의 지원 제안이 거의 비슷한 시기에 이루어졌다. 아이들은 동유럽 국가들에 가기 위해서 시베리아 횡단철도를 타고 중국, 몽골, 러시아를 거쳐서 수 십 일이 걸리는 먼 길을 가야만 했다. 그래서 당시 중국이나 몽골의 환승역에서 기차 연결편을 오래 기다려야 하는 경우가 많았는데, 이들 국가의 공산당 조직들은 아이들의 환승과정에서 식사를 제공하는 등 각종 지원을 하기도 했다.

특히 북한 전쟁고아들 중 상당수는 건강 상태가 좋지 않았는데, 이런 아이들 중 일부는 동유럽으로의 여정을 견디지 못하고 도중에 중단할 수밖에 없어 결국 환승역이 위치한 국가에서 이들을 받아 양육하기도 했다. 일반적으로 이렇게 동유럽으로 간 북한 전쟁고아들은 교사들의 인솔 하에 100명에서 400명 단위로 이동을 했는데, 이때 함께 간 북한 교사들은 동유럽 국가들에 체류하면서 현지 교사들과 함께 아이들을 보살폈다.

동유럽에서의 북한 전쟁고아들의 삶

동유럽 국가들 중에서도 루마니아와 폴란드는 가장 많은 북한 전쟁고아를 수용했다. 루마니아는 트르고비슈테Târgoviște, 시레트Siret라는 도시를 중심으로, 폴란드는 고우오트치즈나Gołotczyzna, 시비데르Świder, 프와코비체Płakowice라는 마을을 중심으로 아이들을 보살피게 된다. 이곳들은 모두 지방의 한적한 소도시 혹은 마을들로 학생들은 주로 이곳에 마련된 별도의 기숙학교들에서 생활을 했다.

불가리아에서는 처음에 일반 가정에서 임시 위탁 형태를 취하다가, 본격적으로 고아들이 오게 되면서 불가리아 정부와 당이 반키아Bankya라는 도시와 퍼르보마이Parvomay라는 작은 마을에 각각 김일성 학교를 설립해서 아이들에게 기숙형 교육을 시켰다. 이곳에는 북한에서 온 교사들이 조선어와 조선역사를 현지 교육과정과 함께 가르치기도 했다. 그리고 체코슬로바키아에서는 발레치Valeč라는 작은 시골마을의 성을 개조해서 아이들을 보살폈다.

동유럽 국가들이 북한 전쟁고아들을 위탁 양육하기로 한 것은 단순히 인도주의적 차원이라기보다는 당시 냉전시기 사회주의 형제국가에 대한 지원 차원이었다. 이러한 맥락에서 이데올로기적 열정을 가진 현지 활동가들은 이들을 보살피는 데 헌신적이었고, 또한 기숙형 학교들에 교사나 직원으로 일하면서 학생들을 보살피게 된 평범한 주민들은 자신들을 엄마 혹은 아빠라고 부르는 북한에서 온 아이들을 마음에서 우러나오는 사랑으로 보살폈다.

동유럽 국가들에서 북한 전쟁고아들의 대부분은 그 나라의 수도나 주요 도시들보다는 한적한 지방의 작은 소도시들에 머무르는 경우가 많았기 때문에, 처음에는 현지 주민들과의 접촉이 그리 많지 않았다. 하지만 체류 기간이 길어지면서 현지어에 점차 능숙하게 되고 상급학년으로 진학을 하게 하면서, 북한 전쟁고아들만 있는 둥지를 벗어나 현지 학생들이나 주민들과 만나거나 어울리는 경우도 점차 늘어나게 된다.

그리고 이 과정에서 동유럽 현지인들과 사랑에 빠지는 경우도 종종 생겨났다. 동유럽에 도착했던 북한 전쟁고아들은 유아에서 청소년까지 연령층이 비교적 넓은 편이었는데, 그러다 보니 청소년기에 온 경우에는 동유럽에서 성년을 맞이하는 경우도 있었다. 그들 중 일부는 동유럽 연인들과 결혼을 기약하기도 했고, 이들을 인솔하고 동유럽으로 와서 수년간 함께 지냈던 북한 교사들 중에서도 동유럽 연인들과 사랑에 빠진 경우가 생겨나기도 했다.

그러나 동유럽에 왔던 북한 전쟁고아들은 1956년부터 1961년까지 순차적으로 모두 귀국길에 오르게 된다. 북한 전쟁고아들의 귀국 결정은 1956년 북한의 김일성 주석이 한국전쟁 전후로 많은 도움을 준 동유럽 국가들에 대한 감사의 인사와 지속적인 협력 강화를 위해서 동유럽 순방길을 다녀 온 뒤에 전격적으로 추진되었다. 그 배경을 두고 일각에서는 1958년 천리마 운동과 연관지어 북한 당국의 노동력 동원 차원이라고 설명하기도 한다.

그러나 그보다는 1956년 북한 김일성 주석의 동유럽 순방 직후 전개되었던 북한의 종파투쟁, 북한 전쟁고아들이 헝가리혁명을 직간접적으로 경험한 것에 대한 우려, 그리고 중소분쟁으로 인해 동유럽과의 관계 재설정이 불가피했던 당시 국내외 정세들을 고려해 북한 수뇌부가 종합적인 판단을 내린 것으로 보는 것이 타당하다. 당시 북한이 철저한 계획하에 추진한 공세적 결정이었다기보다는 여러 국내외 정세들로 인한 다소 수세적인 결정의 결과였다.

결국 유아 및 청소년 시기를 동유럽 국가들에서 보내며 전쟁으로 부모 잃은 고통을 극복했던 북한 전쟁고아들은 또 한 번의 큰 이별을 감내해야 했다. 당시 적지 않은 아이들이 동유럽 현지 교사나 직원들을 엄마 혹은 아빠로 부르며 성장해왔다는 점에서, 이들은 발달심리학에서 유아 청소년 기에 매우 중요한 의미를 갖는 '주 양육자'가 또 한 번 바뀌는 아픈 경험을 해야 했다. 그렇게 북한 전쟁고아들은 순차적으로 귀국길에 올랐고, 북한 으로 돌아간 아이들은 '낯선' 조국에 적응하며 살아가야 했다.

이들 중 다수는 돌아온 조국에서의 생활에 여러 가지 어려움을 느낄 수밖에 없었고, 그래서 일부는 동유럽으로 돌아가겠다며 무모한 길에 나 섰다가 운명을 달리하기도 했다. 특히, 이들은 귀국 초반에 동유럽에서 자신들을 돌보던 교사나 직원에게 편지를 보내 낯선 조국에서 겪게 된 삶의 어려움들을 토로하는 경우가 많았다. 그러나 그나마도 북한 당국에 의해 편지 왕래가 불가하게 되면서 이들의 인연은 더 이상 이어지지 못 한다.

북한 전쟁고아들의 의미를 현재로 불러오기

동유럽으로 간 북한 전쟁고아들의 이야기는 냉전 시기 주목받지 못하다 가 탈냉전 시기에 들어와 본격적으로 조명되기 시작했다. 그리고 학술적 인 연구보다는 영화 〈김귀덕〉과 같이 다큐멘터리 감독들을 통해 단편적 인 사례들이 우선 알려지기 시작했다. 당시 국내에서는 TV 방송이 되었 음에도 큰 주목을 받지는 못했지만 영화 〈김귀덕〉보다 2년여 더 앞서 루 마니아로 간 북한 전쟁고아들의 이야기를 간접적으로 다룬 국내 다큐멘 터리가 먼저 제작된 바가 있다.

2004년 KBS 수요기획을 통해 방영되었던 〈나의 남편은 조정호입니다〉라는 다큐멘터리는 루마니아로 북한 전쟁고아를 인솔해온 교사였던 조정호와 결혼했으나 한 평생 이산가족으로 살아야 했던 루마니아 여성 조르제타 미르초유Georgeta Mircioiu의 사연을 다루었다. 그녀는 1952년 루마니아에 북한 전쟁고아를 인솔해서 온 교사 조정호와 사랑에 빠져 5년간의 연애를 한 뒤 양국 당국의 동의하에 1957년에 정식 결혼을 하게 된 경우였다.

그리고 북한 전쟁고아들이 본격적으로 귀국하던 시기 그녀는 남편과 함께 북한으로 이주했다가, 1962년에 잠시 고향인 루마니아에 방문한 후 북한 당국으로부터 재입국 허가를 받지 못해 그 이후 50년 이상 북한으로 돌아간 남편과 재회할 날을 기약하며 루마니아에서 살아가고 있다는 이야기를 다룬 다큐멘터리였다. 그러나 당시 이 다큐멘터리는 미르초유 씨의 인생 이야기에 초점을 맞추다 보니 동유럽으로 간 북한 전쟁고아의 존재는 크게 주목받지 못했다.

그래서 영화〈김귀덕〉은 우리가 반세기라는 세월이 지나서나마 그들의 존재에 본격적으로 주목하게 된 계기를 제공해주었다는 데 커다란 의의가 있다. 당시 이 작품은 제작 전후로 폴란드 현지 방송 관계자들에게 상당한 호평을 받았으며, 이에 욜란타 크리소바타는 2013년 다큐멘터리 취재 내용들을 토대로〈천사의 날개Skrzydło Anioła〉라는 소설도 쓰게 된다. 최근 이 영화 및 출판 작품들에 영향을 받아 국내에서〈폴란드로 간 아이들〉과〈김일성의 아이들〉이라는 영화가 연이어 제작되기도 했다.

영화〈김귀덕〉제작 이후 학계의 연구도 활발히 이루어지기 시작했다. 2014년에는 폴란드 현지 한국학 연구자인 이해성 교수가 욜란타 크리소바타가 처음 밝혀낸 내용들을 바탕으로 현지어 자료들을 추가 발굴하여 관련 논문을 국내 학계에 발표한 바 있다. 그리고 영화〈김귀덕〉은 주한 폴란드 대사관의 도움으로 국내 대학들에서 순회 상영되는데,

2017년에는 경북대, 계명대, 북한대학원대학교, 연세대에서, 2018년에는 서강대에서 대학 내 상영회를 갖기도 했다.

우리가 지금으로부터 약 70여 년 전 동유럽 국가들로 보내졌던 북한 전쟁고아들의 이야기에 이렇게 주목해야 하는 이유는 무엇일까? 그것은 전쟁이 아직 완전히 끝나지 않은 이 한반도에서 '평화'라는 것이 얼마나 소중한 것인지를 그때의 그 아이들이 지금의 우리에게 말해주고 있기 때문일 것이다. 영화 〈김귀덕〉은 오늘날 한반도에서 이러한 비극을 되풀이하지 않기 위해서 "전쟁은 모두의 패배다"라는 말의 의미를 남과 북이 되새길 필요가 있다는 이야기를 하고 있다.

참고문헌

- 김보국. 2020. "부다페스트 김일성 학원에서 북한의 전쟁고아 교육: 헝가리 외교문서를 중심으로." 『교육문화연구』 26권 1호. pp. 505-524.

- 윤석준. 2019. "잊혀진 아이들을 기억하기: 동유럽으로 간 북한의 전쟁 고아들." 『내일을 여는 역사』 74권. pp. 226-235.

- 윤석준, 이동기, 제성훈, 황수경. 2022. "전쟁은 모두의 패배다" 『창작과 비평』 196호 (2022년 여름호). pp. 257-288.

- 이해성. 2014. "폴란드에 남겨진 북한 전쟁고아의 자취를 찾아서." 『중동유럽한국학회 학술대회 논문집』. pp. 81-95.

- Yoon, Seock-Jun. 2014. "Europe in the North Korean crisis (1995-2009): a Multi-Track diplomacy approach." Ph. D. Diss., Sciences Po Paris.

두 개의 스페인

〈판의 미로 El Laberinto del Fauno〉 (2006, 스페인),
〈두 개의 카탈루냐 Dos Cataluñas〉 (2018, 스페인)

고주현

두 개의 스페인

/

스페인은 갈라져 있다. 근대 역사 속에서 그랬고 현재도 분열은 지속되고 있다. 스페인은 20세기 초반 유럽의 지식인들을 끌어들인 참혹한 내전을 겪었다. 조지 오웰도 스페인 내전에 참여했다. 처참한 전쟁 속 미숙한 조직의 시민군 편에서 갈라진 스페인을 목격하며 〈카탈루냐 찬가〉를 내놓았다. 최근까지도 카탈루냐의 분리독립은 스페인 정치에서 가장 중요한 이슈 중 하나다. 분리독립을 찬성하는 자와 그렇지 않은 자로 스페인은 나뉘어 있다.

영화 〈판의 미로〉(2006)는 스페인 내전에 이은 권위주의 경험을 소재로 현실과 동화를 오간다. 주인공 오필리아Ofelia와 파시스트 장교 비달Vidal과의 관계는 저항과 투쟁, 억압과 공포를 상징한다. 영화는 스페인 내전이라는 역사적 사건에 뿌리를 둔 시대 작품이자 어린 아이의 두려움과 경이로움을 탐구하는 어두운 동화로 인간의 도덕성과 자유의지라는 복잡한 주제를 탐구한다. 치열했던 스페인 내전은 영화를 통해 환상적인 비유로 재현된다. 전쟁에서 승리한 프랑코가 수년간 민주적 저항 세력을 억압했던 역사는 일상 속의 괴물과 환상 속의 괴물을 통해 묘사된다. 영화가 보여주듯이 정치적·역사적·신화적인 것과 종교적인 것들은 한 사회 내에 복잡하게 얽혀 있어서 때로는 정확히 구분하기 어렵다.

스페인 내전에 대한 집단기억은 기예르모 델 토로Guillermo del Toro 감독에게 향수의 중요한 축이자 영화의 연대기적 뼈대를 구성하는 소재이다. 이 사건으로 스페인은 근대 유럽의 발전에서 소외된다. 스페인의 근대화는 내전으로 인해 늦춰졌다. 내전의 종식이 프랑코의 집권으로 이어져 스페인이 봉건군주제와 가톨릭 과거로부터 근대국가로 변모하는 것은 프랑코의 사망 후에나 가능했다. 그럼에도 불구하고 권위주의의 종식을 통한 '근대화된' 스페인으로의 전환은 기다림 속에서 싹을 틔웠고 파시스트 정권에서 민주화된 국가로 전환하는 과정에서 갈등을 잠재우는 역할을 할 정도로 강력했다.

파시스트 폭력과 가부장적 기억

판의 미로는 프랑코 집권 5년 후인 1944년을 배경으로 한다. 감독은 현실과 환상 속 두 세계에 살고 있는 인물들의 상호작용을 통해 파시스트 정권에 대한 현대적인 관점을 보여준다. 영화는 저항군과 시민을 고문해 죽이는 가학적인 파시스트 장교 비달과 이에 반항하는 그의 의붓딸 오필리아가 현실을 피해 환상의 세계로 탈출하는 것에 초점을 맞춘다. 이를 통해 전체주의 폭력의 정치적 본질과 국가가 후원하는 파시스트 탄압이 남성 지배적 질서에서 출발함을 보여준다.

영화의 주요 갈등은 프랑코의 억압 세력과 반파시스트 저항세력 간 그리고 비달 대위와 오필리아 사이에 증폭된다. 오필리아의 아버지는 전쟁 초기에 사망했고 그녀의 어머니는 전후 스페인의 빈곤과 피폐함을 피하기 위해 비달과 재혼했다. 비달이 저항군 전사들을 억압하고 살해를 일삼는 작은 마을에 오필리아가 어머니와 함께 도착하면서 환상에 대한 그녀의 성향은 더욱 강해진다. 그리고 스스로 만들어낸 동화를 통해 비달과 프랑코의 억압에 맞서는 민주 투사들의 투쟁 속 주인공이 된다. 그녀가 만들어낸 환상의 세계는 현실에 만연하는 악행과 억압의 잔혹함으로부터 도피하는 동시에 스스로를 고립시키려는 의지의 결과이다.

판의 미로에서, 기예르모 델 토로는 현실과 환상 속 두 명의 악당을 통해 자유 의지를 파괴하는 도구로 폭력을 사용하는 파시즘의 본성을 보여준다. 1936년부터 1939년까지 스페인은 역사상 가장 잔인한 내전을 겪었다. 민주주의와 파시즘 사이의 투쟁에서 프란시스코 프랑코Francisco Franco 장군이 이끄는 우익 민족주의자들의 승리로 결국 스페인 제2공화국은 끝이 났다. 이후 36년 동안 프랑코는 스페인을 히틀러의 독일이나 무솔리니의 이탈리아와 같은 전체주의 국가로 만들고자 했다.

비달은 파시스트 이데올로기를 대표하며 프랑코 정권을 상징한다. 그가 보여주는 행동들(악수 예절을 철저히 따지고 청결한 부츠를 고집하면서 늘 스톱워치로 시간을 맞추는)은 규칙과 질서에 대한 그의 강한 집착을 보여준다. 그리고 이런 비달의 강박관념은 프랑코의 권위주의와 전체주의 성격을 암시한다.

비달 대위가 현실 세계의 '괴물'이라면, 환상 속의 '페일 맨Pale Man'은 비달의 내면을 보여주는 괴물이다. 오필리아가 페일 맨을 처음 만났을 때, 그는 음식이 가득 쌓인 커다란 식탁에 홀로 앉아 있다. 이 모습은 비달 대위가 만찬을 열었던 이전 장면을 떠올린다. 페일 맨과 같은 모습으로 비달은 식탁의 제일 앞 중앙에 앉아 있다. 델 토로는 시각적으로 서

[그림 2-1] 환상 속 페일 맨과 오필리아 & 현실의 비달과 파시스트 추종 세력의 만찬(출처: Wordpress)

로를 반향하는 두 개의 이미지를 배치함으로써 비달 대위와 페일 맨 사이의 연관성을 강조한다. 델 토로가 제공한 시각적 단서 외에도 두 악당사이의 관계는 그들의 잔인한 행동을 통해 더욱 명확해진다. 실제 만찬에서 비달은 식탁을 둘러싼 대화를 거리낌 없이 끊는다. 한편 페일 맨의질서에 대한 욕구는 폭력으로 나타난다. 오필리아가 식탁에 올려진 두개의 포도알을 삼키자, 페일 맨은 두 요정의 머리를 악랄하게 물어뜯는다. 전체주의 통치자와 마찬가지로 페일 맨은 억압과 폭력으로 통치하고반항이나 자유를 처벌하는 전능한 실체로 묘사된다.

비달 대위와 페일 맨이 파시스트 통치를 대표한다면 오필리아는 스페인과 프랑코 정권에 의해 고통받는 평범한 시민을 대표한다. 저항 세력과 마찬가지로 위험한 도전에 직면했을 때 오필리아의 나약함이 강조된다.

한편, 영화는 자신들의 경제적 이익을 보존하려는 기득권과 군부독재와의 연합을 통한 과두정치의 탐욕과 폐해로 파시즘을 표현한다. 여기에 비달 개인의 가학적인 심리가 파시스트 폭력을 극대화한다. 비달은 민간인 살상과 반파시스트 투사에 대한 박해와 살해를 서슴치 않고, 이에 주저하는 부하들을 명령에 복종시킨다. 비달의 이런 억압적 행동은 그의 아버지에 대한 기억과의 투쟁에서 비롯되고 이 역시 파시즘의 가부장적 특성을 보여준다. 그는 아버지의 시계를 항상 몸에 지니고 다니며 그가 전사한 정확한 시간을 영구적 기억으로 간직하려는 모습을 보인다. 죽음과 전쟁을 숭고하게 보고 아버지에 대한 사랑을 신비화한 그의 모습은 파시즘을 죽음과 전쟁으로 상징되는 남성적인 존경의 문화로 묘사하고 있음을 보여준다. 하지만 파시스트 국가의 설립을 위한 이념적 확신보다는 비달 개인의 강박적인 특성을 묘사하는 것에 중점을 둠으로써 그의 병적인 특성 역시 짐작하게 하고 가부장제하의 가족 공간 내에서 감정과 사랑과 증오가 정치적 억압과 맞물려 작동하고 있음을 보여준다.

비달은 이처럼 폭압적인 인물로 자기 규명이 가장 큰 관심사다. 그의 부대나 가정에서 그가 추구하는 법은 명백히 물리적인 힘에 의한 가부장적 법칙이다. 그의 폭압적인 법은 부인과 아이와 민주 투사 모두를 강제로 복종시키고자 한다. 비달의 부대가 "프랑코의 스페인La España de Franco"이라는 구호 아래 마을 주민들에게 끼니거리를 배급하는 동안, 비달은 교회와 마을의 유지들과 함께 성대한 만찬을 즐기는 모습으로 민주적 저항 세력에 대한 탄압을 지지하는 그들 간의 경제적 이해관계를 보여준다. 한편 비달은 이 식사 자리에 참석한 자들의 탐욕스러운 관심사와는 달리 저항을 진압하는 것에 개인적인 사명을 투영하는 것으로 그려진다. 비달은 그 자리에서 아버지의 시계를 가지고 있다는 것을 부인하며 전쟁의 남성성에 대한 공감과 격찬, 나아가 자기검열에 몰두한 억압된 의존성을 노골적으로 보여준다. 이 순간은 비달이 과두정치의 단순한 경제적 이익과는 별개로 자신만의 병리학적 사고에 갇혀 있음을 보여주기도 한다. 저항 투사를 '사냥'하는 것도 한편으론 아버지의 법을 따르기 위한 것이다.

이처럼 비달은 억압을 통해 아버지의 죽음을 현실화하고 추모한다. 반면 오필리아는 자신이 만들어낸 환상 속에서 영웅적 투쟁을 거쳐 저승의 왕인 죽은 아버지와의 재회를 꿈꾼다. 비달과 오필리아라는 두 인물의 아버지에 대한 기억과 질문은 이처럼 병치적으로 표현된다. 그들은 판타지를 통해 서로를 향해 서 있는데 이는 신화적인 차원과 내면에서의 공포로 투영된다. 각자의 아버지에 대한 개인적 그리움은 증오에 대한 충동과 사랑에 대한 소망으로 나타난다.

한편 파시즘이 정치적 목적을 달성하기 위해 폭력과 테러에 의존하는 것은 사실이지만 그러한 폭력은 체계적으로 계산된 치밀한 계획에서 비롯된다. 이 계획은 파시즘을 지지하는 사회 계급과 집단 이익의 합리화의 결과이며 단순히 병적인 개인의 산물이 아니었다. 다시 말해 파시스트 탄압은 정치적 목표, 즉 모든 반대 세력을 제거하고 민주 계급의 저항을 잠재우기 위해 기획된 관행이었다. 그 안에서 개인은 조직에 순응하는 도구로 전락했다. 한나 아렌트Hannah Arendt가 『예루살렘의 아이히만』을 통해 '악의 평범성'을 이야기한 것도 같은 맥락이라 볼 수 있다. 600만 명의 유대인 학살에 기여한 아이히만은 자신이 하고 있는 일의 의미를 전혀 생각하지 못했다. 타인의 처지에서 생각해보는 사유가 그에게는 작동하지 않았다. 그의 행동은 전체주의 조직 속에서 행해진 것이고 그 조직 속에서 무력한 개인은 사유의 능력을 잃었다(김선욱 2017, 50-56). 한나 아렌트의 이와 같은 증언은 영화 속 비달과 같은 개인이 파시스트 폭력을 지지하고 실행하는 것이 파시즘의 목표를 위해 조직 안에서 취한 개인의 행동 근거를 보여준다고 할 수 있다.

비달이 오필리아를 죽인 직후 곧바로 저항군의 손에 죽은 것은 억압의 종식을 의미한다. 죽음의 순간 새로 태어난 아이가 비달의 이름과 존재를 절대 모를 것이라는 사실을 듣는 장면은 결국 미래에는 죽음의 기억과 압제자의 이름이 잊혀질 것임을 예고한다. 반면 오필리아의 아버지는 환상 속 지하 세계의 자비로운 왕으로 등장한다. 이 두 장면은 프랑코 사후 스페인에서 군주제의 재성립을 통해 의회민주주의가 회복될 수 있었음을 상징적으로 말해준다. 프랑코 독재 기간 동안 전통적으로 군주제에 반대했던 단체와 정당들까지 군주제의 수용을 스페인 사회의 분열이나 붕괴를 피하기 위한 방편으로 여겼으며 이는 잠재적으로 군부의 격렬한 반발을 불러일으킬 수 있었다. 그럼에도 군주제는 오랜 세월의 죽음과 억압에 대한 기억을 지우는 효과적인 방안이 될 수 있었다. 1940년대 공화국을 위해 싸워야 했던 저항군들이 영화 속 현실에서 승리함과 동시에 동화 속에서 표현되는 군주제에 대한 초월은 꽤 역설적이다.

스페인의 민주화 역사에서 실제로 후안 카를로스Juan Carlos 국왕은 아돌포 수아레스Adolfo Suárez 총리와 함께 이전 체제와의 단절이 아닌 개혁을 통한 민주화를 이끌어냈다. 스페인에서 민주주의로의 체제변혁은 구정권과의 급격한 단절이 아닌 합의에 의한 것으로 특징지어진다. 1975년 프랑코의 사망으로 맞게 된 전환기적 상황에서 후계자로 지명된 카를로스 국왕과 프랑코 체제하에서 각료를 역임했던 수아레스 총리 등 체제 내의 정치 엘리트들이 민주화로의 체제변혁 과정에서 주도권을 장악했고 40여 년간 유지했던 권위주의 독재를 해체했다. 합의에 의한 개혁을 통해 특히 프랑코 정권 당시의 정치체제가 갖는 합법성은 형식적인 관점에서 존중되었고 갈등의 상황들 역시 연속적인 법적 테두리 내에서 전개되고 협상을 이루어냈다.

프랑코 정권에 대한 델 토로의 입장은 몇 가지로 요약된다. 프랑코의 파시스트 통치는 시민들을 통제하기 위해 불필요한 폭력과 억압, 이로 인한 두려움에 의존했다. 현실과 환상 속 악당을 통해, 델 토로는 관객들에게 권위주의 정권이 어떻게 스페인의 순수함·상상력·자유를 짓밟았는지를 보여준다.

스페인의 정치균열과 갈등구조의 변화

판의 미로는 권위주의가 종식된 스페인의 민주화 가능성을 예견케 한다. 한편 스페인에서 시들해진 파시스트 권력과 민주화로의 이행이 가능해진 원인을 이해하기 위해서는 당시 스페인 사회의 균열 구조와 갈등의 변화들을 살펴보아야 한다.

스페인에는 복잡한 사회적 균열요소들이 있다. 산업화에 따른 계급 균열의 정치적 영향은 스페인 내전 이전까지 소급된다. 여기에 교회주의와 반교회주의 간의 대립, 나아가 카탈루냐, 바스크, 갈리시아 지역에 깊이 뿌리내리고 있는 분열주의 움직임에 의한 지역균열의 사회정치적 영향 역시 심각하다. 하지만 무엇보다 20세기 초의 치열한 내전과 40년에 가까운 권위주의 체제를 종식시키기 위한 광범위한 사회세력들 간의 합의와 인정의 정치가 체제변혁기 정치균열들을 주도해왔다. 무엇보다 스페인의 민주화 이행은 기존 체제의 틀 속에서 정통성을 보존하는 동시에 자신들의 정체성을 인정받고자 하는 투쟁의 과정에서 이루어 낸 합의의 정치적 결과이다(송기도 1992a, 18-20).

스페인에서는 1950년대 말, 내란 직후에 채택된 경제모델이 한계를 드러냈다. 정권이 기반하고 있던 토대가 흔들리자 기존의 자급자족 경제 전략은 새로운 발전 모델로 대체되어야 했다. 무차별적인 보호주의를 포기하고 자유화 조치를 실시함으로 인해 스페인 경제는 경쟁에 개방되었다. 이로 인해 1960년에서 70년을 지나면서 스페인 산업부문은 연평균 15퍼센트의 경제성장을 이루었고 국민총생산과 실질임금 역시 급격히 상승했다. 급속한 경제 성장으로 정권은 사회 내 광범한 부문들로부터 쉽게 합의를 도출해낼 수 있었다. 하지만 급격한 산업화로 인해 스페인 사회의 직업별, 지역별 분포는 의도치 않은 큰 변화를 겪게 된다. 농업 인구의 상당 부분이 산업과 서비스 부문으로 이동함으로 인해 농촌의 노동력이 대규모로 도시로 이동하게 된다.

이로 인해 농업과 지방 우위의 사회가 산업과 도시 우위의 사회로 전환되었고 견고한 산업노동자와 중산계급이 공고하게 형성되었다. 다소간의 단체협약도 합법화되면서 노사관계의 자유화가 일정 수준 가능해졌다. 이러한 노사관계 자유화는 사회적 동원을 가능하게 했다. 지역적·개인적 차원에서 나타나는 사회적 생산의 불균등한 배분과 경제적 기대치의 상승은 광범위한 단체협약과 노사갈등을 폭발적으로 증가시켰다. 이와 같은 경제부문에서의 변화들은 정치부문에서의 변화로 확대되었다. 일부 노동계급집단과 카탈루냐와 바스크 등 역사적으로 독립적이었던 일부 지역들은 정권에 도전했다(고주현 2018a, 13).

이러한 변화과정으로 인해 스페인 지배계급 구조는 심각한 타격을 입게 된다. 독재체제하의 스페인은 은행과 거대기업 간의 공생관계가 심각했고 금융자본에 의한 산업 통제도 상당했다. 정부는 1939년 이후의 국가 경제 재건 과정에서 금융귀족의 가장 친밀한 협력자였다. 하지만 경제자유화 조치 이후 금융귀족 등 스페인 상층계급이 분화해갔고 중간계급이 힘을 얻게 되는 계기가 되었다. 이러한 내적 갈등은 프랑코가 노쇠하게 됨에 따라 새로운 국면을 맞게 되어 각 분파는 다양한 시각과 상충하는 이익을 가지고 승계문제에 접근하게 되었다. 노동계급은 더욱 조직화되고 민주적 반대세력도 자체조직화를 시작하면서 연립의 해체 현상 역시 첨예화했다.

따라서 지속적인 성장에도 불구하고 1965년부터 1975년까지의 기간 동안 정권의 억압능력은 점차 쇠퇴해갔고 사회적 지지도 역시 협소해졌으며 지배연합의 내적 화합과 일체감의 해체 역시 가속화되었다. 무엇보다 프랑코 체제의 정치집단 내의 혼란과 불확실성이 체제 내 세력들의 분열을 초래했다. 1974년부터 1975년까지의 기간 동안에는 공산당이 주도하는 노동자위원회를 포함해 민주평의회와 인민사회당 및 일부 군소정당들이 설립되었다. 프랑코 통치 말기에는 노동자위원회와 민주평의회의 사조직체들이 파리에 설립되기도 했고 스페인 내 각 지역에 특파원을 두고 활발한 활동들을 전개해나갔다(Maravall 1979, 299-317). 1975년 프랑코가 사망했을 때 정권을 지탱하던 기존 정치세력들은 이미 와해된 상태였다. 교회도 정부에 대한 지지를 철회했다. 정권 내 정치 파벌들은 자신의 정치적 생존이 우선이었고 다양한 견해를 보이며 분열되어 있었다. 새롭게 출현한 산업 부르주아들은 유럽공동체 가입을 요구하며 이를 방해하는 독재체제의 종식을 강력히 주장했다.

기존 정권의 제도와 가치들은 더 이상 권위와 신뢰를 얻지 못했다. 그들은 테러를 효과적으로 막지 못했고 경제적 도전에 제대로 대응하지도 못했다. 그럼에도 억압적 관행을 지속했고 독재자의 측근들은 금융 스캔들에 연루되었다. 반면, 이와 같이 기존 정권의 광범위한 문제점에도 불구하고 야당 세력 역시 분열되어 있었고 강고한 사회적, 재정적, 조직적 기반이 미흡했다. 오히려 잔존하던 지배연합분파들은 억압 기구를 보유하고 있었으며 그에 따라 적어도 관료기구와 프랑코에 충성하는 군부에 의존할 수 있었다. 이와 같이 스페인에서 민주화로의 체제 전환은 민주세력과 반민주세력 간의 불균형적이고 불안정한 대립 상태에서 시작되었다(오도넬 외 1988, 130-138; 고주현 2018a, 14-16).

합의에 의한 인정의 정치와 지도자의 역할

한편 프랑코가 사망한 후 스페인의 민주화 과정에서 카를로스 국왕의 역
할은 지대했다(송기도 1992b, 327-352). 후안 카를로스는 프랑코 사후
1975년 11월 후계기구에 의해 국왕으로 선언되었고 이후 국민화합을 통
한 개혁과 민주화를 위해 나아가겠다는 의사를 명확히 했다. 아리아스
나바로Arias Navarro가 프랑코에 의해 후계자로 임명되었었지만 그의 민
주화 의지는 프랑코 사후 초기 국민들로부터 인정받지 못하였다. 카리스
마 없는 프랑코의 계승자가 군주제에 대한 지지가 낮은 상황에서 정통성
을 회복하기 위해서는 부패한 정권과 차별되는 민중적 정당화의 과정이
어쨌든 필요했다. 이를 극복하기 위한 국왕의 확고한 민주주의로의 개혁
의지가 최고 군통수권자로서 군부의 위계와 기강유지를 가능하게 했다.

　　1976년 7월 아돌포 수아레스 내각이 수립되기 이전까지 아리아스 나
바로는 구정권을 다원적 민주체제로 전환시키는 것을 용인하지 않았다.
좌파정당을 고립시키려는 선택적 억압정책을 취했고 야당세력을 분산시
키려는 의도로 제한된 민주주의를 실행했다. 그의 시도는 실패했고 야당
은 프랑코 사후 몇 달 동안 주도권을 장악해 나갔다. 정부는 커져버린 민
주세력들의 저항을 악순환적 억압과 폭력으로 진압하려 했다. 카를로스
국왕의 정부에 대한 불신임 표명으로 아리아스 나바로는 결국 사임하게
된다. 그리고 그해 아돌포 수아레스를 총리로 하는 새로운 정부가 구성
되었다. 수아레스의 당면 과제는 아리아스 내각이 초래한 궁지를 벗어나
는 것이었다. 그는 우선 인민주권의 원칙과 민주적 정치체제 수립을 수

행하겠다는 정부의지를 밝혔다.

　나아가 수아레스가 인정의 정치를 실현하기 위해 취한 가장 핵심적인 정치적 결정은 구정권 관련 인사들에 대한 정치적 사면을 단행하고 1977년 이후 총선거 실시를 내용으로 하는 헌법개정계획을 국민투표에 회부할 것을 약속한 것이었다. 그의 이러한 계획은 정부의 목표와 그 수행과정을 아우르는 내용을 국민들의 의사에 따라 결정함으로써 정통성을 확보하는 동시에 기존의 제도와 권력이 규정한 요구와 조건을 존중한다는 합법성을 담보할 수 있었다. 나아가 정부는 정권 내의 주요 부문들이 갖는 연속성에 대한 열망을 만족시키기 위해 주도권의 회복과 동시에 단절을 선호하는 급진세력과 계속성을 선호하는 세력들 간의 조정자 역할을 맡았다. 수아레스의 선언에서 주목해야하는 것은 그가 야당세력과도 협상하겠다는 의지를 보여주었다는 것이다. 그는 정부의 절충과 회유전략을 위해 우익과의 비공식적 협상을 시작했다.

　교회의 경우 1975년 말 민주체제 수립에 대한 지지를 표명한 바 있다. 금융귀족 계층에는 개혁조치로 인해 자본주의 체제의 토대가 위태롭게 되진 않을 것이라는 확약으로 안심시켰다. 나아가 군부의 위계체제와 관료기구들에 대한 유지, 기존의 법적 질서와 개혁을 실천하는 과정에서 그들에 대한 존중을 약속했지만 동시에 이 과정에서 스페인 공산당은 제외할 것을 분명히 했다. 무엇보다 정부가 프랑코를 추종하는 정치적 계급의 생존을 보장한다는 점을 설득하기 위해 인맥의 연속성을 보장했다. 무엇보다 그들의 안전을 보장한다는 신뢰를 주기 위해 불확실성을 없애고자 노력했다. 이를 위해 보수주의 세력이 선거에서 승리할 가능성을 높일 수 있는 선거체계에 관한 개정안을 용인하기도 했다. 이와 같은 선거체계 개정안은 1976년 12월 15일 국민투표를 통해 인준을 얻었고 78퍼센트의 투표율로 94퍼센트의 찬성표를 얻음으로써 민주주의로의 전환에 대한 이데올로기를 뛰어넘는 전 국민적 지지를 얻게 되었다.

반면 야당의 투표 불참을 호소하는 운동이 실패함으로 인해 그들의 상징적 정통성은 오히려 심각한 손상을 입었다. 이러한 상황에서 수아레스는 좌파 세력과의 협상을 시작했다. 야당 세력은 자유주의적 군주제주의자들과 마오이스트, 바스크와 카탈루냐 분리주의 민족주의자들을 포함했다. 수아레스는 그들의 기본적인 요구들 중 일부를 신속히 수용했다. 예컨대 정치적 사면을 확대하고 비례대표제 선거법을 도입하며 스페인 공산당을 포함한 정당들의 합법화와 함께 프랑코가 창설한 정당과 국가 조합주의적 이익단체의 해체 등이 그 요구 사항들이었다. 우파와 좌파의 요구들을 포용적으로 수용하며 정부가 적극적으로 조정자의 역할을 맡음으로 인해 각 진영들은 자신들의 주장을 일부 철회하거나 양보하기도 했다.

예를 들어 좌파세력들은 과거 권위주의 정권하에서 탄압에 가담했던 인물에 대한 처벌과 탄핵을 요구하려던 것을 철회해야 했다. 나아가 보다 진보적인 경제정책의 제시도 유보했고 공화제를 지지하던 기존 입장 역시 철회했다. 지역주의 정당들도 선거가 실시될 때까지 영토 이전 문제에 관해서는 거론하지 않기로 했다. 수아레스는 이처럼 강경노선을 견지해 온 집단들의 저항을 완화시키고 민주적 야당세력들로 하여금 자신들의 한계와 합법적 개혁주의의 내용과 절차를 인정하도록 유도하는 데 성공적이었다고 볼 수 있다(고주현 2018a, 16-18). 이처럼 오랫동안 유지된 스페인 권위주의의 유산은 과거와의 완전한 단절이나 청산이 아닌 합의에 의한 민주화의 유인을 제공했다.

지역주의 갈등의 지속

내전을 야기시킨 주요 원인이기도 했던 지역문제는 스페인에서 고질적인 정치적 쟁점이었다. 따라서 지역 자치의 제도화는 협의의 정치를 통해서만 해결될 가능성이 보였다. 제2공화국 시기에 카탈루냐와 바스크 지역이 1932년과 1936년 각각 자치법을 부여받았지만 프랑코 정권 하에서 이는 철폐되고 만다. 심지어 지역 언어의 사용마저 금지되자 이 지역들에서는 중앙정부에 대한 원한이 점차 깊어지고 민족적 동질감은 보다 고착되게 된다. 1960년대 이후에 이 같은 원한은 ETA의 테러활동을 직간접적으로 지원하는 형태로 심화되었고 카탈루냐와 바스크 지역의 반정부 세력들이 연합을 형성하도록 했다. 1977년에 들어와 통치 권력의 이양에 대한 이들의 요구 역시 점차 거세졌다.

지역문제는 정부에 심각한 부담으로 작용했는데 특히 지역자치를 인정할 경우 이에 반발하는 군부세력의 저항을 막아야만 했다. 따라서 이를 해결하기 위한 정책적 방안에 대해 대다수 정당들의 보편적 합의가 수반되어야했다. 선거 후 대규모의 정치적 사면이 단행되었는데 이 때 바스크 민족주의 정치범들이 그 대상으로 확대되었다. 양 지역의 민족주의자들은 1930년대 제정된 지역자치법의 부활을 요구했지만 이는 헌법을 통한 지역자치 규정이 이루어지기 전까지는 불가능했다. 이 문제에 대해 일반적 합의를 얻어내기 위해서는 카탈루냐와 바스크 지역 이외의 다른 지역들에게도 동일한 원칙들이 적용되어야 했다.

따라서 연방적이고 지역적인 형태를 혼합한 해결방식을 통해 다른 지역들로부터의 의심을 해소할 수 있었고 민족주의자와 좌파와 우파 정당들이 타협을 통한 공동의 해결책을 모색해나갈 수 있었다. 민족주의자들은 두 역사적 지역에 대한 특별법의 제정을 요구했고 우파 정당들은 모든 지역에 대한 동등한 수준의 자치를 인정함으로써 두 지역에 허용된 정치적 자율성의 축소를 요구했다. 반면 좌파정당들은 정치권력의 분산을 통해 행정부 쇄신과 권위주의 요소의 청산을 꾀하고자 했다. 지역자치에 대한 이와 같은 상이한 접근은 오히려 서로 다른 이해관계를 보이는 각 세력들이 상대방의 요구를 어느 정도 제약하기 위한 수단으로써 합의를 위한 공동의 토대를 만들어낸 것으로도 볼 수 있다.

'두 개의 카탈루냐'를 통해 본 중앙-지방 균열

다큐멘터리 영화 〈두 개의 카탈루냐〉(2018)는 카탈루냐 독립을 둘러싼 분쟁의 배경과 과정을 인터뷰 형식으로 다룬다. 카탈루냐와 스페인의 대표 인사들이 역사, 문화, 경제적으로 복잡하게 뒤얽힌 갈등을 소개한다. 영화는 스페인의 정치균열과 갈등구조가 이미 오래 전 18세기부터 시작되었고 이는 내전을 통해 스페인 사회에 깊숙이 뿌리내리게 되었음을 보여준다. 스페인 정치 풍토에서 중앙과 주변, 중앙과 지방 간의 긴장 혹은 균열은 최근의 현상이 아니다. 스페인은 15~18세기를 거치면서 국가 건설을 이루었지만 19~20세기 카탈루냐와 바스크 지역을 비롯한 강한 지역 정체성을 가진 지역들 간의 경쟁으로 인해 하나의 민족 건설에 어려움을 겪었다(김병곤 외 2014, 189-211).

프랑코 체제하에서 지역 민족주의는 중앙 권위주의에 대항하는 자유와 투쟁의 의미를 지녔고 이로 인해 민주화 과정에서 지역 자치는 민주주의와 깊게 연관되는 것으로 보였다. 1970년대 말 민주화 이후 스페인의 17개 자치 지역은 헌법재판소가 보장하는 폭넓은 자치 권한을 누리고 있다. 비록 1978년 스페인 헌법이 스페인의 주권은 스페인 국민에게 있다는 조항을 포함하지만 지역들과 민족들이 자신만의 정치적 자치를 누릴 것 또한 보장하고 있다(고주현 2018b, 20-22). 지역의 자치권과 하나의 스페인이라는 충돌하는 개념이 헌법에 동시에 반영되어 있는 것이다. 카탈루냐의 민족주의는 지역이 일찍부터 경험했던 산업화로 인해 형성된 두터운 중산층과 농민을 포함한 모든 계층과 연관되었다. 20세기 들어 카탈루냐의 경제성장은 스페인 전역으로부터 대규모 이주를 초래했다.

스페인의 민주화 과정에서 카탈루냐는 중앙정부에 민족적 정체성을 지닌 하나의 민족국가nación로 대우해줄 것을 요구하고 이에 걸맞는 자치권을 행사할 것을 스스로 선포했다. 현재의 카탈루냐는 스페인의 여타 지역들이나 유럽연합 평균보다 더 부유하고 유럽의 다른 지역들과 비교해 폭넓은 자치를 향유하고 있다. 나아가 카탈루냐만의 역사, 문화, 언어적 정체성을 강력히 표방했다(Michael Keating 1996, 145-146). 이는 한편으로 획일적 중앙집권 통제에 가장 많은 피해를 본 곳이 카탈루냐 지역이었기 때문이며, 국가형성의 뿌리인 언어와 문화, 민족성의 차이를 갖는 카탈루냐가 카스티야 중심의 중앙권력으로부터 일방적, 획일적, 권위주의적 통치체제로부터 희생자가 되었다는 피해의식이 카탈루냐인들에게 깊이 내재되어 있었기 때문이다. 그로 인해 프랑코 사후 권위주의 시대가 종식되고 민주화의 과정에서 각 지역의 민족주의가 부상하던 시기에 카탈루냐인들은 가장 먼저 자신들의 정체성 회복을 주장하고 나선 것이다.

하지만 타인의 입장 혹은 타 지역의 입장에서 카탈루냐 지역의 정체성 회복 과정을 보는 시각은 부정적이다. 그 이면에는 카탈루냐의 주장이 오히려 자신들의 특혜를 확대하려는 것으로, 나아가 궁극적으로 스페인의 통합을 깨고 분리독립을 추구하는 것으로 인식되어지기도 했다. 여타지역들은 자신들과 동등한 자치 권한 요구들은 인정할 수 있지만 이를 넘어서는 분리독립에 대해서는 부정적인 입장을 보이고 있다(고주현 2018b, 98-107).

2000년대 중반까지만 해도 카탈루냐의 정치지도자들은 이에 대해 카탈루냐가 중앙정부와의 단절을 꾀하는 것이 아닌 이전부터 존재해 온 자신들의 본질적 모습을 회복하려는 것이라고 주장해왔다. 즉 카탈루냐가 고유의 성격을 가진 민족으로 자리매김하고 언어와 문화를 재정립하는 것이고 이는 스페인 내에서 카탈루냐만의 위상을 반영시킨다는 것이다. 이러한 움직임은 역사 속에 지속되어왔다. 따라서 스페인과의 분리나 주권 독립이 카탈루냐 민족주의의 최종 목표는 아니었다. 하지만 스페인 내에서 자신의 독자성을 내세워 카탈루냐 민족의 주체성을 확립하려는 궁극의 목표를 가졌다.

스페인은 카스티야어와 지역어를 함께 사용하는 이중언어구조를 가졌다. 카탈루냐의 경우에도 1979년 지방자치법이 통과된 이후 카탈루냐어를 말하고 이해하는 사람들의 비율이 점차 증가했고 카탈루냐어 출판물과 방송 채널 및 시청률 증가도 확인할 수 있다. 당시까지 공공부문에서 카탈루냐어 사용은 많은 제약을 받아왔다. 1983년 카탈루냐어 정상화 계획은 두 언어 사용의 간극을 없애고 동등하게 사용할 가능성을 확보해주는 것이었다.이를 통해 카탈루냐인들의 사회적 결집을 가능하게 하고 그동안 부차적 위치에 있던 카탈루냐어를 카스티야어와 동등한 권리를 갖는 언어로 인정받게 하기 위함이었다. 카탈루냐어 도서와 신문의 발행, 카탈루냐어 문화 예술 활동 장려, 행정 부문에서 카탈루냐어 사용 강화 등은 이중언어구조를 확고히 할 수 있는 구체적 방안들이었다. 결국 거의 모든 공공 부문에서 카탈루냐어를 카스티야어와 같은 비율로 사용할 수 있도록 권장했다. 그동안 중앙정부의 파괴 의지로 훼손된 카탈루냐어를 복구하고자 했던 것이다(송기도 외 1998, 158-172).

[그림 2-2] 카탈루냐 국기 & '카탈루냐는 국가다' 낙서 & 카탈루냐 독립지지 군중(출처: Wikimedia)

카탈루냐어 사용 인구의 증가는 자치정부의 언어정책에도 기인하지만 카탈루냐 지역에서 이중언어구조가 확고히 자리잡았다는 것을 보여준다. 이 지역에서 프랑코 사후 진정한 민주주의 실현은 언어정책을 통해 실현되어 왔다고 할 수 있다. 이는 정치적 자치권과 함께 카탈루냐의 지방분권화를 특징짓는 요인이 되었다. 민주화 과정에서 뿌졸Pujol의 카탈루냐 자치정부는 사회노동당 및 국민당과 협력해 카탈루냐의 자치와 이익을 최대한 보장받고자 했다. 카탈루냐의 자치권한 확대를 위한 노력은 바스크 지역과는 달리 그간 온건한 방법으로 이루어져왔다. 그렇기에 최근 카탈루냐 분리독립을 위한 선거 및 그 후속 조치 과정에서 목격되는 급진적 선택들은 카탈루냐가 왜 그런 선택을 하게했는가라는 의문을 갖게 한다.

'두 개의 카탈루냐'가 보여주듯이 라호이Lajoy 총리의 집권 초기만하더라도 독립지지 비율은 14~15퍼센트에 불과했다. 하지만 2017년 독립을 찬성하는 비율은 45~50퍼센트로 약 세 배 가량 증가했다. 그 원인으로 영화는 몇 가지 요인을 꼽는다. 먼저 경제적으로 카탈루냐의 중앙정부에 대한 기여보다 수혜의 비율이 지나치게 적다고 주장한다. 예컨대 기여와 수혜 규모의 차가 연평균 1650억 달러에 달한다고 보는데 이는

2년간 의료예산과 맞먹는다는 것이다. 실제로 2002년 조세개혁을 계기로 카탈루냐의 재정 권한은 스페인 여타 지역과 동일해졌다. 오히려 카탈루냐의 경제 우위가 국가 통일과 연대의 목표 아래 더 많은 분담금을 감당해야하는 더 큰 부담으로 돌아왔다. 두 번째 요인은 2006년 자치법 개정안에 대한 2010년 헌법재판소의 위헌 판결로 카탈루냐 분리독립을 지지하는 정치지도자들과 시민사회의 분노를 확산시켰다(Anastazia Marinzel 2014, 5-6). 민주화 이후 스페인 자치정부들에 대한 권력이양은 점차 확대되어 온 것이 사실이다. 무엇보다 민주화 이후 스페인의 정당구조가 불완전한 양당제를 특징으로 해왔기 때문에 소수 정부는 지역 정당의 지지가 필수적이었다.

하지만 2014년 11월 마스 주지사 주도의 카탈루냐 분리독립에 관한 비공식 주민투표를 계기로 2015년 지역 의회 선거에서는 분리독립 지지 정당이 과반 의석을 획득했다. 이후 분리독립에 보다 적극적인 푸지데몬Puidgdemont이 자치정부 수반으로 추대되고 중앙정부의 강력한 반대를 무릅쓰고 2017년 독립투표를 실시했다. 결과는 투표율 43퍼센트에 81퍼센트가 찬성하는 것으로 나타났다. 이어 자치정부 독립을 선언함으로써 스페인 정부는 카탈루냐 의회를 해산하고 자치권을 박탈함과 동시에 헌법 155조를 발동, 직접 통치를 선언했다. 이처럼 카탈루냐 국민투표에 대한 불인정, 국민당 정부의 강압적 진압, 이를 지켜본 독립 반대론자들의 찬성으로의 전환 등 중앙-지방 간 분열은 더욱 심각한 양상을 띠고 있다. 이 상황에서 국왕은 중앙정부의 입장을 지지했다. 현 유럽 고위안보 대표이자 당시 스페인의 외교부 장관이었던 호셉 보렐Josep Borrell은 이에 대해 국왕의 헌법수호 메시지에 의미를 부여하는 한편 공감 능력이 부족했다는 점을 지적하기도 했다.

영화는 2018년 카탈루냐 지방선거에서 시민당Ciudadanos이 승리했음을 보여주며 끝이 난다. 시민당은 선거운동 기간 동안 카탈루냐 자치정부의 독립에 대한 명확한 반대 입장을 보인 바 있다. 과거 자치정부 수반과 고위 관료들이 독립투표로 수감되거나 브뤼셀로 망명 중인 탓도 있지만 카탈루냐 지역 내에서도 분리와 통합에 대한 여파는 여전히 남아 있다.

참고문헌

• 고주현. 2018a. "민주화 이행기 스페인의 정치균열과 갈등구조의 변화." 『비교민주주의연구』 14집 1호.

• 고주현. 2018b. "스페인 카탈루냐 지역 분리독립과 인정의 정치." 『유럽연구』 36권 3호.

• 김병곤, 우윤민. 2014. "내셔널 아이덴티티와 분리독립: 스페인 카탈루냐를 중심으로." 『유럽연구』 32권 4호.

• 김선욱. 2017. 『한나아렌트의 생각』 (서울: 한길사).

• 송기도. 1992a. "스페인 민주화 과정: 합의의 정치." 『이베로아메리카연구』 3권.

• 송기도. 1992b. "의회정치 확립과 스페인 민주화, 정치지도자들의 역할을 중심으로." 『한국정치학회보』 26집 3호.

• 송기도, 최낙원, 최윤국. 1998. "스페인 카탈루냐 지방 연구: 분권의 확대와 지역분쟁." 『라틴아메리카연구』 11권1호.

• 오도넬 기예르모 편. 염홍철 역. 1988. 『남부유럽과 민주화』 (서울:한울아카데미).

• Ejemplo Español." in Santamaría, J. ed. *Transición a la Democracia en el Sur de Europa e América Latina*, 371-417. Mdrid:Centro de Investigaciones Sociologicas.

• Keating, Michael. 1996. *Nations against the State: The New Politics of*

Nationalism in Quebec. Catalonia and Scotland (New York: Palgrave).

- Maravall, J. 1979. "Political Cleavages in Spain and the 1979 General Election." *Government and Opposition* 14(3).

- Marinzel, Anastazia. 2014. "Catalonoa: The Quest for Independence from Spain." Senior Honors Project. Paper 39.

- Serrano, Ivan. 2013. "Secession in Catalonia: Beyond Identity?" *Ethnopolitics* 12(4).

역사와 전쟁에서의 가해(자)와 피해(자)
〈랜드 오브 마인Land of Mine〉 (2015, 덴마크/독일)

김인춘

영화 소개와 줄거리[1]

2017년 국내에 개봉된 영화 〈랜드 오브 마인Land of Mine〉(2015, 원제 〈Under sandet〉, 덴마크·독일 합작)은 슬픈 영화이다. 제2차 세계대전 중 있었던 실화를 바탕으로 한 이 영화의 줄거리와 내용은 단순하지만 영화가 말하는, 말하고자 하는, 말하고 싶어하는 메시지는 많은 것을 생각하게 만든다. 가해자 독일뿐 아니라 피해자이면서 가해자가 된 덴마크의 반성을 호소하며 보편적인 인권과 휴머니즘을 강하게 드러내는 영화이기 때문이다. 덴마크 출신의 1971년생인 마틴 잔드블리엣Martin Zandvliet 감독은 선과 악, 가해(자)와 피해(자)의 도식을 넘어선 전쟁의 비극을 보여주면서 이런 일이 되풀이 되지 않기를 바라는 강렬한 메시지를 남겼다. 그는 작은 '동화의 나라' 덴마크의 어두운 '과거'를 성찰하면서 "우리 덴마크가 착한 사마리아인이 아니라는 것을 알리고 싶었다"라고 말했다.

---

1 이 글은 『서양사연구』 65권 (2021.11, 한국서양사연구회)에 게재되었던 원고(영화평)를 보완, 확대한 것이다.

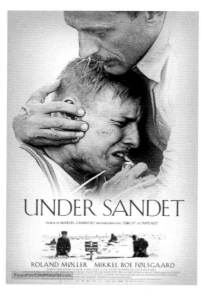

[그림 3-1] 영화 포스터

다수의 상을 수상한 이 영화를 덴마크인들은 담담하게 받아들인 것으로 보인다.

덴마크는 2차 세계대전 중 1940년 4월부터 종전 시기인 1945년 5월까지 독일의 점령하에 있었다. 종전 직후 덴마크군은 전쟁포로로 잡아둔 독일 소년병들을 독일군이 매설한 지뢰를 맨손으로 찾아 해체하는 위험한 작업에 투입시킨다. 그리고 수많은 사상자가 발생했다. 영화는 이 사실에 기반하여 만들어졌다. 영화는 의용군으로 영국군 보병에 합류했던 칼 라스무센 상사가 종전 이후 덴마크군으로 복귀하는 장면으로 시작된다. 군용 지프를 타고 가던 그는 자국으로 귀환하던 독일군 전쟁포로 중 일부가 덴마크 국기를 들고 가는 것을 보고는 깃발을 빼앗고 그들을 무자비하게 구타한다. 국기는 국가(조국)를 상징하는 성스러운 깃발인데, 자랑스럽고 순수해야 할 이 국기를 적국의 군인, 그것도 패전 포로가 가지고 있다는 것에 분노한 것이다. 이 장면은 독일에 대한 적개심과 함께 조국 덴마크에 대한 그의 지극한 충성심과 애국심을 보여준다.

칼 상사는 덴마크 장교인 에베 옌슨 대위 지휘하에 독일 포로 소년병 14명을 이끌고 덴마크 서부 해안으로 지뢰 제거 작업에 나서게 된다. 옌슨 대위는 독일 소년병들을 상대로 지뢰 제거 작업 교육을 실시하는데, 교육 중 조작 미숙으로 한 소년은 지뢰 폭발과 함께 그 자리에서 스러진다. 소년병들은 공포와 두려움에 사로잡히고, 언제든 자신들의 목숨이 사라질 수 있는 운명에 처해 있음을 직감하게 된다. 이들은 지뢰를 탐지할 수 있는 쇠막대기인 탐침봉 외에 그 어떤 안전 장비도 지급받지 못했다. 사실상 맨손으로 모래를 파헤쳐 지뢰를 제거해야 하는 것이었다. 칼 상사에 배정된 소년병들은 덴마크 농가의 버려진 창고에 낡은 이층 침대 몇 개를 갖다 놓은 열악한 숙소에서 식사도 제대로 제공받지 못한다. 더구나 소년병들은 칼 상사의 무자비하고 비인간적인 대우와 명령도 견뎌야 했다. 이들에게 부여된 임무는 덴마크의 서해안 해변을 따라 심어진 4만 5천개의 지뢰를 제거하는 것이었다. 석 달 동안 이 지뢰들을 모두 제거하면 집으로 돌아가게 한다는 칼 상사의 약속이 그들에게는 유일한 희망이자 구원이었다. 영화는 국가(조국)의 부름과 명령으로 전쟁의 가해자 측이 되었다가, 이제는 절망적인 상황의 피해자가 된 어린 소년들의 잔인한 운명을 보여주며 이것이 누구의 책임인지를 묻고 있다.

소년병들은 4만 5000개의 지뢰를 찾아내야 했고, 언제 죽을지 모르는 극한의 상황 속에서 집으로 돌아가기 위해 '죽음의 행진death march'을 계속해야 했다. 이들 소년병 중에는 쌍둥이 형제가 있었고, 리더 역할을 하는 소년병 '세바스티안'은 빠른 상황 판단으로 지뢰 해체 작업을 이끌며 죽음에 처한 소년병들 간에 작은 연대감을 만들어낸다. 지뢰 제거 중 한 소년이 폭발사고를 당해 두 팔을 잃는다. 울부짖는 어린 아이의 모습은 너무나 비참하고 슬픈 장면이었다. 하지만 더 큰 비참과 슬픔이 기다리고 있음을 그들은 알 리가 없었다. 증오심과 적대감으로 소년들을 무자비하게 대했던 칼 상사는 시간이 가면서 그들에게 연민을 갖게 되고 부대에서 식량을 몰래 가져와 소년병들에게 나눠주기에 이른다.

지뢰밭이라는 지옥에서도 어린 소년들은 집으로 돌아갈 날만을 고대하며 서로의 소망을 나눈다. 그 소망이란 것이 벽돌공이 된다거나, 기술을 배운다거나, 그냥 편안하게 배부르게 먹고 싶다는 것이 전부였다. 국가는 절망하지 않는 이들의 소박한 소망조차 보호하지 못하고 타국의 지뢰밭에서 죽게 만든 것이다. 그 국가는 가해자 독일이면서 동시에 피해자 덴마크였다. 쌍둥이 형제를 잃은 소년병은 결국 스스로 위험지역으로 걸어 들어가 자살하는데 어린 형제의 비극과 형제애의 안타까움을 보여준다. 힘든 시간이 가고 모든 지뢰 제거 작업이 끝나갈 무렵, 곧 집으로 돌아가게 된다고 들떠 있던 이들에게 재앙이 닥친다. 안전핀이 제대로 뽑히지 않은 지뢰가 어쩌다 잘못하여 지뢰가 가득 실린 트럭으로 던져지고, 그 위의 지뢰 더미가 연쇄 폭발한 것이다. 이 사고로 군용트럭에 지뢰를 옮기던 소년병 7명이 죽게 된다.

해변가에서 마지막 지뢰 제거 작업을 하던 살아남은 4명의 소년병은 바로 집으로 보내졌을까? 옌슨 대위는 이들을 다른 해안지역의 지뢰제거팀으로 보내기로 결정한 후 칼 상사에게 이 사실을 알린다. 칼 상사는 이 명령을 취소할 것을 주장하지만 옌슨 대위는 조금도 흔들림이 없다. 칼 상사는 옌슨 대위 몰래 이들 4명의 소년병을 차에 태우고 급하게 독일 국경 가까이로 데려간다. 칼 상사는 소년병들에게 자유를 위해 달아날 것을 '명령'하고 이들은 이 명령에 '복종'한다. 슬픈 영화의 눈물 나는 엔딩은 왜 어린 아이들이 이렇게 비참하게 희생되어야 하나라는 분노의 질문을 갖게 만든다.

제2차 세계대전과 영화의 역사적 배경

2차 세계대전 중 독일은 영국에서 넘어오는 연합군의 공격을 막기 위해 유럽 대륙과 스칸디나비아반도 해안을 따라 해안선을 방어하고 요새화하는 '대서양 방벽'을 만들기 시작했다. 전쟁 후반, 독일군이 연합군의 상륙지점을 덴마크 서해안으로 판단하고 이곳 전역에 220만 개에 달하는 막대한 양의 지뢰를 매설한 것은 그 일환이었다. 1945년 5월, 2차 세계대전이 끝난 뒤 덴마크군은 이 지뢰 해체 작업에 독일 포로병들을 투입한다. 다수의 소년병을 포함하여 2000명이 넘는 독일 병사들이 상부의 독일 장교 지휘 하에 지뢰를 해체하는 작업을 하게 된다. 이는 1929년에 체결된 제네바협약(제3협약: 포로의 대우에 관한 협약)에 위반되는 것이었지만 당시 독일군 총지휘관이던 게오르크 린데만Georg Lindemann 장군[2], 덴마크 정부, 영국군 간에 맺어진 협약 내용의 하나였다고 한다. 지뢰 제거에 경험이 있는 독일군이 지뢰밭을 해체하도록 한다는 것이었으나 실상은 이와 달랐다. 자료에 따라 숫자가 다르지만 2000명이 넘은 독일 병사 중 1000여 명이 죽거나 부상당했다고 한다.

　제네바협약이 전쟁포로를 극심한 노동이나 위험한 작업으로 내모는 것을 엄격히 금했음에도 영국은 이를 지키지 않았다. 그러한 행위는 그 자체로 전쟁범죄가 될 수 있는 일이었다. 당시 덴마크를 관할했던 영국군의 이 같은 결정을 덴마크인들 역시 거부하지 않았다. 영국과 덴마크는 이 조항을 회피하기 위해 '전쟁포로'가 아닌 '자발적으로 투항한 적군'이라는 용어를 사용하여 소년병을 포함한 포로들에게 지뢰 해체 작업을 위임했다고 한다. 1945년 5월부터 시작하여 약 5개월 동안 150만 개의 지뢰를 제거한 것으로 기록되어 있다. 지뢰 제거가 제대로 되었는지를 확인하기 위해 독일 포로들은 정기적으로 지뢰밭을 행진해야 했다고 한다. 그야말로 '죽음의 행진'이었던 것이다(Stecher-Hansen 2021).

　영화에서 보듯이 종전 직후 이 지뢰를 제거하는데 투입된 인력의 상

2　게오르크 린데만(1884-1963)은 1945년 6월 덴마크에서 체포되었고 전범으로 기소되지는 않았지만 1948년까지 전쟁포로로 미군의 감시하에 있었다고 한다.

당수가 어린 독일 소년병들이었다. 영화에서 소년병들이 지뢰를 해체하기 위해 투입되었던 지역인 '스캘링엔'은 덴마크에 실존하는 작은 반도의 지명으로 전쟁 당시 군사적 요충지였기에 약 4만 5천여 개의 지뢰가 매설되어 있었다. 제2차 세계대전 당시 히틀러가 전쟁 막바지에 조직한 시민군은 대부분 참전 경험이 없는 민병대였다. 그들 중 가장 어린 군인은 불과 13세의 나이로 징집되었다고 알려져 있는데, 너무 어려서 이들 소년병에게는 담배가 아니라 과자와 사탕이 지급될 정도였다. 영화의 소년병들도 이 나이에 불과할 정도로 어리고 여려 보였다. 히틀러의 나치 정부는 '히틀러 유겐트Hitler-Jugend(히틀러 청소년단)'라는 조직을 크게 확대하고 나치즘 교육을 강화했다. 1936년부터는 전독일 남녀 청소년들을 강제적으로 조직하였고, 전쟁 중에는 이들로 하여금 여러 지원 역할을 하게 했다. 전쟁 말기에 이들은 제대로 된 훈련이나 장비도 없이 전투병으로 투입되었다고 한다.

이 지뢰 제거 사건에 대해 덴마크는 어린 소년병들에 대해 잘 몰랐고, 많은 지뢰가 해안가 농지에 심어져 생계(농사)를 위해 지뢰를 제거할 수밖에 없었다고 말한다. 영국군은 지뢰제거 경험이 있는 독일 공병대가 이 일을 하는 것으로 독일군 사령관과 합의되었다고 말한다. 소년병들이 투입된 사실을 그 당시 알았더라면 무리하게 지뢰제거 작업을 하지 않았을 거라는 입장이다. 그 근거로 덴마크는 2012년에야 당시의 모든 지뢰를 제거했다는 점을 들고 있다. 그러나 1945년 12월 덴마크는 자국 지뢰의 99퍼센트를 제거했다고 발표한 바 있다(Evans 2018, 29). 그리고 영국군이 덴마크 내 포로수용소에서 3일간의 지뢰제거 교육을 했다는 점에서 이러한 주장들은 설득력이 약해 보인다. '몰랐다'는 것으로 그 책임이 약해지거나 없어지는 것은 아닐 것이다. 종전 직후 덴마크인들의 반독일 정서는 매우 강했고, 독일이 지뢰를 매설했으니 제거도 책임져야 한다는 논리로 그 행위를 정당화했던 것도 사실이기 때문이다. 덴마크는 군사력이 약한 소국이었기에 독일 침략 당일(1940년 4월 9일) 항복과 협력 의사를 천명했고 그 결과 이 전쟁은 '6시간 전쟁 Six Hour War'으로 불린다. 덴마크인들의 굴욕과 수모가 어느 정도인지 알 수 있다.

　　당시 덴마크 언론에서도 소년병들의 지뢰제거 작업이 보도되었지만 독일은 침략자이자 가해자로 5년 동안 덴마크를 점령했기에 배려할 필요가 없다는 것이 당시의 여론이었고, 이러한 보복적 행위는 문제시되지 않았다. 이러한 잔혹행위에 대해 '덴마크 최대의 전쟁범죄 Denmark's biggest war crime'라는 비판도 있지만 이들 독일병사들이 전쟁포로가 아니라는 주장도 있었다. 역사적 사실에 대한 상이한 입장과 기억은 세상 어디에나 나타나는 모양이다. 당시 지뢰 제거 작업을 감독했던 노령의 한 덴마크인은 독일 병사들이 '자원'한 것이며 그들은 소년병이 아니었다고 '증언'한다. 그리고 적지만 작업에 대한 급료가 지급되었고, 그들은 더 빨리 독일로 돌아가는데 그 작업이 도움이 될 것이라고 믿었다는 것이다.[3] 덴마크의 법학자이자 역사학자인 헬게 하게만 Helge Hagemann의 1998년 책[Under Tvang (under duress: mine clearance on the Jutland West Coast 1945)]은 이러한 주장을 반박한다. 하게만에 의하면 독일군은 지뢰 제거 작업을 할 만큼 제대로 훈련되어 있지 못했고, 비인간적 대우를 받았으며, 시간적·정신적으로 압박을 받았다고 한다. 이 문제는 여전히 역사적 사실과 문화적 기억 차원에서 전문적·학문적으로 논의되고 있지만 독일에서든, 덴마크에서든 정치적 논란이 되지는 않고 있다.

3　아래 이스라엘 신문 기사 참조
　https://www.haaretz.com/.premium-movie-confronts-danes-with-an-untold-wwii-horror-1.5377084

영화가 말하고자 하는 것들:
반전, 가해(자)와 피해(자)의 이분법 경계, 약자의 존엄과 정의

영화에서는 14명의 독일 소년병 중 4명만 살아남는다. 소년들은 그들의 조국이 수천만 명의 사상자를 만들어낸 전범국이기 때문에 비인간적인 조건에서 지뢰를 제거하기 위한 물건으로만 쓰이다가 비참하게 죽게 된다. 이 영화는 많은 것을 말하고 있고 말하려 한다. 전쟁의 피해자가 가해자가 된 실화를 바탕으로 한 것이기에 더욱 더 큰 반향을 가져왔다. 이 영화의 의미를 살펴보자면 첫째, 이 영화는 전쟁영화이자 강력한 반전反戰영화이다. 전쟁을 결정하거나 전쟁을 수행하는 정치인들과 군사령관들은 물론, 보통사람들까지 모두 전쟁이 얼마나 비인간적이고 잔혹한 것인지를 알아야 한다는 메시지이다. 따라서 전쟁은 해서도, 일어나서도 안된다는 것을 말하는 것이다.

왜 국가 간에 전쟁이 일어나고 전쟁을 일으키는지에 대한 연구는 매우 많다. 구조적으로 불가피하게 전쟁이 일어날 수밖에 없는 것인지, 어떤 (나쁜) 목적을 위해 전쟁을 일으키는지는 전쟁 당사자나 연구자들 사이에 많은 주장과 논란이 있다. 제2차 세계대전 관련해서도 히틀러가 전쟁을 일으켰다는 점은 명확하나 구조적으로 전쟁이 일어날 수밖에 없었다는 유명한 역사학자인 카E. H. Carr의 주장도 있다(카 2014). 같은 북유럽의 덴마크 이웃국가로 2차 세계대전에서 전화를 겪지 않은 무장중립 노선의 스웨덴은 1814년 나폴레옹 전쟁 후 지금까지 200년 이상 전쟁에 참여하거나 개입하지 않았다. 그렇다고 스웨덴이 평화의 화신으로 선한 사마리아인이었던 것은 아니다.⁴ 강력한 군사력을 바탕으로 한 실용적인

---

4 제2차 세계대전 중에도 스웨덴은 계속 독일에 철광석을 수출했고, 독일의 유대인 학살을

중립 전략으로 전쟁을 하지도 겪지도 않은 것이다. 2차 세계대전 후 정파를 초월한 원칙과 가치의 외교 전략으로 자국의 안보와 국익을 지키며 지역 및 세계의 안정과 평화에도 기여해 왔다는 점을 우리는 주목해야 할 것이다. 전문적인 외교력을 포함한 유무형의 힘, 하드파워 및 소프트파워 등 여러 면에서 국가와 국민의 남다른 역량이 이를 가능하게 했던 것이다.

둘째, 이 영화는 독일에 대한 덴마크의 적대심을 상징적으로 보여준다. 영화에서 왜 독일군 포로가 덴마크 국기를 지니고 있었는지는 알 수 없지만 무자비하게 구타하는 모습은 독일에 대한 덴마크인들의 적개심을 보여준다. 영화에서는 기념품으로 덴마크 국기를 가지고 있다고 대답하지만 그 어떤 이유나 핑계로도 구타할 수 있을 만큼 당시 독일에 대한 덴마크의 민족적 감정은 복수와 분노에 차있었던 것이다. 지금은 평화와 공동번영을 실현하고 있는 대등한 이웃국가 사이이지만, 사실, 덴마크의 독일에 대한 반감은 뿌리가 깊다. 덴마크는 오랫동안 독일(당시 프로이센)에 대해 약자의 위치에 있었다. 나폴레옹 전쟁은 북유럽의 지도를 완전히 바꾸었는데 당시 프랑스 편에 섰던 덴마크는 패전국으로 수세기 동안 지배해오던 노르웨이를 상실하는 등 엄청난 국가적 손실과 민족적 상처를 입었다. 킬 조약(Treaty of Kiel, 1814년 1월 덴마크·스웨덴·영국 3국간 맺은 평화조약)으로 노르웨이는 덴마크로부터 분리되었지만 반프랑

저지할 수도 있었을 기회가 있었음에도 침묵했다. 2018년 개봉된 스웨덴 감독 칼 스벤손(Carl Svensson)의 다큐멘터리 영화 〈En svensk tiger〉(The Swedish Silence)는 스웨덴의 수치스러운 과거 비밀에 대해 말한다. 2차 대전 중 베를린 주재 스웨덴 외교관으로 근무했던 오테르(Göran Fredrik von Otter)는 1942년 8월 기차에서 우연히 만난 독일 친위대(SS) 관리로부터 폴란드의 유대인수용소 학살에 대한 비밀스런 정보를 듣게 된다. 그 관리는 학살문제가 국제적으로 공론화되기를 원했고, 오테르 또한 스웨덴 외무부에 이 사실을 보고했지만 스웨덴은 아무런 조치를 취하지 않고 침묵으로 일관했다고 한다.

스 연합으로 참전하여 승전국이 된 스웨덴에 의해 강압적인 동군연합同君聯合을 맺게 되었다. 1905년 독립할 때까지 노르웨이는 대외적 주권을 갖지 못하고 스웨덴에 병합되어 있었던 것이다(김인춘 2016). 소국 덴마크는 19세기 중반 또 다시 영토를 상실하여 더욱 작은 나라가 되었다. 1863년 초 덴마크 관할하에 있던 슐레스비히-홀슈타인 지역을 둘러싸고 덴마크와 독일 간 분쟁이 발생했고, 그해 12월 독일군이 덴마크 국경을 점령하면서 제2차 슐레스비히-홀슈타인 전쟁이 발발했다. 1864년 10월 독일군이 승리하여 슐레스비히-홀슈타인 지역이 덴마크로부터 분리되면서 사실상 덴마크는 남부 영토를 독일에 빼앗겼던 것이다.[5]

이러한 역사적 배경을 감안하면 독일에 대한 덴마크의 민족적 감정을 이해할 수 있다. 영화에서 독일 소년병들에게 동정심을 갖게 된 칼 상사가 상부에 들러 몰래 식량을 가져와 소년들에게 먹일 때 이를 본 옌슨 대위는 독일이 한 짓을 잊지말라고 냉담하게 말한다. 실제 독일군은 점령했던 덴마크와 노르웨이를 끝까지 사수하려 했다고 한다. 당시 덴마크와 노르웨이에는 나치에 동조한 집단도 있었고 저항한 사람들도 있었다. 2차 세계대전으로 독일에게 잊지 못할 수모와 피해를 당한 덴마크이지만 힘없고 죄없는 어린 소년들에게 복수하는 잔혹성은 과연 정당한지를 영화는 묻고 있다. 당시엔 그렇다 쳐도 지금도 그 상황에서는 정당했다고 생각할 수 있는 (덴마크)사람들에게 이 영화는 그러지 말 것을 호소하는 것이다.

셋째, 가장 중요한 점은 역사와 전쟁에서 피해자가 가해자가 되고 가해자가 피해자가 되는 상황을 어떻게 볼 것인가 하는 문제이다. 당연히

---

5 그 후 이 지역의 덴마크계와 독일계 주민들 간 민족주의적 갈등은 1차 세계대전을 거치며 더욱 심화되었다. 결국 베르사이유조약에 의해 지역주민투표로 덴마크-독일 간 영토분할이 다시 이루어졌지만 덴마크는 슐레스비히-홀슈타인 지역의 일부만 돌려받을 수 있었다.

먼저 가해한 사람이 나쁘다. 그렇다면 피해자가 가해자가 되는 것은 문제가 없는가. 어린 소년병들의 조국인 독일은 분명 가해자였고, 모든 것이 전적으로 독일의 책임이라 하더라도, 이들에게 잔인한 복수를 한 피해자 덴마크는 또 다른 가해자였다. 〈랜드 오브 마인〉은 종전 후 독일에 대한 덴마크의 적개심을 반인륜적인 복수로 재현하면서 전쟁 상대국이자 승전국인 영국과 덴마크의 치부를 여과 없이 보여준다. 자기 나라의 전쟁범죄와 치부를 적나라하게 드러낸 덴마크 감독에 의한 덴마크 영화라는 점에서 더욱 그 의미가 크다. 영화적 상징의 과장과 극대화를 감안하더라도 '왜 이 아이들이 이렇게 비참하게 죽어가야만 했나'라는 질문을 하지 않을 수 없을 것이다.

마지막으로 전쟁, 국가, 복수란 무엇이며 누구를 위한 것인지에 대해 생각하게 된다. 영화는 당시 덴마크 당국이 소년병들에게 안전장구도 제공하지 않고 위험한 작업에 투입한 인권 유린 문제, 전쟁포로 대우 협정인 제네바협약을 위반한 점, 기본적인 의식주 제공을 하지 않은 가혹행위, 승전국으로서 자신들의 치부를 공식적인 기록엔 남기지 않은 점 등을 고발한다.

실제 공식기록 '문서'의 사상자 수는 344명으로 실제 1,000여 명에 이르는 사상자 수와 큰 차이가 있다. 당시 이들 소년병들을 보호했어야 할 국가는 조국 독일만은 아니었을 것이다. 종전 당시의 강자 영국이나 덴마크가 이들을 최소한의 조치로라도 보호했더라면 어떠했을까. 보편적 인권에 대한 책임은 모두가 져야 하고 약자에게는 더욱 강하게 보장되는 것이 진정한 정의일 것이다.

<랜드 오브 마인>을 통해 본 한국과 일본

'전후postwar'라는 용어가 의미하듯 2차 세계대전은 국제관계와 국제질
서를 완전히 바꾸어 놓았고, 전쟁 후의 세상은 그 이전과는 질적으로 달라
졌다. 미소 냉전과 핵전쟁의 공포, 제3세계의 등장, 미국 중심의 자유주의
적 국제질서, 케인스주의적 복지국가, 자본주의적 생산력의 극대화, 대량
생산과 대량소비 등이 그것이다. 아시아에서 2차 세계대전은 일본제국이
'대동아전쟁大東亞戰爭'이라고 일컫는 태평양전쟁Pacific War(1941~45)으
로 나타난다. 일본과 연합국 사이에 벌어진 이 전쟁이 낳은 '위안부 문제'
와 '강제징용 문제'는 우리에게도 민족적 상처로 남아 오랫동안 일본과의
갈등과 대립의 핵심이 되어 왔다. 국내적으로도 심각한 역사적·법적·정
치사회적 갈등의 문제가 되어왔다.

영화를 보면서 우리와 일본의 상황이 겹쳐졌다. 모든 역사적 상황은
서로 다르기에 어떤 사례에 대해 비유하거나 비교하는 건 매우 위험한
일이다. 그럼에도 필자는 '스웨덴·노르웨이연합국가'(1814~1905)체제,
1905년 노르웨이 독립, 그리고 <랜드 오브 마인>을 통해 한일관계에 대
해 단편적인 생각을 가져보았다. 과거 스웨덴-노르웨이 관계에서 약자
였던 노르웨이와 독일-덴마크 관계에서 약자이자 피해자였던 덴마크를
보면서 우리의 상황을 숙고해 본 것이다. 약자와 피해자의 정의는 무엇
이고, 그들의 자존과 존엄은 어떻게 지켜질 수 있을 것이며, 역사의 가해
자(강자)와 피해자(약자) 간 서로 대등한 공존·우호관계를 어떻게 구축
할 것인가가 그것이다. <랜드 오브 마인>은 역사와 전쟁에서 피해자와
가해자로 매우 불편한 관계였던 덴마크와 독일의 합작영화라는 점에서
더 큰 의미가 있다. 특히 이런 작업이 피해자인 덴마크를 가해자로 만들
고 가해자인 독일을 희생자로 만들어 결과적으로 후자에게서 역사적 책

임과 과오를 덜어주는 것으로 오해될 소지가 없지 않다는 점에서 그렇다. 우리도 이러한 영화가 아니더라도 과거의 이야기를 일본과 함께 만들 수 있을까?

『요코 이야기』(2005) (원제 *So Far from the Bamboo Grove*, 1986)라는 책이 있다. 우리에게는 잘 알려지지 않은, 사실상 외면되거나 그 내용이 부정되는 책이다. 저자는 소설이라 하지만 실제 이야기라는 느낌이 강한 이 책은 전쟁의 참상을 생생히 묘사하고 문학성이 우수하다는 이유로 미국에서 학교와 교사, 청소년을 위한 반전 교재로 사용되고 있다고 한다. 아마존에서도 꽤 팔리는 책으로 알려져 있다. 일본계 미국인 요코 가와시마 왓킨슨의 자전적 소설인 이 책은 일본 패전 직후 일본인들이 한국을 떠나는 과정에서 한국인들로부터 성폭행 및 폭력을 당했다는 내용을 담고 있다. 열두 살 일본 소녀가 겪은 공포의 경험을 이야기하면서 전쟁 가해자인 일본을 피해자로 묘사한 점에서 우리에게는 매우 불편한 책이다. 상황이 〈랜드 오브 마인〉과 많이 겹쳐진다. 이 내용이 일부 사실인지 아닌지는 알 수 없으나 우리가 이 사안을 확인하기는 어려울 것이다. 우리는 아직 우리의 피해도 다 확인하지 못하고 해결하지도 못하고 있지 않은가. 더구나 우리끼리의 폭력도 적지 않았다. 그럼에도 우리는 이와 유사한 일들이 있었는지에 대해 관심을 가질 수 있을까? 임지현은 이 책을 거짓이라고 보는 재미 한인들의 논리는 구체적인 역사적 사건 속에서 개개인의 행위 및 그 결과로 가해자와 피해자를 구분하는 게 아니라 그가 어떤 민족 범주에 속해 있는가에 따라 나누는 것으로 민족주의적 사유의 전형을 보여주는 것이라고 말한다(임지현 2021). '일본인 희생자'라는 말은 있을 수 없는 것이다.

우리는 일제의 대한제국 강점과 보호국체제(1905년 11월 을사늑약), 폭압과 수탈이 가득했던 식민지배 36년, 그리고 조선과 한민족의 항일독립운동을 항상 기억하면서 일본을 경계하고 이겨야 한다는 국가적·민족적 정서가 매우 강하다. 이러한 분위기에서 2018년 10월 30일 대한민국 대법원이 일제 강점기 당시 강제징용 피해자들이 일본 기업을 상대로 낸 손해배상 청구 소송에 대해 1인당 1억 원씩을 배상하라고 최종 확정한 판결은 매우 고무적인 것이었다. 한국 법원이 일본 기업에 일제 피해를 배상하라고 판결한 것은 광복 73년 만에 처음이었다. 1997년 일본 오사카 지방재판소에 첫 소송을 제기한 지 21년, 국내에서는 2005년 2월 소송을 낸 지 13년 8개월 만의 판결이었다. 일본 최고재판소는 한일 양국이 1965년에 맺은 청구권협정에 의해 개인에게 배상할 책임이 없다는 일본 법원 1심 판결을 2003년 최종 확정한 바 있다. 우리 대법원의 2018년 판결은 이 협정은 개인의 청구권에 적용될 수 없음을 최종 판단한 것이다.

반면, 이 판결은 문재인 정부가 박근혜 정부의 2015년 12월 위안부 합의를 사실상 파기한 일과 함께 한일관계를 크게 악화시키는 결과를 가져왔다. 'NO재팬', '죽창가', '토착 왜구' 등의 말들을 둘러싸고 우리 내부의 갈등도 크게 심화되었다. 이전까지 매년 수많은 우리의 젊은이들이 일본을 방문하고 일본의 좋은 점도 느끼게 되면서 한국과 일본의 젊은 세대들이 미래지향적인 관계를 만들어갈 수 있을 거라는 기대가 있었지만 이제는 과거의 일이 된 것 같다. 일본과의 관계는 항상 불안정했지만 2021년 6월 7일 서울중앙지법 민사합의34부의 강제징용 관련 판결은 또 다른 혼란을 가져왔다. 강제징용 피해자와 유족 85명이 2015년 5월 일본제철·닛산화학·미쓰비시중공업 등 16개 일본 기업을 상대로 낸 손해배상 청구소송에서 원고 청구를 모두 각하하는 판결이 내려졌기 때문이다. 재판부는 1965년 한·일 청구권협정으로 강제징용 피해자들의 개인청구권이 사실상 소멸했다고 판단하면서 이는 다른 강제징용 피해자들이 일본기업을 상대로 제기한 소송인 대법원 2018년 10월 선고 전원합의체 판결의 소수의견(13인 중 2인)과 결론적으로 동일하다고 했다. 우리의 대일 '과거사 청산'과 '과거사 극복'은 이처럼 복잡하고 상반적이다. 어느 하나의 기준, 어느 하나의 관점으로는 해결되기 어려운 것이다.

법적 해결이든, 정치적 해결이든, 외교적 해결이든 모두가 기본적으로 국민(주권자)의 뜻에 달려있으나 문제는 그 국민이 '죽창가'와 '토착왜구'로 적대적으로 갈라져 있다는 점이다. 우리는 많은 문제에서 공동체적 이해와 합의를 이루지 못하여 정치·사회적으로 매우 대립적이고 갈등적인 관계를 지속하고 있다. 대한민국 공동체가 민주적이고 안정적으로 지속, 발전하기 위해서는 상호 인정과 신뢰의 기반 위에 정치세력 및 사회집단들 간의 타협과 협력이 필수적이다. 일본과의 문제를 해결하는 데에도 이러한 타협과 합의가 요구된다. 우리의 다수의 입장은 일제가 저지른 많은 잘못에 대해 일본의 진정한 사죄와 배상이 이루어지지 않았다는 것이다. 세계 곳곳에는 수많은 식민지배의 과거사가 있었고, 다양한 형태의 독립과 서로 다른 과거사 해결 사례가 있었다. 따라서 우리의 상황을 어느 하나의 사례에 집착하기보다 사죄와 배상의 '수준'을 우리 스스로 논의하고 합의할 수는 없을까.

멀리는 15세기의 대항해시대부터 가까이는 19세기, 20세기 전반의 제국주의 시대는 그야말로 약육강식의 시대였다. 나폴레옹 전쟁 후 영국과 함께 양대 강국이었던 러시아는 러일전쟁(1904.2-1905.9)의 패배로 국가적 위기와 혼란이 가중되었고 결국 1917년 러시아혁명으로 이어졌다. 반면 일본은 영국, 미국, 프랑스 등과 함께 세계적인 제국주의 강국이 되었고, 이는 결국 대한제국에 대한 식민지배를 가능하게 했다. 불행히도 '조선'이라는 국호로 1910년 8월 한일합방이 이루어졌다. 2021년 5월 28일 독일 정부는 2016년부터 이어진 나미비아와의 과거사 협상을 마무리하며 공식 사과했다는 보도가 있었다. 이 협상에 대해 나미비아에서 반대 목소리도 있었다고 한다.

독일은 1884년 아프리카의 나미비아를 점령했고 1904~1908년 식민통치에 반발해 봉기한 주민들을 학살하거나 사막으로 쫓아내 최소 7만 5000여 명이 희생되었다고 한다. 1884년은 독일제국 수상 오토 폰 비스마르크 주도로 '아프리카 분할'을 공식화한 '베를린 회의The Berlin Conference'가 개최된 해로 참가국은 독일, 영국, 프랑스, 러시아, 미국, 스페인, 네덜란드, 벨기에, 스웨덴, 덴마크, 오스트리아, 터키, 포르투갈 13개국으로 모두 제국주의 능력을 지닌 서구 국가들이었다. 이 회의는 동아시아 등 다른 지역의 식민화를 촉진시키는 계기가 되었다. 당시 스웨덴은 노르웨이를 지배하고 있었고 다른 제국주의 국가들과 함께 아프리카에서 상업적으로 큰 이득을 얻었으나 이 모든 과거에 대해 스웨덴은 침묵하거나 '좋은 식민주의'였다는 일각의 주장이 있을 뿐이다(김인춘 2016; 김인춘 2020). 1814년 스웨덴의 노르웨이 병합도, 1905년 노르웨이 독립도 당시 강대국 영국의 영향력이 매우 중요했다. 우리는 친일 부왜인附倭人, 즉 왜국(일본)에 붙어서 나라를 해롭게 한 사람들로 인해 망국이 되었다고 믿고 있지만 미국과 영국의 일본 지지 또한 부왜인만큼 합방에 중요했다.

1814년 스웨덴의 노르웨이 강제 병합 시 노르웨이 내부의 독립파와 합병파 문제를 민족주의 관점이 아니라 계급투쟁으로 보는 노르웨이 역사학계의 관점도 존재한다. 그러나 사회적으로나 정치적으로 역사논쟁이 되지는 않았다. 노르웨이는 민주주의 및 규범적 헤게모니에 기반하여 거의 자력으로 독립을 이루었고 민주적이고 평화적으로 연합 분리를 이루었다. 그 후 지금까지 과거(사)에 대한 논란은 거의 없었다. 스웨덴·노르웨이연합은 '나쁜 식민지배'가 아니었고, 노르웨이의 자치권이 허용된

'약한 연합soft union'이었다 하더라도 연합 기간 중 갈등은 물론 연합 분리 당시 스웨덴 기득권 보수세력에 의한 전쟁 위협까지 있었다. 그리고 두 나라 간에는 서로 다른 학계의 역사해석과 역사의 집단기억도 엄연히 존재한다. 그럼에도 이러한 것들은 정치적·외교적 갈등으로 드러나지는 않았다. 두 나라는 지금까지 민주주의에 기반한 평화적인 공존과 협력을 유지하고 있으며, 2005년 연합 분리 100주년을 함께 기념하기도 했다 (김인춘 2020, 124).

과거사 해결의 모범국으로 간주되는 독일이지만 나미비아 식민통치 관련 사과는 이제야 이루어졌다. 2015년 위안부 합의는 일본 총리의 공식 사과가 수반되었지만 아무런 결실을 거두지 못하고 결과적으로 오히려 더 큰 갈등을 초래했다. 최근 발간된 『관부재판: 소송과 한국의 원고 피해자 할머니들과 함께한 28년의 기록關釜裁判がめざしたもの』(하나후사 도시오, 하나후사 에미코 저 / 고향옥 역, 2021)은 소수의 일본인들이 위안부 소송을 지원하며 문제해결을 위해 노력해온 여정을 보여준다.[6] 1991년 관부재판 지원 요청을 받고 시작한 재판 지원과 일본군 '위안부' 피해자와 '여자근로정신대' 피해자 할머니들과 함께한 28년의 시간과 기록을 담은 것이다. 이들은 한국과 일본이 보다 나은 미래 관계로 나아가고 피해자들의 존엄성 회복과 제대로 된 배상, 양국 간의 진정한 화해를 바란다고 한다.

우리는 일본의 사죄와 배상을 요구하지만 지금까지의 여러 사죄와

---

6 1992년 12월 25일 부산에 거주하는 일본군 '위안부' 피해자 3명과 '여자근로정신대' 피해자 7명 등 피해자 10명이 일본 정부를 상대로 공식 사죄와 배상을 요구하며 일본 야마구치 지방재판소 시모노세키 지부에 소송을 제기했다. '부산 종군위안부·여자근로정신대 공식 사죄 등 청구 소송'이라는 재판명의 '관부재판(關釜裁判)'은 1992년 소송이 제기되어 1998년 4월 27일 제1심의 일본군 '위안부' 피해자 원고 일부 승소(일부 인용), 2심과 최종심의 패소로 결정되었다.

배상이 미흡하고 진정성이 결여되어 있다고 한다. 모두가 이러한 인식을 가지고 있는 것은 아니겠지만 이러한 인식이 위안부 합의 파기를 가져왔고, 양국 간 대립의 악순환은 물론 우리 내부의 갈등도 심화시키고 있다. 무엇보다 가해자였던 일본의 전향적 자세가 우선되어야 하겠지만 지금의 악화된 한일관계는 양국 모두 강한 민족주의적 정서로 그 해결이 쉽지 않아 보인다.

아무리 상황이 다르더라도 노르웨이-스웨덴, 덴마크-독일처럼 한국과 일본도 명실상부한 선린관계를 구축하기 위해 모두가 노력해야 한다. 일각에서 말하는 '일본 없이도 잘 살 수 있다'는 편협한 민족주의적 관점은 규범적이지 않다. 우리는 일본 없이도 충분히 잘 살 수 있을 만큼 국력이 강해졌고, 'K-'로 상징되는 하드파워와 소프트파워를 가지고 있다. 그러나 우리가 이러려고 노력하고 애써왔던 것인가. 모든 문제와 갈등의 원인이 일본에 있다하더라도 일본을 악의 축이라 미워하면서 증오심을 부추기는 것은 민주적이지 않다. 적개심을 갖지 않는 것, 증오심을 부추기지 않는 것은 민주주의의 가장 중요한 기본이라고 생각한다. 민주주의의 최고 단계라 할 수 있는 문화민주주의는 주체적 자아의 유다모니아 eudaimonia와 성찰, 포용과 다양성을 내면화하는 '문화민주시민'을 지향한다. 〈랜드 오브 마인〉은 덴마크인들이 과거에 독일에 가졌던 증오심에 대해 반성하고 성찰할 것을 호소한다. 과거에 가졌던 증오심에 대해서도 각성을 호소하는데 우리는 왜 지금도 반일감정으로 증오심과 복수심을 갖기를 부추기는가. 대상이 무엇이든, 누구이든 증오심이나 복수심은 결국 영혼과 인간성을 갉아먹게 될 것이고 포용과 관용, 유다모니아적 마음을 갖기 어렵게 만들어 인간과 사회의 진정한 발전과 진보를 더디게 할 것이다.

일본 식민지배에 대한 과거사 청산에서 가장 중요했던 사건은 1995

년에 있었던 구舊 조선총독부 건물(구중앙청, 당시 국립중앙박물관) 철거였다고 생각된다. 김영삼 대통령은 구 조선총독부 건물의 돔을 잘라내는 것을 광복50주년 기념행사의 중심으로 삼음으로써 일제 잔재의 청산과 민족정기의 회복을 다짐했다. 철거에 대한 찬성과 반대로 논란이 매우 컸지만 찬성 여론과 대통령의 결단으로 그 건축물은 사라졌고 조선총독부로 상징되는 식민지배의 과거는 극복될 듯했다. 치욕의 역사도 역사이기에 보존의 가치가 있고, 20세기 초 일본 본토를 포함하여 당시 아시아 최대의 근대 건축물로서의 가치 등 역사적, 건축적 관점에서 반대를 한 사람들은 친일파, 매국노로 공격당하기도 했다. 1926년 완공된 르네상스형의 조선총독부 석조 건물은 일본 제국주의의 상징이기도 했다. 제국의 권위를 과시적으로 표현했던 19세기의 제국주의 건축양식은 일본제국에서도 예외는 아니어서 식민지였던 타이베이, 조선 경성, 만주 신경 등에서 거대하게 드러났다. 건축은 인간과 사회에 지대한 영향을 미친다. '공간의 권력자' 히틀러의 건축물도 제국의 영광과 권위, 위엄과 위압을 위한 것이었다. 스탈린 건축양식도 마찬가지다. 구 조선총독부 건물을 철거할 수밖에 없었던 것은 위치의 문제와 함께 그 건축물이 우리에게 주는 위압감 때문이기도 했다.

아이러니는 조선총독부 철거 후 '등록문화재'라는 이름으로 근대 건축물 등에 대한 재평가와 보호 제도가 생겨 군산과 목포 등 전국의 여러 식민시대의 건물들이 보존되고 있다는 점이다. 일제日帝 건축물을 부숴버리는 '복수'행위가 일제시대 건물들을 살리는 결과를 가져온 것이다. 1926년 완공된 서울시청(일제 때 경성부청) 건물도 철거 논란이 있었지만 보존되고 있다. 한국은행은 한반도 식민지화에 앞장선 초대 조선통감 이토 히로부미 친필 한국은행 본관 '정초定礎' 머릿돌을 보존하기로 결정했다고 한다. 1912년 준공된 본관 건물은 2001년부터 화폐박물관으로 사용되고 있다. 문화재청은 2021년 5월25일 이 머릿돌을 그대로 두되 따로 설명 안내판을 놓기로 결정했다고 한다. 대국민 설문조사 결과 역사적 기록으로 보존하되 안내판을 설치하자는 의견이 우세(52.7퍼센트)한데 따른 것이라고 한다. '없애야 한다' 응답은 47.3퍼센트였다고 한다. 대일본제국의 화신인 이토 히로부미의 영혼과 육신이 새겨진 머릿돌을 보존하고 '안내'까지 하게 된 것이다. 구 용산철도병원 본관(1928년 준공, 2008년 국가등록문화재 제428호 지정)도 용산역사박물관으로 조성돼 역사·문화공간으로 새롭게 활용된다고 한다. 일제강점기 철도기지로 개발되었던 용산의 상징적인 건축물이 보존되는 것이다. 용산국가공원이 될 용산기지에는 100여 동에 이르는 일본군 건물이 있다고 한다. 서대문에 있는 국립기상박물관(구 기상청) 또한 1932년에 지어진 건물이다.

한편, 사라진 일제시대 건축물은 적산敵産이냐 유산이냐 라는 질문으로 소환되기도 한다. 작가 심은경의『영원한 유산』(2021)은 친일파 윤덕영(1873-1940)의 옛 저택이었던 종로구 옥인동 벽수산장碧樹山莊을 둘러싼 이야기이다. 남겨진 사진들이 증명하듯이, 1917년 완공된, 당시 조선 최대의 서양식 저택으로 놀랄만한 규모와 화려함을 자랑했던 벽수산장은 6.25전쟁 후 유엔 산하 한국통일부흥위원회UNCURK(언커크)로 사용되다가 1966년 화재 후 1973년에 완전히 철거되었다고 한다. 그때 어떻게 저런 저택을 지을 수 있었을까 라는 의문이 들 정도로 대단했던 그 산장이 불타지 않았더라면 지금 유산으로 보존되어 있었을까. 다양한 역사가 담겨 있는 건축물은 사실 아무런 잘못이 없다. 이제는『한겨레21』도 '친일 유적 버릴까 지킬까' 기사(1310호, 2020년 4월)를 통해 부끄러운 역사도 우리의 역사이기에 역사적 교훈으로 남기는 것이 필요하다는 전문가들의 의견을 싣고 있다. 2019년 서울시(당시 박원순 시장)는 1932년 준공된 우리나라 최초의 아파트인 서울 충정로3가 충정아파트를 철거하지 않고 문화시설로 보존하겠다고 발표한 적이 있다. 그러나 이 건물은 안전문제가 매우 심각한 것으로 진단되고 있다. 어쨌든 일제나 친일의 '부정적negative', '어두운dark' 유산을 이제는 '쿨하게' 직시하고 대면할 수 있게 된 것이다.

현대건축의 거장 르 코르뷔지에Le Corbusier(1887-1965)는 100년 전에 "건축이냐 혁명이냐Architecture ou Révolution"라고 물으며 사회주의가 아니라 건축으로 세상을 혁명하고자 했다. 집(건축)은 인간 삶에서 매우 중요한 요소이므로 모두에게 집을 주어야 한다고 주장하며 평등하고 통일적인 '아파트'라는 공동주택양식을 창조했다. 그의 이러한 주장은 선진 복지국가들에서 공공주택과 같은 주거복지로 실현되었다. 건축은 혁명이 필요 없는 좋은 세상을 만든다는 신념을 가진 르 코르뷔지에, 우리는 부동산 때문만은 아니지만 '아파트'(값) 때문에 '촛불혁명'의 열망이 식어버린 상황을 경험했다. 세상에는 다양한 모양의, 다양한 목적의, 다양한 성격의 건축물들이 있고, 좋은 건축도, 이상한 건축도 있다. 이제 일제 건축물을 쿨하게 보게 된 만큼 한일관계에 대해서도 쿨한 관점을 가져야 하지 않을까?

식민지 수탈론과 근대화론, 만주(국)에 대한 이야기는 많지만 사실 전문가 외에는 식민시대의 실상에 대해 잘 알지 못한다. 필자도 마찬가지이다. 한석정 교수의 『만주 모던: 60년대 한국 개발 체제의 기원』(2016)이나 야스히코 요시카즈의 『무지갯빛 트로츠키』를 보면 여러 민족과 여러 이념이 뒤섞인 1930년대 만주는 매우 모순적이고 폭력적이면서 역동적이고 융합적이었던 것 같다. 1992년 해금된 '코스모스 탄식'(1939)이라는 당시 유명했던 가요의 가사는 만주시대의 모습을 생생하게 그려준다. 가사에는 두만강 다리, 해란강, 용정 플랫폼, 나진행 열차 등이 나오는데 당시 만주와 조선이 일상적으로나 정서적으로 매우 가까웠음을 짐작하게 해준다. 이 노래를 좋아하게 되면서 이 가요의 작사가이자 시인으로 와세다 대학을 졸업한 조명암(1913~93, 본명 조영출)이 해방 후 월북하여 문화성 부상 등 북한에서 문인으로서 최고의 대우를 받은 친일반민족행위자란 사실을 알게 되었다. 그는 1941년부터 1944년 초까지 지원병을 선전선동하고, 대동아공영권을 찬양하며, 침략전쟁에 협력하는 노래 가사를 다수 지었다.

이 모순적인 상황은 소설가 김연수가 『별은 노래한다』(2008)에서 보여준 어떤 모습을 떠올린다. 이 소설은 1930년대 용정을 배경으로 동만주의 항일유격 근거지에서 조선인들끼리 이념대립으로 서로 죽고 죽이는 내용이다. 공동의 적은 일본이지만 일제의 간첩으로 몰린 민생단으로 인해 서로를 의심하게 되고 결국엔 서로 죽이는, 실제로 당시에 비일비재하게 일어났던, 서글픈 우리 역사의 이야기이다.[7] '역사왜곡방지법안'이 우리 역사의 수많은 모순적인 상황과 슬픈 운명에 어떻게 적용될지 궁금하다.

IMF 통계에 따르면 2021년 구매력 기준 1인당 국민소득은 우리가 일본보다 높다고 한다. 실제로는 2017년부터라는 OECD 통계도 있다.

이명찬 박사는 『일본인들이 증언하는 한일역전』(2021)에서 '한·일 역전'의 순간이 다가오고 있고, 극일이 감정의 영역에 머물지 않고 현실이 되고 있음을 보여준다. 1965년 한일협정 당시 양국간 GDP 격차는 29배였으나 지금은 3배 차이에 불과하니 대역전도 가능할 것이다. 우리도 '강자'가 되는 것이다. 과거의 가해국(강자)을 넘어서는 것은 피해국(약자)으로서는 당연히 좋은 일이다. 노르웨이가 그러했다(1인당 국민소

---

7 민생단은 1932년 2월 만주에 살고 있던 한인들의 생활 안정과 낙토 건설을 표방하며 설립된 단체로 친일활동을 했다고 한다.

득 기준). 민주주의 원칙과 규범의 가치를 중시해온 노르웨이는 투명하고 효율적인 공공부문, 책임윤리에 기반한 합의정치, 질적 성장과 공정한 분배, 다양성과 사회통합을 위해 노력했고, 여기에 북해 원유North Sea oil 의 행운이 더해졌던 것이다. 이러한 성과는 '강자'가 되기 위해서나, 누구에게 지지 않기 위해서나, 보여주기 위해서가 아니라 스스로의 존엄과 행복과 주권을 위한 것이었다. 스웨덴도 잘 살고 있고, 이웃국가로서 상호 주체적이고 대등하게 협력하고 평화롭게 공존하고 있다.

우리나라를 자부심과 스트레스, 욕망과 통제의 나라로 보는 한 청년의 책 『K-를 생각한다』(임명묵 저, 2021)는 세계 속의 대한민국을 스스로 치켜세우거나 종종 서구의 '선진' 국가들보다 더 뛰어난 성과를 자랑하는 'K 열풍'에 비판적이다. 우리는 여전히 심히 위계적이고, 투쟁적이고, 위선적이고, 세속적이고, 국가주의적이고 민족주의적이라는 것이다. 그에 의하면 K-방역의 성과는 한국의 동원 체제와 병영국가 덕분이며, 자유·개방·투명성과 같은 자유주의 가치가 위기에 처했음을 보여주는 것이라고 한다. 정교한 추적과 격리를 가능하게 하는 기술적 기반과 그것을 적극적으로 사용할 수 있는 강력한 국가 기구의 조합이 그것이다. 우리사회를 수평적이고, 덜 투쟁적이고, 정직하고 투명하고, 덜 세속적이고, 자유주의적이고, 개방적인 것으로 만들 때 진정한 선진국이 될 것이라고 생각한다. 이렇게 될 때 우리는 'K-'와 함께 진정으로 일본을 역전할 수 있을 것이다. 일제시대의 건축물들을 평정심을 가지고 쿨하게 대할 수 있게 된 것도 하나의 극일이라고 생각한다. 일제 강점의 흔적을 지우고 필요한 역사만 역사라고 한다면 이것이야말로 '역사왜곡'이 아닐까.

세계 어느 나라나 지역이나 '과거사'는 있다. 노르웨이와 덴마크에서도 독일 점령 시기에 나치 협력자들이 있었다. 이러한 수많은 과거사를 찾아내거나, 고발하거나, 단죄하거나, 사과하거나, 반성하거나, 극복하는 노력과 투쟁들이 있어 왔다. 그리고 〈랜드 오브 마인〉과 같은 영화도 많다. 단죄, 사과, 반성, 극복의 절대적인 표준은 없다. 일제시대와 '친일' 문제가 외교와 국제사법뿐 아니라 갈수록 우리의 일상, 정치, 사법, 헌법 영역에까지 큰 영향을 미치는 작금의 현실은 바뀌어야 한다. 이 문제에 끝도 없이 아까운 '권력'과 '정치'의 힘을 소비하기에는 우리에게 너무나 중요하고 시급한 문제들이 많다. 수많은 (사회적 타살 같은) 자살과 사고사, 청년문제, 빈부격차, 사회적 배제와 차별과 폭력들, 그리고 남북문제.

덴마크, 노르웨이, 스웨덴, 핀란드 등 세계 최고 수준의 민주·자유·복지의 북유럽 국가들은 매우 실용적이며 타협과 합의를 중시한다. 다양한 갈등과 대립에도 불구하고 그들은 실용과 타협과 합의를 통해 오늘날의 그들이 되었다. 위안부와 징용문제의 '독자 해법' 주장은 우리의 이해와 합의로 우리의 기준을 만들자는 것이다. '일본에 연연하지 말고 우리 정부가 정치력을 발휘해 사회적 기금을 조성하고, 일본 대신 배상하자'(남기정 서울대 일본연구소 교수)는 주장도 그것이다. 국내정치용 대일정책을 지양하고 국제적·상호적 관점에서, 균형된 시각으로 우리 스스로 과거사를 극복하는 것이다. 이제 우리는 약자가 아니다. 국제 공인 선진국이다. 더 이상 '희생자의식 민족주의'가 아니라 수준 높은 민주주의와 규범적 헤게모니를 갖추어야 하는 것이다. 스스로 정당하고 도덕적이며 모두의(난민, 이주민 포함) 인권을 존중하는 진정한 민주문화시민으로써 우리가 일본을 용서한다면 어떨까. 그렇게 한다면 약자였던 우리의 규범적 헤게모니는 강해질 것이고 강자였던 일본의 위신은 약화될 것이다. 가해(자)와 피해(자)의 이분법을 경계하고, 약자의 존엄·성찰·정의를 보여준 〈랜드 오브 마인〉은 우리에게 많은 것을 생각하게 한다.

참고문헌

- 김인춘. 2016. "스웨덴 식민주의와 스웨덴-노르웨이 연합(1814-1905): 연합 해체 후 탈민족주의의 노르딕 공동체와 평화." 『서양사연구』 제54집.

- _____. 2020. "식민주의적 병합과 민주주의적 분리독립: 민주적 헌정주의와 1905년 노르웨이 독립." 『서양사연구』 제62집.

- 임지현. 2021. 『희생자의식 민족주의: 고통을 경쟁하는 지구적 기억 전쟁』 (서울: 휴머니스트).

- 카 지음, 김태현 역. 2014. 『20년의 위기: 국제관계연구 입문』 (서울: 녹문당).

- Evans, Roly. 2018. "Lessons from the Past: The Rapid Clearance of Denmark's Minefields in 1945" *Journal of Conventional Weapons Destruction* 22(1).

- Stecher-Hansen, Marianne. 2021. "The War Film as Cultural Memory in Denmark - April 9th and Land of Mine" in Marianne Stecher-Hansen, ed. 2021. *Nordic War Stories: World War II as History, Fiction, Media, and Memory* (New York and Oxford: Berghahn Books).

- Stenius, Henrik, Mirja Österberg, Johan Östling, eds. 2011. *Nordic Narratives of the Second World War: National Historiographies Revisited* (Lund: Nordic Academic Press).

국가보다 소중한 개인의 가치와 자유

〈러시아 하우스The Russia House〉 (1990, 미국)

김인춘

영화 소개와 줄거리

영화 〈러시아 하우스〉는 스릴러 장르의 스파이 영화다. 그런데 보통의
스파이 영화와 다른 아름다운 스파이 영화이다. 무엇보다 아름다운 러시
아 풍경이 눈이 띈다. 실제 모스크바에서 촬영된 이 영화는 매우 서정적
이며 아름다운 남녀 주인공이 장식한 아름다운 엔딩을 보여준다. 여전히
냉전이 지속되던 1980년대 말을 배경으로 서방과 소련 간 핵미사일 등
무기경쟁이 고조되던 시기에 정보를 캐내기 위한 스파이전이 영화의 기
본 구성이지만 영화의 의미는 '전쟁'이 아닌 '평화'와 '사랑'이다. 따라서
이 스파이 영화는 반反스파이 영화이자 러브 스토리 같은 영화이다. '러
시아 하우스'의 뜻은 소련 정보를 수집하는 영국 정보기관의 대對소련
부서를 가리킨다고 한다. 이 영화의 원작은 유명한 스파이 소설 작가인
존 르 카레(본명 David John Moore Cornwell, 1931~2020)의 같은 제목의
1989년 소설이다. 르 카레는 실제 영국 대외비밀정보국인 SIS(Secret
Intelligence Service, 일명 MI6) 출신이자 영국 외무부 외교관이기도 했

다. 그런 만큼 이 소설과 영화는 어느 정도 사실적인 면이 있고, 무엇보다 스파이였던 존 르 카레 자신의 인생관과 세계관이 잘 드러나는 작품이다.

영화는 아름다운 음악과 함께 모스크바 시내의 유서 깊은 성 바실리성당Храм Василия Блаженного을 배경으로 젊은 여성이 걸어오는 것으로 시작한다. 여성은 이 영화의 여주인공인 '카티아'(미셸 파이퍼 분)로 소련 과학자 '단테'의 부탁을 받고 그의 원고를 영국의 출판업자 '발리'(숀 코네리 분)에게 전달하고자 한다. 출판 관련 일로 모스크바를 방문했던 발리는 어떤 러시아 작가모임에서 단테를 만났던 적이 있었고 단테는 자신의 원고를 발리를 통해 출판하려 했던 것이다. 그 작가모임에서 발리는 미소 냉전체제를 비난하면서 한국전쟁, 베트남전쟁, 아프가니스탄전쟁은 냉전의 희생물이었다고 말한다. 단테는 인간의 고귀함과 진정한 평화를 역설한 발리에게 신뢰를 갖게 되었던 것이다.

모스크바 국제도서전에서 발리를 만나 원고를 전달하려고 했지만 발리를 만나지 못한 카티아는 그곳에 있던 영국인 동료에게 원고 전달을 부탁한다. 그녀는 그 원고가 매우 중요하고 위험하다고 말하며 꼭 발리에게 전달해달라고 간곡히 부탁한다. 그런데 그 동료는 그 원고가 심상치 않음을 감지하고는 발리 대신

[그림 4-1] 성 바실리 대성당

영국 정부에 원고를 넘겼고, 영국 정보부 MI6가 이 사안을 맡게 된다. 원고는 소련의 핵전쟁 능력을 상세히 기록한 것으로, 소련의 기술 수준이 너무 뒤처져 서방 세계에 위협이 되지 못한다는 충격적인 내용이었다. 영국 정보부는 원고에 담긴 엄청난 내용의 정보뿐 아니라 자신은 인류 평화를 위해 이 원고를 준비했다고 쓰여 있는 단테의 편지에 더 놀라게 된다. 미국 CIA와 정보를 공유한 영국 정보부는 원고의 중요성을 확인하고 발리라는 사람을 찾아 나선다. 원고의 정보를 추가적으로 확인하고 그를 통해 더 많은 소련 정보를 구하기 위해서.

그 무렵 발리는 자신의 작은 아파트가 있는 포르투갈 리스본의 한 거리 카페에서 친구와 한가하게 이야기를 나누고 있었다. 일부 요원들이 그의 아파트를 수색하는 한편 다른 요원들이 그를 납치하여 '안가'로 데려간다. 책과 술, 재즈를 좋아하는 중년의 발리는 남성들과 친하게 지내는, 매우 자유롭고 지적이며 소탈한 성품을 지닌 사람이다. 관조적이고 인생을 달관한 듯한 모습을 보여주는 그는 스스로를 실패한 인생이라고 생각하는 사람이다. 영화는 리스본의 아름다운 풍경도 보여준다. 발리의 서민적인 아파트 동네와 달리 부유한 고급 지역에 위치한 '안가'에서 발리를 심문한 요원들은 발리가 이 원고는 물론, 이 원고를 전달한 카티아에 대해서도 전혀 모른다는 사실을 알게 된다. 발리는 자신의 러시아 '커넥션'을 의심하는 심문에 실소하며 어이없어 하고, 카티아에 대한 질문에서는 자신은 그런 여성을 만날 운이 없는 사람이라고 대꾸한다. 이에 그들은 발리로 하여금 모스크바에 가서 단테의 연락책인 카티아를 만나고 단테로부터 더 많은 정보를 얻어올 것을 요구하게 된다.

영화는 평범한 한 개인이 국가에 의해 강제로 스파이가 되는 과정을 보여준다. 영국 정보부는 원고의 신빙성을 확인하고 원고의 저자인 단테의 정체를 알아내기 위해 발리를 스파이로 훈련시켜 소련으로 보내려는 계획을 진행시킨다. 물론, 발리에 대한 모든 개인적 정보와 프라이버시까지 캐고 들추면서. 발리는 자기가 왜 이런 일을 해야 하느냐고 항의하기도, 다른 사람에게 이 일을 맡기라고도 말하지만 아무 소용이 없었다. 자신은 영국 사회를 불신하고 미국보다는 러시아를 좋아한다고 말하며 영국과 미국의 정보 요원들을 비난하는 듯한 태도를 보인다. 그는 조국을 사랑하지 않으며 서방 이데올로기라는 것에 대해서도 냉소한다. 영국과 미국의 정보요원들은 발리를 설득하여 결국 반강제적으로 모스크바로 가게 만든다. 사진으로 카티아 얼굴을 확인한 발리는 모스크바에 도착하게 되고, 미리 연락을 받고 나온 카티아를 만나게 된다. 발리는 카티아에게 자기는 스파이가 아니라고 말하고, 그녀를 통해 단테가 소련의 저명한 물리학자 '야코프'임을 알아내게 된다. 야코프를 만난 발리는 그와 많은 이야기를 나누면서 그의 순수한 이상과 인간애에 감동하게 된다. 카티아는 야코프와 만나면서 미행당하지 않으려 애쓰고, 야코프는 발리로부터 원고의 행방을 듣고 불안감을 느끼게 된다. 발리는 여전히 그 원고가 출판될 수 있다고 야코프를 안심시키면서 과학자로서의 야코프의 대의에 공감한다고 말한다. 카티아와 만나는 동안 발리는 어린 아들과 딸, 아버지와 함께 소박하게 살고 있는 그녀에게 관심을 갖게 된다. 발리는 자신이 처한 상황을 카티아에게 알리고, 카티아는 자신이 감시 대상이 되고 있다고 말한다.

한편, 발리의 접선이 성공하자 CIA와 영국 정보요원들은 소련에 대해서 알고 싶은 모든 것을 수록한 질문서인 '쇼핑목록'을 준비하여 발리로 하여금 이 임무를 수행하도록 한다. 이 '쇼핑목록'에 따라 정보를 얻게 된다면 이는 서방에 매우 중요한 결정적인 정보가 된다. 그리고 만약 이 '쇼핑목록'이 소련 측에 넘어가게 되면 서방(미국)의 약점이 노출되는 치명적인 정보이기도 하다. 서방의 비밀스런 정보활동만큼 소련 당국 또한 비밀리에 발리를 추적하게 되고 결국 카티아와 단테의 연계뿐 아니라 단테의 의도도 눈치채게 된다. 서로가 서로를 다 알게 된 상황에서 공작과 역공작의 음모가 만들어지게 된다. 쇼핑목록을 가지고 모스크바로 간 발리는 카티아에게 자기가 공작원임을 말하고 사랑을 고백한다. 소련 당국은 이미 단테를 체포하고 처형했지만 KGB와 GRU(국방정보부)는 발리를 통해 서방의 정보를 얻기 위해 단테의 사망을 숨기고 카티아와 위장 접선한다. 카티아는 발리에게 야코프가 다른 사람인 듯 행동한다고 말하면서 KGB의 감시를 불안해하고 두려워한다. 발리는 단테를 도우면서 서방의 정보활동에 협조하지만 그럴수록 단테와 카티아는 위험에 빠지게 되는 상황을 고민하게 된다.

야코프를 만나러 간 발리는 그의 정체가 KGB에게 탄로났고 카티아와 그녀의 가족도 위험에 처해진 것을 알게 된다. 이에 발리는 비밀리에 KGB와 거래를 시도하게 된다. 카티아는 발리에게 야코프의 주소를 알려주고 CIA 감시하에 있는 발리는 쇼핑목록을 가지고 야코프의 아파트로 간다. 이 모든 상황을 지켜보던 영국 정보요원 '네드'는 직감적으로 소련이 작전에 대해 모두 알고 있으면서 추가 정보를 위해 발리를 유인하여 목록을 뺏을 것이라고 예상한다. 그리고 발리가 KGB에 목록을 넘기는 거래를 했다고 확신하게 된다. 그러나 네드의 의심은 무시되고 발리는 지시에 따라 계획대로 임무를 진행한다. 그리고 CIA와 MI6 요원들은 계획이 어긋났음을 알게 된다. 발리는 네드에게 카티아와 그녀 가족의 안전을 대가로 KGB와 쇼핑목록을 교환한 사실과 이러한 자신의 배신적 행동을 인정한다.

리스본으로 돌아온 발리는 집을 깨끗이 수선하고 카티아, 그녀의 가족과 함께 새로운 삶을 시작하기를 기쁘게, 초조하게 기다린다. 드디어 약속된 날, 가족과 함께 여객선을 타고 리스본에 도착한 카티아와 항구에서

꽃다발을 들고 기다리던 발리는 서로를 발견한다. 꽃다발을 들고 카티아에게로 뛰어가는 발리, 그리고 카티아, 그녀의 가족과 포옹하는 신으로 영화는 끝난다. 유명한 영화음악 작곡가인 제리 골드스미스Jerry Goldsmith의 감미로운 배경음악이 아름다운 엔딩을 더욱 아름답게 만든다.

냉전과 르 카레의 영화들

존 르 카레는 스위스 베른대학교에서 독일문학을, 옥스퍼드대학교에서 언어학을 공부한 엘리트로 1959년부터 영국 외무부와 MI6에서 근무했다. 소설『추운 나라에서 돌아온 스파이』(1963)로 유명해지면서 르 카레는 요원생활을 그만두고 본격적인 전업 작가가 된다. 그의 작품들은 실제 경험을 토대로 한 사실적인 묘사와 함께 문학성 역시 뛰어난 것으로 인정받고 있다. 여러 문학상을 수상했고, 베른대학교와 옥스퍼드대학교에서 명예 박사학위를 받았으며, 2019년에는 인권과 평화에 기여한 공로를 인정받아 스웨덴의 올로프 팔메상[8]을 받기도 했다.

그는 다수의 스파이 소설을 썼으며 그중 여러 개가 영화화되었다. 영화화된 그의 유명한 소설로는『추운 나라에서 돌아온 스파이The Spy Who Came in from the Cold』(1963),『팅커 테일러 솔저 스파이Tinker Tailor Soldier Spy』(1974),『러시아 하우스The Russia House』(1989)가 있다. 영화 〈팅커 테일러 솔저 스파이〉(2011)는 영국 비밀정보국 고위 간부들의

---

8 올로프 팔메(1927~86)는 스웨덴 총리를 역임했던 유명한 좌파 정치인이자 반전·평화운동가였다. 그는 거리에서 정체불명 괴한의 총에 맞아 암살되었으며 여전히 그의 암살의 전모는 밝혀지지 않았다. 올로프 팔메상은 그를 추념하기 위해 만들어진 상으로 인권 향상에 공로가 큰 사람에게 수여된다.

이중스파이 행각을 파헤치면서 스파이 세계의 추함과 비열함을 적나라하게 보여주었다. 그의 영화(소설)에서 스파이는 화려하거나 영웅적인 스파이가 아니라, 사실적이고 회색적이며 인간적인 고뇌를 가진 동시대의 인물로 묘사된다. 환상적인 '제임스 본드'의 007시리즈와는 완전히 차원이 다르고, 최근 나온 영화 〈더 스파이〉(2020) 같은 종류의 애국적이고 영웅적인 스파이 영화와도 그 성격이 전혀 다르다. 비정하고 음울하고 추한 (이중)스파이들의 세계를 그린다. 반反영웅적이며 아나키스트적인 그의 관점은 냉전시대 공산주의 동구는 물론 서구의 민주주의에 대해서도 냉소적이다. 동베를린과 서베를린, 서독과 동독, 서유럽과 동유럽, 북대서양조약기구NATO와 바르샤바조약기구로 양분된 유럽의 냉전Cold War 시대가 그의 스파이 소설과 영화를 만들어냈던 것이다. 세계 각지에 수많은 스파이가 암약하고 핵전쟁의 공포가 만연했음에도 실제 전쟁은 일어나지 않은 '차가운 평화', '장기 평화long peace' 상태였던 냉전시대는 그 만큼 스파이전이 치열했고 르 카레의 영화는 이 시기의 유럽, 특히 베를린을 주요 배경으로 하고 있다.

냉전에 대한 연구는 너무나 많고 그 관점 또한 매우 다양하다. 여기서는 글로벌 냉전을 연구한 베스타Odd Arne Westad의 2005년 책인 『냉전의 지구사: 미국과 소련 그리고 제3세계』(옥창준 외 역 2020)을 간단히 소개하고자 한다.[9] 그는 '자유의 제국 미국 이데올로기'와 '정의의 제국 소련 이데올로기' 간의 경쟁·대립·충돌이 전 세계에 영향을 주면서 냉전은 지구적으로 확대되었다고 한다. 보편적 가치인 자유와 정의를 담보한 두 '제국' 간 냉전의 공간적 범위는 전 지구에 걸쳐 있는데, 유럽 바깥

---

9 동아시아에 초점을 둔 글로벌 냉전에 대해서는 신욱희,권헌익 편, 『글로벌 냉전과 동아시아』(서울대학교출판문화원, 2019) 참조

지역의 냉전 경험은 '뜨거운 전쟁'이기도 했다. 영화 〈러시아 하우스〉에서 발리가 미소 냉전에 분노하며 말했던 바와 같이 한국전쟁이나 베트남전쟁이 그것이었다. 베스타는 기존의 협소한 냉전 개념이 유럽 중심적이라는 점을 지적하면서 단순히 미국과 소련의 대립이 아니라 '뜨거운 전쟁'까지 포괄하는 '글로벌 냉전Global Cold War'이라는 새로운 개념을 제시했다.

그런데 냉전이 단순히 힘의 패권이 유럽에서 미국과 소련으로 교체되는 시기가 아니라 제국주의가 제국 간 경쟁으로 바뀌는 시대 자체의 변화이며, 미국과 소련이라는 특수한 두 초강대국이 국제정치를 이끌어갔기에 냉전이 비로소 지구화할 수 있었다고 그는 말한다. 따라서 냉전의 시작은 1945년 또는 1917년이 아니라, 유럽 제국주의 국가끼리 아프리카를 분할한 '1884년 베를린 회의'부터라고 할 수 있다고 한다. 베스타는 냉전과 현대 동아시아 역사를 전공한 노르웨이 출신 역사학자로 이 책은 18세기부터 1960년대까지를 다룬다. 지금까지 많은 연구들이 냉전의 주체로서 미국과 소련을 가정하고 두 나라가 유럽에서 경쟁하는 것을 다루어왔지만, 그 이전부터 제국 간 대립이 시작되었다는 것이다. 미소냉전 이전에도 제3세계에 개입한 강대국들은 자주 충돌하곤 했으며, 때때로 이런 충돌은 경쟁하는 관념(이념)의 산물이었다는 것이다.

그에 의하면 역사적으로, 특히 제3세계 입장에서 볼 때, 냉전은 식민지 시기의 연속체로 조금 다른 식민주의의 연장이었다. 제1차 세계대전으로 유럽 제국주의가 쇠퇴하고 유럽이 위기에 빠지자 비유럽 지역에서 탈식민 독립운동이 시작되었고 바로 그 시점에 미국과 소련이 세계무대에 본격적으로 등장했다. 미국은 '자유'라는 가치로, 소련은 '정의'라는 가치로 새로운 질서를 만들고자 했고, 이 두 나라의 '제3세계의 개입Third World Interventions'이 시작되었다는 것이다. 냉전이 전 지구적 현상이 되었던 것은 냉전기의 두 초강대국인 미국과 소련에 의한 '제3세계의 개입' 때문이었다. '제3세계의 개입'은 '제3세계에 대한 개입'이기도 하지만 '제3세계의 개입'을 뜻하기도 한다. 즉, 제3세계가 어떻게 미국과 소련에 적극적으로 '개입'했고, 이를 통해 우리가 살고 있는 현대사가 어떻게 역동적으로 형성되었는지가 그것이다. 냉전기 비유럽 지역에서 벌어진 전쟁과 내전은 미국과 소련의 개입과 함께 봐야만 제대로 이해할 수 있다는 것이 저자의 주장이다. 이는 우리의 현대사이기도 하다.[10]

그는 한국어판 서문에서 냉전은 다른 그 어떤 지역보다도 한반도에 중요하다고 강조하면서 '한반도만큼 냉전의 영향이 심하고 파괴적인 곳은 없었다'고 말한다. 그는 냉전이 한반도에서 더욱 가혹했던 원인으로 첫째, 1890년대부터 본격화한 자본주의와 사회주의의 이데올로기 대립과 일본의 점령 및 식민지화가 한반도에서 동시에 진행되었다는 점이다. 둘째로는 1940년대부터 국제체제가 냉전체제로 재편되면서 미국과 소련이 남과 북의 단독정부 수립을 지원했다는 사실이라고 한다. 19세기 말, 청제국은 기존의 전통적인 조선-청 관계를 폐기하고 새로운 형태의 종속관계를 수립하고자 했고, 유럽과 미국의 제국주의자들 또한 조선의 개국을 통해 통상권을 확보하고자 했다. 근대화를 급속히 진행하던 일본제국은 청일전쟁과 러일전쟁에서 모두 승리하면서 1910년 한반도를 일본제국의 일부로 병합했다. 1910년을 전후로 민족주의와 사회주의를 통해 우리의 주권과 독립을 이루려는 시도들이 나타났는데, 20세기 초 지구의 다른 지역에서와 같이 조선인 민족주의자와 사회주의자의 대립은

---

10 저자는 2017년 5월 24일 최종현학술원 초청으로 "중국과 두 개의 한국(China and the Two Koreas Today)"이라는 제목의 강연을 한 바 있다(https://www.youtube.com/watch?v=ztR_bvVksIU).

매우 격렬했다고 한다.

그에 의하면 태평양전쟁 중 일본제국이 미국 및 소련과의 전쟁에서 패하면서 조선인의 이데올로기적 분열이 심화되었고, 1940년대 국제 체제가 지구적 차원의 냉전으로 전환되면서 한반도에는 두개의 분단 정권이 등장했다고 한다. 한반도의 냉전적 분단은 1950년부터 1953년까지 벌어진 한국전쟁으로 고착화했고, 남한과 북한은 격렬히 대립하는 두 국제 동맹체제하에 편입되었다는 것이다. 지구적 차원의 냉전이 종식되었지만 한반도에서는 불행히도 냉전이 지속되고 있다.[11]

〈러시아 하우스〉에서 소련 과학자 단테는 1986년부터 시작된 고르바초프의 과감한 신노선, 즉 러시아의 경제개혁과 대외개방, 그리고 탈냉전의 분위기에 큰 기대를 가지고 군축과 인류 평화에 대한 진정한 믿음을 실천하고자 했다. 연락책 역할을 한 카티아 역시 세계 평화와 무리한 핵무기 개발의 중단을 위해 위험을 무릅쓴다. 〈러시아 하우스〉 제작 관련 이야기를 다룬 다큐[12]에서 르 카레는 변화하는 러시아와 냉전이 끝나는 모습을 직접 보기 위해 1987년 처음으로 러시아를 방문했다고 말한다. 1989년에 나온 소설 『러시아 하우스』는 그의 러시아 방문의 경험과 느낌, 탈냉전의 기대를 반영한 것이었다. 여전히 시민에 대한 감시와 사상의 자유가 제약된 소련이지만 르 카레는 소설에서 소련의 신노선을 지지하는 입장을 보였다. 단테와 카티아처럼 자유와 평화를 희구하는 러시아인들을 보여주고, 약속대로 카티아와 그 가족을 자유세계로 보내준 러시아를 신뢰하려고 했다. 정보요원 간의 약속이나 딜deal이 어긋나거

---

11 남북의 분단과 통일을 분리와 통합의 개념으로 분석하여 남북간 상호 주체적 통합을 강조한 연구로 김학노(2018) 참조

12 BEHIND THE SCENES OF "THE RUSSIA HOUSE" https://www.youtube.com/watch?v=eydu3mSB2tA&list=PLc1eUJ20PVL-oMMXLySXWURTqL_J9mqvB&index=27

나 지켜지지 않고 역이용되는 것은 스파이 세계에서는 매우 흔한 일이 아닌가. 영화는 모스크바에서 모두 촬영되었는데 미국 영화로서는 처음이었다고 한다.

탈냉전 이후 세계는 자유민주주의와 시장경제가 궁극적으로 승리했다는 프랜시스 후쿠야마의 '역사의 종언The End of History'이 회자되었다. 미국이 주도하는 신자유주의와 자본의 세계화가 확산되면서 자본이동, 노동력이동, 국경 및 국민국가의 약화, 이주 및 다문화 등 탈냉전 이후의 세상은 IT 기술의 발전과 함께 전지구적인 변동을 가져왔다. 반세계화 운동이 일어나기도 했지만 세계화에 대한 장밋빛 전망도 있었고 실용적으로 '대세'를 따르는 나라들도 많았다. 2001년 9.11테러와 2007~2008년 글로벌 금융위기는 신자유주의적 세계화의 실상을 적나라하게 드러냈고, 빈부격차의 심화와 함께 포퓰리즘에 기반한 극단적 정치세력들이 득세하게 되었다. 2014년 러시아의 크림반도 합병, 현재의 우크라이나 전쟁과 같이 여전히 글로벌 냉전의 행태가 남아있고, 중국의 급속한 부상으로 미중 갈등이 심화되면서 '신新냉전'이 도래한 지금 탈냉전의 부푼 기대는 신기루였던 것인가.

1970년대 미중 수교의 주역이었던 헨리 키신저 전 미국 국무장관은 미국과 중국 간 신냉전이 과거 미소 냉전보다 인류에 훨씬 큰 위협이 될 것이라고 경고한다. 과거의 글로벌 냉전과 핵무기 경쟁에 더해 인공지능 등 첨단기술분야까지 더해지는 지금, 경제강국이자 군사강국인 중국은 우리에게도 큰 도전이 되고 있다. 물론 '기회'라고 보는 관점도 있다. 더구나 코로나19 팬데믹, 우크라이나전쟁, 세계적인 인플레와 경제침체 위기 등 불확실성이 더욱 커진 지금 우리는 어떤 선택을 어떻게 해야 할 것인가. 친일, 반일의 대립적 관점처럼 친중, 친미의 도식적 대립은 우리 내부로 하여금 지속적인 갈등과 끝없는 소모전을 하게 만들 것이다. 미국에 대해서든 중국에 대해서든 막연한 기대를 해서는 안 될 것이며, 관련 전문가와 정치인들이 원칙과 가치에 기반하여 실용적이고 효과적인 전략을 추진해야 할 것이다. 베스타는 글로벌 냉전을 교훈 삼아, 있을지 모를 폭력적 충돌은 피해야 한다고 하면서 이를 위해서는 개방, 문화적 교류, 공정한 무역과 투자, 다자적 관계, 다양성 인정, 소통으로 긴장과 충돌을 방지해야 한다고 강조한다.

국가보다 소중한 개인의 가치와 자유

영화 〈러시아 하우스〉와 함께 봐야할 영화는 〈추운 나라에서 돌아온 스파이〉이다. 르 카레가 이 영화에서 우울하게 제기했던 근본적인 문제들이 〈러시아 하우스〉에서 답해지기 때문이다. 1960년대의 극심했던 냉전이 1980년대 말 탈냉전의 분위기로 바뀌면서 르 카레는 탈냉전의 미래를 희망적으로 보았던 것 같다. 조국인 영국이라는 나라를 비난하고 국가와 이념의 폭력성과 허구성을 드러낸 〈추운 나라에서 돌아온 스파이〉는 소설과 영화 모두 큰 반향을 불러일으켰다. 이념이 무엇이길래, 국가는 무엇이길래 이렇게 인간이 잔인하게 이용당하고 죽어야만 하는 것일까. 공산주의에 대한 작가의 비판의식은 민주주의 국가에 대해서도 똑같이 적용된다.

그에게 명성을 가져다 준 이 소설(영화)은 자신의 요원들이 다수 희생된 영국의 실패한 고위급 해외 정보요원이 이중스파이로 다시 베를린으로 가게 되면서 자신은 물론 사랑하는 여성까지 영국의 음모와 공작에 의해 죽게 되는 과정을 그린 것이다. 이 영화는 1950~60년대 냉전의 최전선이었던 베를린을 배경으로 영국을 돕는 동독의 거물 이중스파이를 위해 공작, 역공작, 역역공작의 거대한 음모가 펼쳐지는, 비정하고 타락한 냉전질서 속에 던져진 정보요원과 무고한 개인의 운명을 보여준다. 여러 명의 자국민 요원을 죽이고, 희생양으로 자국민 이중스파이를 만들고, 그 자국민 이중스파이와 무고한 민간인을 희생시켜 동독인 거물 이중스파이를 살리는, 이기기 위해 인간을 수단으로 삼는 비열하고 냉혹한 정보기관의 행태와 스파이 세계를 적나라하게 그렸다. 민주진영인 서방세계는 공산국가의 행위를 비난해 왔지만 영국의 실상 또한 그들과 다를바 없음을 고발하는 것이다.

인간은 모두가 자유와 안전을 소망한다. 인간애, 인간의 존엄성 추구라는 것도 기본적으로 개인의 자유와 안전을 보장하는 것이다. 영국 SIS의 홈페이지를 보면 첫 화면에 'we work overseas to help make the UK a safer and more prosperous place'라는 문구가 있다. 그들의 활동이 영국을 더 안전하고 더 풍요로운 나라로 만들려는 노력이라는 것이다. 이는 영국민들의 안전과 평안을 위한 활동일 것이다. 모든 국가는 항상 이렇게 자국민의 안전과 행복을 위해 존재하는 것으로 이해된다. 그런데 르 카레의 영화를 보면 국가는 꼭 그렇지만은 않다. 국가를 위해, 이념을 위해, 전체를 위해, 극단적으로는 일부 권력자를 위해 국민은 희생되거나 희생될 수 있다는 것이다. 다수나 전체를 위해 소수를 희생하거나 표현의 자유가 통제된 사회는 개인의 최소한의 기본권을 박탈하는 것이다. 공산주의나 권위주의의 문제는 이러한 잘못을 합리화하고 당연하게 여기는 데 있다.

르 카레가 〈추운 나라에서 돌아온 스파이〉와 〈러시아 하우스〉에서 말하고자 했던 것은 인간의 자유와 개인의 가치, 국가와 이념의 폭력과 허구, 공익으로 포장된 전체(공동체)의 이익 등과 같은 매우 근본적인 문제들이었다. 이는 사실 민주주의의 문제이기도 하다. 근대 민주주의가 최고의 선은 아닐지라도 민주주의라는 원칙과 제도는 인간의 기본권과 개인의 가치를 지키고 보장하는데 중요한 역할을 해왔기 때문이다. 개인과 전체, 자유와 평등의 가치를 모두 내포하는 민주주의는 그 자체가 모순적인 면이 있기에 어떻게 민주주의를 해야 하는지에 대한 논쟁은 계속되어 왔다. 오늘날 민주주의 위기 담론을 보면 주권자의 대표성 문제, 신자유주의적 세계화의 심각한 부작용으로 민주주의의 위기가 심화되었다고 한다. 코로나19 팬데믹으로 개인의 자유가 억제된 데 대한 반발도 거세다.

세상에는 수많은 민주주의가 있으며 지금은 민주주의 간의 대립이 학문적으로, 정치적으로 큰 논란이 되고 있다. 인민민주주의와 엘리트민주주의, 직접민주주의와 대의민주주의, 자유민주주의와 사회민주주의 등이 그것이다. 어느 것이 '진짜' 민주주의인가라는 논쟁은 민주주의의 질에서부터 포퓰리즘까지 다양한 논의가 이루어지고 있다. 이러한 이분법보다 우리에게 중요한 것은, 민주주의 수준이 높은 나라들에서처럼, 민주주의의 핵심 가치인 자유·평등·참여를 높은 수준에서 이루고, 다양한 사회적 관계의 민주주의, 즉 권위주의적 문화가 타파되고 일상적·미시적으로 민주주의의 규범을 실현하는 것이라고 생각한다. 여러 문제가 있기는 하지만 우리의 거시적·제도적 차원의 민주주의는 어느 정도 완성되어 있다. 독재와 같은 공동의 적인 '큰 권위주의'는 사라졌지만 사회 구석구석에 자리잡은 '작은 권위주의'는 여전히 강고하다. 기업조직에서부터 일상에 이르기까지 다양한 불공정과 편법, 보이지 않는 폭력은 개인의 인권과 자유를 심각하게 침해하고 사회적 신뢰와 연대에 부정적인 영향을 주고 있다.

전세계의 민주주의 지표를 연구하는 스웨덴 예테보리 대학의 민주주의 V-Dem 연구소[13]는 민주주의의 개념적 요소를 선거민주주의, 자유민주

주의liberal, 평등민주주의egalitarian, 숙의민주주의deliberative, 참여민주
주의로 정의하고 있다. 민주주의는 이분법이나 어느 것을 절대시하는 것
이 아니라 선거(절차)·자유·평등·숙의·참여를 모두 충족해야 하는 것
이다. 덴마크·노르웨이·스웨덴·핀란드와 같은 노르딕 국가들은 이 요
소들 모두를 높은 수준에서 실현하는 나라들이다. 중요한 것은 이들 나
라의 민주주의는 정치적 민주주의나 사회경제적 민주주의, 법이나 제도
그 이상의 '문화와 규범으로서의 민주주의'라는 점이다(김인춘 2022).
스티븐 레비츠키와 대니얼 지블랫은 『어떻게 민주주의는 무너지는가』
(박세연 역 2018)에서 민주주의를 지켜온 것은 보이지 않는 규범이라고
한다. 민주주의가 합법적으로 훼손되고 전복될 수 있는 상황에서 헌법과
제도보다 규범의 중요성을 강조한 것이다.

　　다시 영화 〈러시아 하우스〉로 돌아가 보자. 무고하고 평범한 시민으
로 상징되는 발리는 리스본 서민 동네의 누추한 아파트로, 국가로 상징
되는 정보부서의 '안가'는 고급동네의 비싼 저택으로 나온다. 개인의 세
금으로 국가는 잘 살고 있는 것이다. 영화에서 항구가 보이는 발리의 아
파트는 영화 마지막에서 발리가 항구에서 카티아를 만나는 해피엔딩의
영화적 암시를 보여준다. 한낮 리스본의 한 카페식당에서 안가로 사실상
납치되어 심문받고 스파이(간첩) 역할을 할 것을 요구받는 장면은 국가
의 폭력, 국가에 의한 개인의 자유와 권리의 침해를 보여준다. 국가의 강
압에 의해 위험한 스파이 역할을 해야 하는 억울한 상황에 빠진 발리는
자신이 국가로부터 배신당했다고 생각하게 된다. 국가로부터 배신당한
그는 자신의 자유와 사랑을 위해 조국을 버리게 된다. 영화에서 발리가

---

13 The V-Dem Institute (Varieties of Democracy), The University of Gothenburg
　　https://www.v-dem.net/en/ 참고

카티아에게 한 말, "당신은 나의 조국이오You're my country"라는 대사가
이 모든 것을 말해준다. 르 카레는 조국(국가)에 대한 충성이냐, 개인(자
유)에 대한 충성이냐라는 문제에서 개인의 가치와 개인성individuality을
우선한다. 개인의 자유를 억압하고 희생을 강요하는 체제와 국가는 헌신
할 필요가 없는 것으로 보는 것이다. 발리는 영화에서 카티아와 그 가족
의 안전을 쇼핑목록과 거래한 것이 '가장 좋은 계약contract'이었고 '가장
쉬운 결정'이었다고 말한다.

　냉전시대의 스파이전은 이념(진영)전쟁이었기에 스파이전에서 진다
는 것은 자신과 정보기관은 물론, 조국과 이념, 진영의 패배를 의미했다.
냉전시대의 진영(논리)은 그 자체로 선이었고 진리였다. 그런 만큼 이기
기 위해 모든 수단이 동원되었다. 온갖 음모와 거짓은 물론 역정보와 역
공작, 이중스파이는 다반사였고, 무고한 인명 피해도 적지 않았다. 르 카
레의 스파이 영화(소설)는 이러한 스파이 활동, 즉, 국가의 활동이 무엇
을 위한 것인지, 이념이란 무엇이고, 국가란 누구를 위한 것이고 과연 무
엇을 보호하고 있느냐에 대해 묻고 있다. 국가, 이념, 조직(진영)이라는
'대의'는 항상 정당하고 절대적인가.

　실화에 기반한 영화 〈더 스파이〉(2020)는 영국인 사업가 '그레빌 윈'
과 소련 '올레크 대령'의 영웅적인 용기가 1960년대 핵전쟁을 막았다고
말한다. 올레크 펜콥스키 대령은 1960년대 초 1,200쪽의 문서 등 소련
비밀 자료를 영국과 미국에 넘겨 '핵전쟁을 막아 세계를 구한 스파이'라
는 평가를 받는 인물이다. 물론, 소련에서는 '조국에 비수를 꽂은 최악의
배신자'로 규정되어 국가반역죄와 간첩죄로 처형된 올레크 펜콥스키 대
령은 사실 빠르게 출세했으나 본인의 거짓이 드러나 앞길이 막히자 핵전
쟁을 막는다는 명분으로 스파이로 변신했다고 보는 관점도 있다. 르 카
레는 이를 어떻게 볼까. 발리와 올레크 모두 자신의 국가를 배신했다. 군

축과 평화를 추구했기에 올레크의 행동을 비난하지는 않겠지만 적대적 이념의 진영이 만들어낸 냉전 그 자체와 '추한' 스파이 올레크에 대해서는 냉소적일 것이다. 자신의 나라 영국(서방)의 적인 소련에게 매우 치명적인 정보인 '쇼핑목록'을 건넸지만 발리는 죄책감을 갖지는 않는다. 그는 원래 국가나 이념보다 개인의 가치와 자유, 인간애, 평화를 훨씬 더 소중하게 여기는 사람이었다. 허구와 허위로 가득찬 동서 양진영의 이념과 파워게임을 신랄하게 냉소했던 그는 사람을 살리고 사랑하는 인간다운 길을 선택한 것이다. 발리를 '아름다운' 스파이였다고 한다면 지나친 미화일까.

만년의 르 카레가 쓴 소설 『스파이의 유산 *A Legacy of Spies*』(2017)은 다시 한번 '무엇을 위한 이념이었나'라는 질문을 한다. 이 소설은 『추운 나라에서 돌아온 스파이』(1963)로부터 50여 년이 지난 시점의 이야기이다. 『추운 나라에서 돌아온 스파이』 속의 작전으로 인해 사망한 한 요원의 아들과 한 민간인의 딸이 SIS를 상대로 소송을 제기했기 때문이다. 은퇴한 스파이가 과거 사건으로 인해 다시 '현재'로 돌아와 지금 이 시점에서 그 시기를 되돌아보며 자문한다. 그때 무엇을 위해 그 많은 것을 희생했던가, 그때 추구한 '대의'가 어떤 의미가 있는가. 그러나 냉전시대를 살던 사람들이 냉전이 끝나면 펼쳐지리라 기대했던 자유롭고 평화로운 세상은 오지 않았다. 신자유주의적 세계화가 초래한 경제위기, 극심한 빈부격차, 난민과 이민, 극단적 포퓰리즘, 기후변화 등 어쩌면 더 많은 문제로 세상은 더 나빠지고 있는 게 아닐까. 냉전의 유산과 신냉전의 암울한 전조 앞에서 다시금 근본적인 문제를 생각하게 된다.

민주주의와 가치에 대한 서로 다른 관념은 한 사회 내에서든, 국가 간에서든 갈등과 대립, 충돌을 가져온다. '정의'라는 가치를 수호한다는 소련진영과 마찬가지로 '자유'라는 가치를 수호한다는 서방 또한 목적이

수단을 정당화하고 다수를 위한 소수의 희생을 당연시했던 것이다. 이 모두가 이념·국가·민족 등과 같은 '대의'를 위한다는 명목으로 자행되었다. 냉전의 최전선에 있었던 우리의 현대사는 〈추운 나라에서 돌아온 스파이〉와는 비교도 하지 못할 정도로 폭력적이고 비극적이었다. 수많은 개인들이 고통을 당하고 목숨을 희생당한 냉전의 파괴적 귀결, 이는 냉전시대의 유산이기만 할까. 지금 우리는 '대의'를 위한 집단적 요구, '대의'에 대한 맹목적인 믿음으로부터 얼마나 자유로운가. 어쩌면 이러한 요구나 믿음은 역사이자 민족성일 수도 있겠다는 생각이 들었다. 러시아의 러일전쟁 패배는 수많은 민족주의적 서사를 만들어냈다. 국가만큼 유명한 국민노래(특히 군가로)인 '만주의 언덕에서'나 '아무르강의 물결'의 가사를 보면 저항적 민족주의의 도덕적 정당성과 조국의 영광과 위대함이 절절히 묻어난다. 러시아의 우크라이나 침략 또한 러시아의 역사와 슬라브 민족이라는 이름으로 진행되고 있지 않은가.

한 시대의 아나키스트들은 전설이 되었다. 자국중심주의, 민족주의, 국가주의, 포퓰리즘, 탈세계화deglobalization, 코로나19 팬데믹 등, 그 어느 것에 의해서든 오늘날 '국가'는 그 존재가 더 커지고 강해지고 있다. 따라서 '좋은 국가'를 만드는 노력이 필요하다. 사실, '좋은 국가'에 대해서는 모두가 잘 알고 있다. 개인의 자유와 권리를 보호하고, 유능한 국가이면서 통치권력이 제한되고, 민주주의가 작동되는 국가가 그것이다. 구체적으로는 권력의 분산과 공유, 투명하고 효율적인 공공부문, 공정한 시장, 타협과 합의의 정치, 사회적 공존과 다양성의 가치, 문화적 관용과 규범 등이 그것이다. 진정으로 공동체의 안전과 구성원의 행복을 위하는 국가와 정치가 요구되는 것이다. 중요한 것은 자유롭고 주체적인 개인들에 의해 구성되는 공동체여야 한다는 점이다. 우리에게 사회민주주의의 전형으로, 강한 노조, 평등과 연대의 가치 등으로 집단주의의 성격이 강한 나라일 것으로 알려져 있는 스웨덴은 사실 매우 자유주의적이고 개인의 독립성을 강조하는 나라이다. 2020년 다수의 사망자가 발생한 코로나 팬데믹 상황에서도 스웨덴은 별다른 강제적인 규제 없이 개인 차원의 위생과 자율성에 기반한 자유주의적인 방역방식을 고수했다. 스웨덴 정부는 전문가가 주도하는 자신들의 방역 전략이 장기적으로 지속가능하다고 말해왔고, 사회민주당 소속의 스테판 뢰프벤Stefan Löfven 총리 또한 '코로나19와의 싸움은 마라톤'이라며 이러한 방식을 시민들에게 설득해 왔다.[14]

국가나 이념보다 소중한 개인의 가치와 자유, 사랑이라는 르 카레의 인생관과 세계관은 〈러시아 하우스〉에서 유감없이 발휘된다. 그는 거대한 가치나 관념보다 자유로운 일상, 개인적 삶, 사랑 등 개인의 가치를 강조했다. 냉전시대의 '미쳐버린 이데올로기'에 환멸을 느낀 그는 이념보다 개인이 훨씬 중요하다고 말하고, 일상의 소소한 행복과 아름다운 삶의 소중함을 역설한다.

'아름다움이 세상을 구원할 것이다'

영화 〈러시아 하우스〉를 처음 알았을 때 '러시아'가 들어가 있는 영화 제

---

14 스웨덴인의 문화적 특질을 말할 때 '스웨덴인의 과묵함(Swedish silence)', '혼자는 강하다(alone is strong, ensam är stark)'가 회자되는데 이는 바로 스웨덴인들의 '홀로' 또는 '혼자' 문화를 보여준다. 이는 독립(independence)의 가치에 기반한 '스웨덴식 개인주의(Swedish individualism)'이기도 하다. 개인의 독립 문화에 기반하여 발전한 스웨덴의 공동체적 보편적 복지국가는 개인의 독립성과 자유를 가능하게 하여 '국가개인주의(state individualism)'를 만들었다. 노르딕 국가들에서는 문화적으로 '얀테라겐(Jantelagen)'이라는 사회적 규범이 있는데 이는 자립·절제·소박·균형·평등의 가치를 강조한다.

목에 끌렸다. 러시아 문학이나 음악을 좋아하는 데다 개인적으로 좋아하는 배우인 미셸 파이퍼가 여주인공이라 관심을 갖게 되었다. 그런데 남주인공인 배우 숀 코네리(1930~2020)는 007시리즈 영화의 제임스 본드로 각인되어 있어 기대는 전혀 하지 않았다. 그런데 영화는 모스크바의 아름다운 가을 풍경까지 더해 너무나 매혹적이고 낭만적이었다. 모스크바 여성으로 분한 미셸 파이퍼는 지적이며 수수한 도회적인 아름다움을 지닌 진짜 러시아 여성 같았고, 배역을 잘 표현해낸 숀 코네리를 보면서 '이런 배우였나'라는 감탄이 절로 나왔다. 1939년생 호주 출신의 미국 감독 프레드 쉐피시는 인터뷰에서 탈냉전이 시작되던 모스크바에서 직접 촬영하게 된 행운과 르 카레가 말하고자 하는 것을 영화에서 표현하려 애썼다고 한다. 정말 좋은 영화이지만 대중적으로는 성공하지 못한 것 같다.

　이 영화를 본 후 내내 '아름다움이 세상을 구원할 것이다'라고 말한 도스토옙스키가 생각났다. 이 말은 필자가 독일 영화 〈타인의 삶The Lives Of Others〉(2006)을 본 후에도 한참 동안 기억했던 것이기도 하다. 영화 〈타인의 삶〉은 1984년 동독사회를 배경으로 국가와 자신의 신념을 맹목적으로 고수하던 비밀경찰 '비즐러'가 체제비판적인 유명 극작가 드라이만과 그의 연인인 여배우 크리스타를 감시하는 중대 임무를 수행하면서 일어나는 일을 보여준다. 시간이 지나면서 비즐러는 오히려 그들의 아름다운 삶에서 감동받고 사랑을 느끼면서 이전의 비인간적인 삶에서 벗어나 아름다운 인간적인 삶을 살게 된다. 이 과정에서 결정적인 순간은 드라이만이 치던 베토벤의 피아노 소나타 23번 '열정'을 듣던 때이다. 이 아름다운 곡을 들은 비즐러는 감동과 놀라움으로 영혼이 새로 태어나는 듯한 마음의 소용돌이를 느끼게 된다.

　영화 속 대사에서 알게 된 것은 혁명가 레닌이 이 소나타를 좋아했다고 한다. 독일이 통일된 후 비즐러가 자신에 대한 도청자료를 상부에 보고하지 않고 자신을 보호해주었던 것을 알게 된 드라이만은 『아름다운 영혼을 위한 소나타』라는 책을 출간하여 그에게 헌정한다. 그리고 비즐러는 서점에서 과거 자신의 비밀암호로 자신에게 헌정된 이 소중한 책을 사는 것으로 영화는 끝난다. 아름다운 삶, 아름다운 시, 아름다운 음악이 그로 하여금 '선한 정신'을 갖게 한 것이 아닐까.

영화 〈러시아 하우스〉는 하늘의 흰 뭉게구름과 모스크바의 성 바실리 성당을 보여주면서 시작한다. 16세기 중반에 지어진 아름다운 성당과 성인 바실리는 구원과 사랑을 상징한다. 구원과 사랑을 러시아의 역사와 문화, 19세기 러시아 사회의 모순과 참혹한 현실 속에서 가장 슬라브적이고, 가장 기독교적이고, 가장 민중적으로 극한까지 파고든 작가는 도스토옙스키일 것이다. 그는 피폐한 영혼과 혼탁한 세상을 아름다움으로 구원하고자 했다. 도스토옙스키의 심오한 문학 세계는 잘 알 수 없지만, 인간 지옥을 벗어나 진정한 선과 미와 진실이 존재하는 세상을 추구했던 그는 새로운 차원의 이상적인 사회를 상상했다. 인간 역사에서 '절망의 시대'는 항상 있어왔기에 수많은 선지자, 철학자, 예술가, 혁명가, 경세가들이 인간과 세상을 구원하겠다고 나섰던 것이 아닐까.

문학예술로 인간과 세상의 구원과 사랑에 대해 천착했던 도스토옙스키는 아름다움이 세상을 구원할 것이라고 확신한 것 같다. 그는 지상의 아름다움은 선과 악의 경계선 위에 놓여져 있는 것으로 보았다. 그 무정형의 아름다움은 '선한 정신'에 의해 평정을 되찾을 때만 윤리적 의미를 획득하고 세상에 구원의 빛을 선사할 수 있다고 보았다. 우리가 사는 삶은 아름다움이 실현된 세계가 아니라 그것을 끊임없이 실험하는 가운데에 있는 경계이기 때문이다(이병훈 2012). 아름다움은 어떤 목적을 위해 존재하는 것이 아니라 그것 자체가 인간 존재의 궁극적 목적 중 하나이다. 아름다움은 유다모니아적eudaemonistic 행복감과 삶에 대한 깊은 성찰을 가져다 줄 수 있고, 이는 높은 자존감과 덕성을 지닌 주체적 개인의 도래를 약속할 것이다.

모든 문학과 예술이 그러하듯, 영화예술은 사람들에게 메시지와 이미지를 부여한다. 그리고 사람들이 그것을 이해하고 공유하고 사회에 영향을 미침으로써 영화예술은 그 사회를 다르게 또는 새롭게 구성하는 기능을 한다. 〈러시아 하우스〉의 발리가 기대했던, 모두가 자유롭고 평화로운 세상은 오지 않았고 어쩌면 이러한 세상은 영원히 오지 않을 수도 있다. 그러기에 우리는 도스토옙스키적인 아름다움과 '선한 정신'으로 인간과 세상에 대한 구원과 사랑을 끝없이 의식하고 실천해야 하지 않을까. 평등가치와 자유정신, 도덕과 관용의 주체적 인간을 향한 르 카레의 문학적 업적은 계속 기억되어야 할 것이다. 그리고 아름다운 영화 〈러시아 하우스〉를 만든 배우와 감독에게 찬사를, 그리고 세상의 모든 영화인들에게 존경과 헌사를 보내고 싶다.

참고문헌

• 김인춘. 2022.『자유민주주의, 사회민주주의, 시민민주주의: 스웨덴·네덜란드의 경험과 한국사회』(서울: 백산서당).
• 김학노. 2018.『남과 북의 서로주체적 통합』(서울: 사회평론아카데미).
• 이병훈. 2012.『아름다움이 세상을 구원할 것이다』(서울: 문학동네).
• 정병기. 2021.『포퓰리즘』(서울: 커뮤니케이션북스).
• 스티븐 레비츠키, 대니얼 지블랫 저, 박세연 역. 2018.『어떻게 민주주의는 무너지는가 How Democracies Die』(서울: 어크로스).

- 오드아르네베스타 저, 옥창준 오석주 김동욱 강유지 역. 2020.『냉전의 지구사: 미국과 소련 그리고 제3세계 *The Global Cold War: Third World Interventions and the Making of Our Times*』(서울: 에코리브르).

- Gould, Carol C. 1989. *Rethinking Democracy: Freedom and Social Co-operation in Politics, Economy, and Society* (Cambridge: Cambridge University Press).

PART 2
•
배제로 인한 구별짓기

지중해 난민, 문제인가 축복인가?

〈테라페르마Terraferma〉 (2011, 이탈리아)

임동현

유럽 난민 위기

'테라 페르마terra ferma'는 이탈리아어로 배를 타고 항해하는 이들의 눈에 들어오는 육지를 의미한다. 이탈리아 최남단에 위치한 인구 약 5,500명의 작은 섬 람페두사Lampedusa는 아프리카 북부에서 지중해를 건너 유럽으로 들어오는 난민들의 테라 페르마, 즉 그들의 목적지인 유럽으로 향하는 첫 번째 관문이다. 에마누엘레 크리알레제Emanuele Crialese의 〈테라페르마〉는 람페두사를 향해 항해하는 아프리카 난민들이 섬에 거주하는 사람들의 삶에 일으킨 파문을 다룬다.

역사적으로 민족의 이동은 어느 시기에나 있어왔다. 유럽으로의 이민자 유입 역시 최근의 현상이 아니다. 이미 19세기부터 유럽 열강들이 건설한 식민지로부터 이민자가 유입되기 시작했으며, 식민지가 독립을 쟁취한 이후에도 이러한 흐름이 지속되어 왔다. 그러나 최근 아프리카와 중동 지역으로부터 유입되는 난민과 이민자의 규모는 고대 게르만족의 이동을 제외한다면 전례를 찾아보기 힘들 정도이다. 지중해 혹은 남동유럽을 거쳐 유럽 연합으로 망명하는 난민과 이민자의 수는 2000년대 후반부터 점차적으로 늘어나기 시작하여 2015년 사이에는 전년 대비 두 배가 넘는 큰 폭의 증가세를 보였다. 유럽연합 통계청의 발표에 따르면 2015년 유럽 연합 28개국에 난민 신청을 한 사람들의 수는 120만을 넘어서는데 여기에 불법 체류자의 수까지 더한다면 실로 엄청난 규모가 된다.

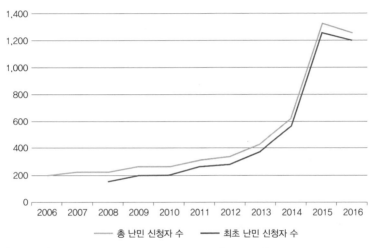

[그림 5-1] 유럽연합 28개국 유럽 외부 난민 신청 수(2006~16)

아프리카와 중동 지역의 난민과 이민자가 급증한 가장 중요한 원인으로는 무엇보다 본국의 정치적 불안정을 들 수 있다. 2015년 유럽에 도착한 난민과 이민자들의 주요 출신 국가는 시리아, 아프가니스탄, 이라크, 코소보, 알바니아 등으로 내전이 발생했거나 급진 이슬람 세력이 상존하거나 혹은 권위주의 정부의 탄압이 있는 지역들이었다. 특히 시리아의 상황은 대단히 심각했다. 2011년 '아랍의 봄'의 연장선상에서 벌어진 알 아사드 정권의 퇴진을 요구하는 시위가 참혹한 내전으로 확산되어 수십만의 사망자를 발생시켰다. 아프가니스탄의 경우 전쟁은 2014년 종결되었지만 탈레반의 테러와 공세는 끝이 나지 않고 있었으며 수많은 아프가니스탄인들이 무자비한 고문과 인권 탄압을 피해 망명길에 올라야 했다. 이라크에서는 2014년부터 이슬람 근본주의를 표방하는 IS가 북부 이라크 지역을 점령함으로써 내전이 발발했다. 그리고 코소보와 알바니아 역시 내전의 여파가 가시지 않은 지역이다. 그 밖에 심각한 빈곤 역시 이주의 중요한 원인이다. 많은 경우 빈곤은 정치적 불안정으로부터 비롯된다. 내전과 급진 이슬람 세력의 테러가 지속되는 소말리아와 나이지리아의 경우 상당수의 국민이 절대빈곤에 시달리고 있다. 20년 이상 아페웨르키Isaias Afewerki의 권위주의적 통치가 이어진 에리트레아Eritrea의 상황도 마찬가지이다. 이들 국가에서 기아에 시달리던 많은 사람들이 생존을 위해 고향을 떠나 유럽으로 향했다.

전통적으로 난민들이 유럽으로 들어오는 경로는 크게 두 가지였다. 중동의 난민들은 육로를 통해 튀르키예(터키), 헝가리, 체코, 슬로바키아, 폴란드 등의 동유럽 국가로 이동했다. 그리고 아프리카의 난민들은 보트를 타고 지중해를 건너 이탈리아와 그리스를 통해 유럽으로 들어왔는데 소말리아나 에리트레아 등 아프리카 동부에 위치한 국가에서 출발할 경우 배를 타기 위해서는 리비아, 수단, 튀르키예 등을 경유해야만 했다. 경유국의 정부는 난민들을 전략적으로 이용하려는 경향을 보였는데, 과거 무아마르 알 카다피Muammar al Gaddafi가 이탈리아와 유럽을 상대로 했던 것처럼 국경의 개폐를 반복하면서 외교적 협상에서 자신들이 원하는 바를 얻어내려는 수단으로 난민을 활용하였다. 한편 난민들의 수가

---

1 2010년 12월 이래 중동과 북아프리카에서 일어난 반정부 시위를 의미한다. 알제리, 바레인, 이란, 이라크, 요르단, 쿠웨이트, 시리아, 예멘, 오만, 사우디아라비아, 이집트, 리비아, 모로코, 튀니지, 소말리아, 수단에서 크고 작은 규모의 반정부 시위가 이어졌다.

급증하며 아프리카 주민들을 은밀하게 유럽으로 실어 나르는 불법 조직들이 기승을 부리기 시작했다. 이탈리아어로 스카피스타scafista라 불리는 브로커들은 한 명당 약 2,000유로의 비용을 받고 아프리카 동부의 난민들이 수단을 거쳐 리비아에서 배를 탈수 있도록 알선했는데, 이동 과정에서 난민들에 대한 인권유린 행위가 발생하는 것은 흔한 일이었다. 특히 난민들은 카다피 축출 이후 급진 이슬람 무장단체의 세력확장으로 인해 혼란스러운 리비아에서 배가 뜨기를 기다리며 길게는 몇 달을 체류해야 했고, 그동안 리비아를 포함한 경유국 정부의 방관 속에서 이들에 대한 감금, 폭행, 강간, 고문 등이 빈번하게 자행되었다.

우여곡절 끝에 리비아의 해안에서 배를 탔다고 해도 위험이 사라진 것은 아니었다. 작은 보트에 수백 명이 몸을 싣고 지중해를 건너는 일은 그야말로 죽음의 항해에 가까웠다. 보트가 전복되거나 보트 안에서 화재가 발생하는 사고가 빈번한 데다가 보트가 표류하여 아사하는 사고도 일어났다. 국제이주기구IOM의 조사에 따르면 2015년 아프리카 북부 해안에서 이탈리아와 그리스를 향해 출발한 난민은 총 92만 4,147명으로 이 가운데 항해 중 목숨을 잃은 사람들의 수가 3,671명 그리고 2016년에는 총 351,080명 가운데 4,715명이었다.[2] 수많은 난민들이 어떠한 구체적인 계획이나 대책 없이 생명의 위협을 무릅쓰고 지중해의 파고를 건넜다. 그들을 죽음의 항해로 이끌었던 것은 막연한 기대, 즉 경제적으로 모국의 극심한 빈곤으로부터 벗어나 많은 노동의 기회를 얻음으로써 본국의 가족을 부양할 수 있으리라는 기대 그리고 정치적으로 안정적인 환경에서 거주의 기회를 보장받으리라는 기대였다.

---

2 https://www.iom.int/news/mediterranean-migrant-arrivals-reach-113145-201
   8-deaths-reach-2242

어떠한 경로로 들어오든 난민들의 최종적인 목적지는 영국, 프랑스 그리고 독일이었다. 특히 지중해를 통해 들어오는 난민들에게 있어 그리스와 이탈리아는 단순한 경유지에 불과했다. 일단 난민들이 그리스나 이탈리아에 발을 들여놓게 되면 셍겐조약으로 인해 아무런 제약 없이 손쉽게 알프스 이북으로 이동할 수 있었다.

이탈리아의 이민자정책

영화의 배경이 되는 이탈리아는 아프리카의 난민들이 지중해를 건너 유럽으로 향하는 첫 번째 관문이다. 그렇다면 이탈리아 사회는 갖은 어려움을 이겨내고 이탈리아에 도착한 난민들을 어떠한 시선으로 바라보았을까. 2000년대 초반까지만 해도 이탈리아는 난민에 대해 비교적 관대한 태도를 취하고 있었는데, 그것은 그들의 최종 목적지가 영국, 프랑스 그리고 독일이었던 탓이었다. 일단 난민들이 그리스와 이탈리아에 발을 들여놓게 되면 셍겐조약으로 인해 아무런 제약 없이 손쉽게 알프스 이북으로 이동할 수 있었다. 그들에게 있어 이탈리아는 단순한 경유지에 불과했으며, 이탈리아 정부는 이탈리아에 정착하려는 의도가 없는 이들을 강력하게 통제해야 할 필요를 느끼지 못하고 있었다. 그러나 2000년대 초부터 이러한 태도가 바뀌기 시작했다. 아프리카 난민들의 수가 점차적으로 증가하기 시작했던 것 이외에 이미 1980년대 이후로 중국과 동유럽으로부터 유입되는 노동 인구의 급증 역시 이러한 변화에 영향을 미친 요인이었다.

본래 2차 세계대전까지만 해도 이탈리아는 이민을 떠나는 나라, 즉 노동력 수입국이 아닌 수출국이었다. 이는 1886년 출판된 에드몬도 데

아미치스Edmondo De Amicis 원작의 『아펜니노 산맥에서 안데스 산맥까지 *Dagli Appennini agli Ande*』(한국어판 『엄마 찾아 삼만리』의 원작)의 내용을 떠올려보는 것으로 충분할 것이다. 소설은 제노바 소년 마르코가 일자리를 구하러 아르헨티나로 떠난 엄마를 찾아가는 이야기로, 통일 이후 많은 이탈리아인들이 경제적으로 낙후되어 있던 조국을 떠나 아메리카로 이주했던 현실을 그대로 반영한다. 이탈리아에 이민자가 유입되기 시작한 것은 20세기 후반의 일이다. 1960년대의 급속한 경제성장을 바탕으로 1970년대부터 외부에서 노동력 유입이 본격적으로 이루어지기 시작했다. 이민자의 유입을 사실상 방관해왔던 이탈리아 정부는 1980년대 후반부터 이민자의 법적 권리 보장과 사회정책 실시를 통해 이민 노동 인력을 합법적인 테두리로 끌어들이려 시도했다. 그러나 간단한 신고 절차만 거치면 쉽게 체류허가가 발급됐고 불법 체류자에 대한 특별한 제재 조치 역시 시행되지 않았다. 이탈리아의 이민자정책이 규제로 돌아선 것은 1990년의 일이었다. 마르텔리Martelli 법을 기점으로 이탈리아는 이민자의 체류허가 발급과 갱신에 더 까다로운 기준을 도입했으며 1998년 투르코·나폴리타노Turco-Napolitano 법을 거쳐 2002년의 보씨·피니Bossi-Fini 법에 이르기까지 정책은 규제 일변도로 흘러왔다.

이러한 정책의 변화는 90년대 이후 이탈리아 사회에 확산되기 시작한 반反이민자 정서를 그대로 반영하는데, 이러한 정서를 확산시킨 장본인은 1991년 움베르토 보씨Umberto Bossi에 의해 창당된 우익 정당 북부동맹Lega Nord당이었다. 북부동맹은 본래 이탈리아 북부의 7개 주를 파다니아Padania로 분리독립시키자는 주장으로 출발하여 반유럽·반세계화·반이민·반이슬람을 핵심 노선으로 표방했는데, 이탈리아 정부가 남부 개발에 막대한 예산을 소비하는 것에 불만을 가지고 있던 북부 이탈리아인들을 중심으로 세력을 확장해 나갔다. 2001년의 총선에서는 상원에서

17석 하원에서 30석의 의석을 확보했는데, 다당제 국가인 이탈리아의 상황을 고려하면 당시 베를루스코니Silvio Berlusconi가 이끌던 자유의 집 Popolo della Libertà의 중요한 연정 파트너로서 상당한 의미가 있는 결과였다. 보씨·피니법은 자유의 집의 잔프랑코 피니Gianfranco Fini와 북부동맹의 움베르토 보씨Umberto Bossi에 의해 공동으로 입안된 법안으로 이민자의 기본 인권을 제한한다는 점 때문에 입안 당시부터 좌파 정당과 시민사회의 강력한 반대에 부딪혔고, 국제기구로부터 폐지 권고를 받아온 법안이다. 법 시행과 동시에 임시직 노동자와 시간제 노동자는 더 이상 체류허가를 받을 수 없게 됐으며, 체류허가를 신청한 모든 외국인에게 열 손가락 지문 날인이 의무화되었다. 뿐만 아니라 불법 체류자뿐만 아니라 불법 체류를 도운 이탈리아인들, 즉 불법 체류자를 고용한 업주나 이들에게 집을 빌려준 소유자도 처벌의 대상이 되었다.[3]

보씨·피니법은 실제로 이탈리아 사회에 일련의 비극적인 사건을 초래한 계기가 되었다. 그 가운데 대표적으로 프라토Prato에서 발생한 화재 사건을 들 수 있다. 이탈리아 중부 토스카나주에 위치한 중세도시 프라토는 이탈리아의 경제성장을 이끌었던 전통적인 섬유 생산의 중심지였지만, 공장주들이 값싼 임금의 중국인 이주 노동자들을 고용하기 시작하면서 어느새 이탈리아인보다 중국인 거주자가 많은 도시가 되었다. 2013년 12월 중국인 공장주가 경영하는 한 의류 공장에서 화재가 발생

---

3 보씨·피니법의 상세한 내용에 대해서는 Ugo Terracciano & Marco Chiacchiera, *Stranieri. Cosa cambia con la Legge Bossi-Fini. Ingresso, soggiorno, lavoro, studio e ricongiungimento familiare* (Forlì: Experta, 2002) 참조. 국내의 연구로는 김종법, "이탈리아 사회통합정책과 극우정당: 보씨·피니협약을 중심으로", 『다문화사회연구』 8집 (2015), pp. 71-102. 그 밖에 임동현, "이탈리아 이민자 통합. 다문화 사회인가 다인종 사회인가", 『프레시안』 (2014. 6. 12.) (https://www.pressian.com/pages/articles/117857#0DKU) 참조.

하면서 그로 인해 불법으로 체류하며 공장에서 숙식을 해결하던 중국인 노동자 7명이 사망하는 사건이 발생했다. 사건 발생 초기에 이탈리아 언론은 공장에서 숙식을 해결하는 중국 노동자들의 열악한 환경과 인권 문제를 집중 조명하고 나섰다. 그러나 "어떤 이탈리아인도 중국인에게 집을 빌려주지 않았기 때문에 생긴 일"이라는 어느 중국인 노동자의 인터뷰가 나간 이후 여론은 반전되었고 시민사회를 중심으로 보씨·피니법에 대한 비판의 목소리가 터져 나오기 시작했다.

사실 프라토에서 화재가 발생하기 두 달 전 이미 람페두사Lampedusa에서도 보씨·피니법이 초래한 비극적인 사건이 발생했는데, 국제적인 파급력이 상당히 컸던 이 사건은 〈테라페르마〉의 주제인 아프리카 난민과 직접적인 연관을 갖는다. 람페두사는 시칠리아 섬의 남쪽 이탈리아 최남단에 위치한 인구 약 5,500명의 작은 섬이다. 이탈리아 본토보다 북아프리카 해안과의 거리가 더 가까운 탓에 보트를 타고 지중해를 건너는 난민들에게는 유럽으로 들어가는 관문과도 같은 섬이었다. 2018년 10월 3일에도 500여 명의 아프리카 난민을 태운 약 20미터 길이의 어선이 람페두사를 향해 항해하고 있었다. 이 어선은 람페두사 해안 800미터 부근에서 엔진 고장을 일으켰는데, 배 안에 탄 난민들이 도움을 요청하기 위해 배 위에서 불을 지핀 것이 화재로 이어졌다. 결국 배는 바다 한가운데서 전복되었고 194명이 목숨을 잃고 150명이 실종되는 사고가 발생했다.

충격적인 것은 사고 자체가 아니었다. 사고가 발생하는 동안 인근에 조업 중이던 이탈리아의 어선들이 있었고 그들 가운데 어느 누구도 죽어가는 난민들을 구출하려 하지 않았다는 사실이었다. 보씨·피니법에 따르면 바다의 난민을 구조하여 이탈리아 해안에 데려다 놓는 것은 불법체류자에게 도움을 준 행위로 간주되어 처벌의 대상이 되기 때문이었다. 그러나 당시 인근 해상에서 자신의 친구와 낚시를 하고 있던 목수이자 어부 비토 피오리노Vito Fiorino만이 주저 없이 자신의 배를 향해 몰려든 난민들을 건져 올렸다. 그는 배 주변에서 울부짖는 소리가 들려왔고 처음에는 갈매기 떼라고 생각했으나 곧 이미 바다에서 몇 시간째 표류 중인 난민들임을 깨닫게 되었다고 증언했다. 그는 아무런 망설임 없이 그들을 람페두사 해안으로 실어 날랐고 그렇게 목숨을 건진 난민의 수가 총 57명이었다. 피오리노의 행동은 명백한 실정법 위반이었으므로 그는 막대한 액수의 벌금을 물게 되었지만 "바다에 빠져 죽어가는 사람을 건져 올리는 것이 범죄라면 나는 기꺼이 범죄자가 되겠다"는 말을 남겨 일약 국제사회의 영웅으로 떠올랐다. 이 사건은 난민들뿐만 아니라 피오리노의 인생에도 큰 영향을 미쳤다. 피오리노는 자신을 "파드레", 즉 아버지라고 부르는 구조된 난민들과 여전히 관계를 유지하고 있으며, 당시까지 그가 관심을 갖지 않았던 난민 인권과 관련된 시민운동에도 활발히 참여하고 있다.

축복과 문제의 이중성

〈테라페르마〉는 람페두사를 배경으로 한다. 섬사람들은 전통적으로 어업에 종사해왔지만 이제 더 이상 소규모 어업으로 생계를 이어가기 힘든 상황에 부딪히고, 섬의 젊은이들은 관광업이나 숙박업으로의 전환을 시도하는 중이다. 나이가 많은 에르네스토Ernesto 역시 어업을 그만두고 배를 처분하라는 권유를 받지만 그는 대대로 해오던 일을 그만 둘 생각이 없다. 언제나처럼 손자인 10대 소년 필리포와 함께 낡은 어선을 끌고 바다로 나간 어느 날 그는 난민을 실은 보트와 조우하는데 "난 바다에 사람을 버려둔 적이 없다"는 말과 함께 자신의 어선을 향해 헤엄쳐오는 난민들을 구조하고 몰래 자신의 집에 머무르게 한다. 이어지는 장면은 보씨·피니법이 낳은 결과를 사실적으로 보여준다. 에르네스토의 행동은 인도주의적이었지만 동시에 실정법 위반이었다. 밀입국 방조 혐의를 받은 에르네스토는 결국 자신의 배를 경찰에 압수당한다. 에르네스토가 난민들을 자신의 집에 머무르게 했던 일은 자신의 며느리이자 필리포의 어머니인 줄리에타Giulietta와의 갈등을 야기한다. 자신의 집에서 관광객들을 상대로 민박을 운영하고 있던 줄리에타는 에르네스토의 행동이 못마땅하다. 무엇보다 그녀는 밀입국자를 숨기는 불법적인 일이 생계에 지장을 초래할까 우려한다.

한편 마을의 어른들과 젊은이들 사이에서도 갈등이 일어난다. 에르네스토의 배가 압수된 이후 마을 사람들 사이에서는 섬으로 들어오는 난민들을 구하는 문제를 두고 논쟁이 벌어진다. 주로 관광업에 종사하는 젊은이들은 난민을 구조하는 것에 대한 거부감을 드러내는데, 경제적인 논리가 실정법을 정당화한다. 섬을 향하는 외지인은 관광객과 난민 두 부류이다. 섬을 찾는 관광객들은 주민들에게 경제적인 이익을 가져다준다. 그런데 휴가를 즐기러 온 관광객들은 반쯤 죽은 밀입국자들을 보는 것을 원치 않는다. 따라서 밀입국자가 밀려드는 것은 휴양지로서 섬의 평판에 좋지 않다는 것이다. 여기에서 크리알레제 감독은 에르네스토를 밀입국 방조자가 되게 만든 실정법을 '바다의 법'과 대비시킨다. '바다의 법'은 인도주의의 원칙이다. 대대로 배를 타 왔던 마을의 어른들은 평판 때문에 바다에 빠진 사람을 죽어가게 내버려 둘 수 없다고 이야기한다. 이후 영화는 막을 내릴 때까지 계속해서 상반되는 두 개의 이야기, 두 개의 이미지를 교차해서 보여준다. 난민 여성으로부터 리비아의 감옥에서 학대를 당하고 탈출하기까지의 과정을 듣고 마침내 마음을 열게 된 줄리에타와 관광객들을 상대로 음료를 팔고 관광 보트를 운영하며 돈을 버는

니노Nino의 모습이 교차하고 보트를 타고 죽음의 항해를 하는 난민들과 보트 위에서 여흥을 즐기는 관광객들의 모습이 대비된다.

흥미로운 것은 〈테라페르마〉는 람페두사의 비극이 발생하기 2년 전인 2011년에 개봉한 영화이지만 마치 앞으로 일어날 일을 예견하기라도 한 것처럼 람페두사의 비극과 꼭 닮은 사건과 갈등을 다루고 있다는 점이다. 어쩌면 보씨·피니법이 의회를 통과하는 순간 이러한 사태가 벌어지는 것은 불을 보듯 뻔한 일이었을지 모른다. 실제로 보씨·피니법 이후 오늘날까지도 이탈리아에서는 지중해를 건너는 난민을 두고 벌어진 첨예한 사회적 논쟁이 진행 중이다. 물론 오늘날의 논쟁은 어업과 관광업에 종사하는 작은 섬이 아닌 국가적 차원에서 난민과 이민자의 수용과 배제라는 더 큰 틀과 연관되어 있으며, 따라서 논쟁의 양상이 〈테라페르마〉에 묘사된 것처럼 단순히 경제적 이익과 인도주의의 이분법으로 환원되지 않는다. 그보다는 문제와 축복의 이중성으로 정리할 수 있을 것이다. 난민 수용에 반대하는 이들은 난민을 심각한 사회적 문제로 인식한다. 이들이 가장 우려하는 것은 이탈리아에 정착한 난민들이 자신들의 일자리를 빼앗아갈지 모른다는 과장된 두려움이다. 또한 난민과 이민자들의 대부분은 이탈리아 사회보장제도의 수혜 대상이므로 이들로 인해 사회보장체제가 붕괴되고 그 피해가 자국민들에게 돌아올지 모른다는 우려도 제기되고 있다. 극우정당 북부동맹은 이러한 우려와 두려움을 정치적으로 이용하여 지지기반을 확장해왔다. [그림 5-2]는 〈테라페르마〉가 개봉한 것과 같은 해 북부동맹에서 활용했던 포스터로 이탈리아 내 난민과 이민자들의 급증이 결국 이탈리아 국민을 사회보장체제에서 소외시키는 결과를 가져올 것이라는 메시지를 명확하게 보여준다.

또한 정치와 문화의 영역에서 조정이 불가능한 차이가 분쟁 발생의 소지를 키운다는 지적도 나오고 있다. 종교의 배타성, 정부의 세속성, 여

[그림 5-2] 2011년 이탈리아 총선 북부동맹
선거 포스터

성과 미성년의 권리에 대한 생각, 폭력과 테러리즘에 대한 태도 등의 차이가 이들이 이탈리아 사회 구성원으로 통합되는 것을 어렵게 만든다는 것이다. 그리고 일각에서는 난민과 이민자의 대부분이 현실적으로 일자리를 찾기가 어렵기 때문에 범죄자로 전락하여 치안의 불안으로 이어질 수 있다는 우려도 제기되고 있다. 다른 한편으로 난민과 이민자의 수용이 그들의 모국에 미치는 영향에 대한 우려도 있는데, 모국의 입장에서 인력의 유출로 인한 노동력 부족 상황에 처할 것이고 이로 인해 불평등이 더욱 심화될 것이라는 주장이다. 마지막으로 난민과 이민자의 수용이 이민을 알선하는 불법 브로커들의 활동을 부추기면서 오히려 그들에 대한 학대와 착취 등의 행위를 촉진할 것이라는 우려도 제기된다. 이와 반대로 난민과 이민자를 축복으로 바라보는 견해도 존재한다. 이러한 입장에 있는 이들은 우선 경제적인 측면에서 외부로부터 새로운 노동력의 유입이 새로운 발전의 동력이 될 것이고 문화적인 측면에서 다양한 문화들이 접변하며 새로운 문화 창출의 기회가 될 것이라고 주장한다.[4]

사실 이러한 논쟁이 단지 이탈리아 사회에만 국한되는 일은 아니다.

---

4 논쟁의 주요 쟁점들은 다음의 논문에 소개되어 있다. 김정하, "아프리카 난민의 유럽 유입과 이탈리아의 대(對)아프리카 정책", 『민족연구』, 68집 (2016), pp. 85-118 참조.

유럽 차원에서도 그리고 세계적인 차원에서도 동일한 논쟁이 활발하게 벌어지고 있다. 얼마 전 〈비정상회담〉이라는 TV 프로그램에서 이탈리아로 들어오는 지중해 난민 수용을 주제로 출연자들 간의 토론이 벌어졌다. 그 가운데 두 외국인 출연자가 제시한 의견은 이 주제가 갖는 축복과 문제의 이중성을 명확하게 보여주는 까닭에 여기에서 인용해볼 만하다. 우선 브라질 국적의 카를로스는 난민과 이민자를 사회적·경제적 측면에서 새로운 기회로 바라본다.

> "옛날에 이탈리아에서 전쟁했을 때 많은 이탈리아 사람들이 미국이나 브라질로 왔어요. 그 사람들이 미국과 브라질에서 굉장히 중요한 역할을 하게 됐어요. 많은 사람들이 난민들을 부담이라고 생각하지만 제 생각에는 큰 기회라고 생각해요. 많은 유럽 국가들이 인구가 줄고 있잖아요. 그리고 노인이 너무 많고요. 난민들은 폭력을 당한 사람만 있는 것이 아니에요. 교육 많이 받고 온 사람들도 많아요. 이런 사람들을 받아서 통합시키면 나중에 유럽 사회에 큰 역할을 할 수 있어요."

이 문제의 당사국인 이탈리아 국적의 알베르토는 이에 대해 다음과 같이 반론을 제기했다. 알베르토가 제기한 근거는 난민과 이민자의 수용이 사회적인 문제를 야기할 것이라는 점 그리고 그들에 대한 인권 유린을 촉진할 것이라는 점으로 최근 이탈리아 내부에서 제기되고 있는 전형적인 난민 수용 반대론자들의 논리를 그대로 반영한다.

> "이 사람들이 이탈리아에 오는 것이 과연 최고의 선택인가. 현실적으로 보니까 그렇지 않아요. 사실 또 사회문제에요. 왜 그런 사람들이 빨리 적응하는 사람도 있고 일 없으니까 도둑질하거나 소매치기하거나 그런 사람도 많아요. 브로커들이 엄청난 돈을 받고 난민들을 실어 보내요 […]

난민 계속 받으면 불법 브로커들이 계속 돈 받고 계속 보내잖아요. 그거 인신매매에요. 아시죠? 그중에 반 정도 죽고 물에 빠지고. 너[카를로스] 말이 착하지만 사실 사람이 죽어 그렇게."

    난민과 이민자에 대한 이탈리아인들의 반감에는 다른 한편으로 이탈리아 사회에 뿌리 깊은 외국인 혐오 정서가 배경으로 작용하고 있다는 사실을 부정할 수 없을 것이다. 여기에는 다양하고 복합적인 원인이 자리하고 있는데, '캄파닐리즈모campanilismo'로 불리는 고향에 대한 강한 애착과 가족주의적 문화는 이탈리아인으로 하여금 외부 문화에 대해 배타적인 태도를 갖게 만들었고, 최근의 경제 위기가 외국인 노동자에게 일자리를 빼앗길지 모른다는 두려움을 증폭시켰다. 또한 이탈리아에서 난민과 이민자의 유입은 비교적 최근의 현상이라는 점이다. 식민지를 경영했던 다른 유럽 국가들은 이미 19세기 후반부터 이민 인구의 유입이 시작되어 현재 이민 3세대, 4세대까지 존재하는 반면, 통일이 늦었던 탓에 식민지 확보 경쟁에 뒤처졌던 이탈리아의 경우 앞서 언급했던 것처럼 1970년대에 들어서야 외국인 노동자들의 유입이 시작되었다. 다시 말해 이탈리아에는 다른 유럽 국가들이 한 세기가 넘게 축적해왔던 갈등과 통합의 경험이 부재하다. 이탈리아는 난민, 이민자들과 그들의 문화를 받아들일 준비가 되어 있지 않다.

최근의 동향

이탈리아 사회에서 벌어지는 논쟁과는 별개로 난민과 이민자에 대한 이탈리아 정부의 태도는 점점 더 강경한 방향으로 흘러가고 있다. 그리고 이는 전 유럽적인 흐름이기도 하다. 포퓰리즘의 부상과 극우정당의 약진으로 인한 기성 정치구도의 붕괴는 최근 유럽의 여러 국가에서 공통적으로 나타나는 현상으로, 그 뒤에는 오랜 기간 동안 누적된 난민문제와 이민정책에 대한 불만이 자리하고 있으며 유럽 각국의 정부 역시 권력의 획득과 유지를 위해 난민거부정책에 손을 들고 있는 상황이다.

독일이 대표적인 사례이다. 시리아 사태 이후 난민 신청 건수가 전년 대비 큰 폭으로 증가했던 2015년 지방선거에서 반이민을 표방한 극우주의 정당의 약진이 두드러졌다. 당시 메르켈 정부와 연정을 구성하고 있던 기독교 연합CSU은 선거에서 승리하기 위해 메르켈 정부의 포용적인 난민 정책에 반대하고 나섰고 메르켈 정부 역시 연정을 지키기 위해 독일 남부에 난민 신청자 수용소를 설치하고 난민으로 인정되지 않은 이민자들을 돌려보내기로 결정했다. 2017년 대선에서 중도노선을 표방하며 극우 진영의 르펜을 꺾고 대통령으로 당선되었던 프랑스의 마크롱 정부는 임기 초 난민 수용 문제와 관련하여 개방과 포용을 강조하며 당시 강경책의 선봉에 섰던 이탈리아의 마테오 살비니Matteo Salvini 총리 그리고 헝가리의 빅토르 오르반Viktor Orbán 총리와 설전을 벌이기도 했으나 2020년의 지방선거에서 참패를 경험한 후 연일 난민과 불법 이민에 대한 보수적인 접근의 의지를 표명하고 있다. 이는 최근 프랑스 내에서 전통적인 지지층이었던 서민과 노동자 계층의 반이민 여론을 의식한 것으로 분석된다.

이탈리아도 상황은 다르지 않은데, 이를 이해하기 위해서는 창당 후 9년 만에 집권에 성공한 신생정당 오성운동M5S에 대해 살펴볼 필요가 있다. 오성운동은 정치풍자로 인기를 얻었던 코미디언 베페 그릴로Beppe Grillo에 의해 2009년 10월 4일 창당된 정당이다. 기성 정치권의 무능과 부패를 비판하는 반체제 시민운동으로 출발한 오성운동은 곧 기성 정치권에 염증을 느낀 유권자들의 열렬한 지지를 얻었고 창당 2년 만에 치러진 2013년 총선에서 하원에서 25.55퍼센트 상원에서 23.79퍼센트의 지지를 얻어 원내 제3당이 되었다. 이어 그릴로가 사임하고 루이지 디 마이오Luigi di Maio 체제에서 치러진 2018년 총선에서는 하원에서 32.66퍼센트 그리고 상원에서 32.21퍼센트의 득표를 얻어 원내 제1당으로 도약했다. 이탈리아가 다당제 국가임을 고려할 때 단일 정당이 얻은 득표로는 그야말로 믿기 힘든 결과였다. 그러나 내각제 국가인 이탈리아에서 조각組閣을 위해서는 과반 의석의 확보가 필요했다. 이탈리아의 극우 포퓰리즘 연정은 이렇게 탄생했다(정병기 2018, 192-201).

이탈리아 국민 사이에 폭넓게 확산된 반이민, 반난민 정서는 이전까지 다소 적대적이기까지 했던 이 두 정당의 연정을 성립시킨 가장 중요한 배경 가운데 하나였다. 본래 오성운동은 난민과 이민자에 대한 뚜렷한 입장을 가지지 않았다. 그러나 2017년의 지방선거에서 참패를 경험한 후 지지율 회복을 위해 본격적으로 반이민정책, 특히 난민과 집시에 대한 배척정책을 채택하기 시작했다. 당시 이탈리아는 이탈리아와 그리스에 계류 중이던 약 16만 명의 난민을 다른 회원국으로 분산 배치하겠다는 유럽연합의 약속이 지켜지지 않은 데 대한 국민적 불만이 고조되는 상황이었다. 당수였던 그릴로는 집시에 대한 단속과 추방을 주장하며 "이제 로마의 분위기는 바뀌었다 […] 무일푼이라고 주장하며 고급 차를 모는 사람, 지하철에서 아이들을 끼고 구걸하는 사람들은 이제 추방되어야 한다. 또 지하철의 소매치기범에 대한 감시도 강화되어야 한다"고 단언했다. 이어 오성운동 소속의 로마 시장 비르지니아 라지Virginia Raggi 역시 난민 수용을 거부하며 "로마는 이미 충분히 난민으로 인해 고통을 받고 있다"며 "로마에 새로운 난민센터를 추가로 건설함으로써 초래될 사회적 갈등을 더 이상 감당할 수 없다"는 말로 중앙정부의 정책에 반기

를 들었다.[5]

결국 〈테라페르마〉가 묘사하고 있는 상황, 그로부터 2년 후 람페두사의 비극으로 현실화된 상황은 오늘날까지 하나도 변하지 않았다. 오히려 난민에 대한 정책과 여론은 더욱 강경해졌다. 오늘날에도 여전히 보씨·피니법은 시행 중이며 수많은 난민들이 바다에서 목숨을 잃고 있다. 그리고 그것이 더 이상 이탈리아와 유럽의 문제라고 할 수만은 없다. 오늘날 한국 사회에서도 예멘과 아프가니스탄 난민 수용을 둘러싼 논쟁이 뜨겁다. 〈테라페르마〉가 전하는 메시지는 머지않은 미래에 한국이 직면하게 될 현실이기도 하다.

---

5 https://www.yna.co.kr/view/AKR20170614002900109

참고문헌

- 김정하. 2016. "아프리카 난민의 유럽 유입과 이탈리아의 대(對)아프리카 정책." 『민족연구』 68집.

- 김종법. 2015. "이탈리아 사회통합정책과 극우정당: 보씨-피니 협약을 중심으로." 『다문화사회연구』 8집.

- 임동현. 2014. "이탈리아 이민자 통합. 다문화 사회인가 다인종 사회인가." 『프레시안』 (2014. 6. 12.) https://www.pressian.com/pages/articles/117857#0DKU

- 유럽연합통계청 연감 (https://ec.europa.eu/eurostat)

- 국제이주기구(IOM) (https://www.iom.int/)

- 정병기. 2018. "2018년 이탈리아 총선과 포퓰리즘 연정 출범." 『진보평론』 76집.

- Terracciano, Ugo, Marco Chiacchiera, & Stranieri. 2002. *Cosa cambia con la Legge Bossi-Fini. Ingresso, soggiorno, lavoro, studio e ricongiungimento familiare* (Forli: Experta).

긴장과 공존의 경계에 선 톨레랑스

〈레 미제라블Les Misérables〉 (2019, 프랑스)

고주현

비참한 자들의 프랑스

레쥬 리Ladj Ly 감독이 2019년 완성한 〈레 미제라블 Les Misérables〉은[1] 빅토르 위고Victor Hugo의 원작 『레 미제라블』과 딱히 서사적 연관을 찾아볼 수 없다. 그럼에도 불구하고 원작이 집필된 지 약 150년이 지난 시점에 동명의 영화가 만들어진 것은 영화의 배경인 '몽페르메유Montfermeil'가 빅토르 위고의 〈레 미제라블〉이 집필된 지역이기 때문이기도 하다. 레쥬 리 감독의 〈레 미제라블〉은 원작 속 19세기 반군의 유령을 현대 도시로 끌어내는 듯하다. 감독이 밝히고 있듯이 '몽페르메유의 고통은 단 한 번도 제대로 설명된 적이 없다. 우리는 여전히 발목 잡히고, 오해받고, 궁핍하다'. 몽페르메유Montfermeil는 다양한 이민자들이 모여 사는 지역이자 19세기와 유사하게 파리의 빈곤층이 많이 거주하는 지역이다.[2] 아프리카 말리

---

1 Ladj Ly, 〈Les Misérables〉 2019 프랑스 개봉
2 레쥬 리 감독의 〈레 미제라블〉에 대한 IndieWire와의 인터뷰(www.indiewire.com)

출신으로 프랑스 파리 외곽에서 성장한 감독이 지역의 비참한 현실에서 오는 분노를 그린 이 영화는 제92회 아카데미 시상식에서 최우수 국제장편 후보로 지명되고 제45회 세자르 영화제 작품상을 수상한 바 있다.

감독은 영화에 관한 인터뷰에서 '이것은 몽페르메유가 공유하는 일상적인 비극이자 정치인들에게 보내는 경고장이다. 곧 폭발할 수 있는 '미제라블(비참한 자들)'의 현실을 영화를 통해 전하고자 했음'을 밝혔다.[3] 영화 속 사건들이 그가 성장 과정에서 직접 목격하거나 경험한 것들이라는 점은 인상적이다. 선과 악의 명징한 구도가 보이지 않는 영화 속 몽페르메유의 일상은 응집된 분노가 폭발 직전의 긴장으로 가득 찬 엔딩을 통해 앞으로도 겪어내야 할 비참한 자들의 대립을 연상케 한다.

지역의 원주민과 이주민 간의 갈등이 프랑스 전역에서 고조되고 그 진동이 머지않은 미래에 우리 사회에까지 전달될 수 있는 상황에서 단순히 '왜'라는 질문보다 '어떻게' 이런 상황을 해결할 수 있을까에 대한 논의가 필요하다. 적대감과 피해에 대한 두려움의 수준이 높고 상호 신뢰가 낮은 상황에서 서로의 의도는 오판된다는 교훈은 우리 사회에도 적용된다.

21세기 판 〈레 미제라블〉이 전하고자 하는 가장 큰 메시지는 프랑스 사회의 통합 문제다. 프랑스 사회의 큰 비중을 차지하는 이민자들을 어떻게 대하는가의 문제일 뿐만 아니라 특히 다른 문화와 종교를 가진 국가에서 온 이민자와 그 2,3세대들이 어떻게 진정한 프랑스 시민으로 녹아드느냐의 문제는 여전히 해결되지 못한 것처럼 보인다.

영화 〈레 미제라블〉은 활력이 넘치는 파리를 배경으로 한 장면들로 시작된다. 2018년 프랑스 월드컵에서 자국의 우승으로 파리 거리를 가

---

3 ibid.

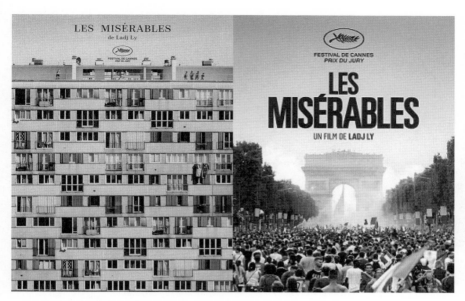

[그림 6-1] 영화 포스터

득 메운 시민들이 에펠탑과 샹젤리제 주변을 가득 메우고 있다. 축제의
거리를 보여주는 수십 개의 퀵 컷에서는 10대 젊은이들이 지하철 개찰구
를 뛰어넘고 비스트로로 모여들어 골목과 거리를 가득 채운다. 그들은
대부분 유색인종으로 자국 축구팀이 2018년 월드컵에서 우승하는 것을
지켜보고 환호하고 있다. 그들 중 대부분은 파리 동쪽의 빈곤 지역 출신
이다. 곳곳에 휘날리는 자유·평등·박애를 상징하는 프랑스 국기는 하나
된 프랑스를 보여주는 듯 하지만 몽페르메유로 전환된 장면은 또 다른
프랑스의 모습이다. 척박한 환경의 이 구역은 빅토르 위고가 '비참한 자
들'의 마을로 설정한 바로 그 모습 그대로다.

   영화는 세 명의 주인공이라고 할 수 있는 경찰들의 만남으로 새롭게
전개된다. 거침없는 말투와 옷차림 탓에 그들이 경찰인지 혹은 건달인지
구분하기 어렵다. 시골 셰부르Cherbourg에서 몽페르메유로 새로 전근해
온 스테판Stéphane은 다소 냉소적인 그와다Gwada와 매사에 참견을 좋아

[그림 6-2] 영화 속 배제의 주체이자 대상인 세 명의 주인공

하는 수다쟁이 크리스Chris와 같은 순찰팀에 배정받는다. 크리스는 감시 대상인 시민들을 끊임없이 폄하하면서도 정작 본인의 편협함은 인정하지 않고 본인은 현실주의자임을 자부한다. 스테판은 첫 순찰 중에 구역을 장악하기 위해 경쟁하는 파벌에 대해 알게 된다. 한심한 경찰들의 주요 감시 대상인 전과자와 스스로를 '시장'이라고 떠벌리는 중년의 남자, 그리고 전직 마약상이자 이슬람형제단의 지도자인 '살라Salah'—그는 과거의 범죄를 씻어내려는 듯 신실한 이슬람교도가 되어 진정한 정의의 사도처럼 행동한다—까지. 그가 운영하는 샤와르마 가게는 빈곤한 공동체가 의지하며 드나드는 집합소다. 첫 순찰에서 깡패보다 더한 경찰들의 행동과 불법적인 행각을 보이는 이민자 집단 간의 싸움과 견제가 난무한 상황에 스테판은 당혹해한다.

어느 날 몽페르메유에 들어온 집시들의 서커스단에서 아기 사자가 사라지면서 사건은 시작된다. 경찰들이 새끼 사자를 데려간 10대를 추적하는 과정에서 성급하게 발사된 플래어 건이 이민자 2세이자 유색 아이인 이싸Issa의 얼굴을 가격하면서 분노는 점화된다. 한편, 호기심에 동네를 엿보던 또 다른 유색 아이 톰(감독의 아들 Al-Hassan Ly)이 조종하는 드론 카메라가 충격적인 총격 현장을 포착한다. 도난사건을 해결하려다 예기치 못한 사건이 발생하고, 인종과 계급의 차별, 인권침해, 협박, 증오와 불신이 가득한 혼돈의 사태로 번져나간다. 세대와 권력에 굴복해온

청소년들의 분노는 경찰의 과잉
진압에 맞서 야구방망이, 유모차
할 것 없이 닥치는 대로 무기가
되어 폭력으로 표출된다. 추후
논란이 될 문제를 애초에 없애기
위해 영상을 확보해야 했던 경찰
들 사이에서는 총격의 동기에 대
한 자기성찰과 논쟁이 이어진다.
경찰이 직면한 상황은 어리석은

[그림 6-3] 파리 외곽 몽페르메유 지도

것처럼 보이지만 한편으론 해결되기 어려운 문제들을 안고 있는 치명적
혼돈으로 이어진다. 경찰의 자기검열을 바라보는 감독의 시선에는 공감
과 위선이 혼재한다.

　범죄로 가득 찬 빈민가의 환경에서 이민자 아이들은 순수함을 잃고
직·간접적인 일상의 폭력에 노출된다. 어른들의 비호가 필요한 시점에
보호받지 못한 채 방치되며 스스로 문제의 본질인 어른들과 부패한 경찰
들 사이에서 벌어진 사건으로 인한 피해는 그대로 아이들에게 전가된다.
영화는 성인이 되어서도 보호받지 못한 사회적 약자들의 과오와 부조리가
방치로 인해 순수한 아이들에게 전이되는 과정을 현실적으로 그려낸다.

　영화 후반부에 아이들은 부패한 경찰들을 향한 복수심에 가득 차 똑
같은 물리적 폭력을 행사한다. 되풀이되는 협박과 심리적인 압박으로 상
처받은 소년들은 미래를 빼앗긴 듯 분노를 키우며 언제라도 터질 수 있
는 프랑스 사회 속 가련한 뇌관으로 남는다.

　이 영화는 프랑스에서 2005년 일어난 소요사태를 모티브로 했다. 당
시 두 명의 아랍계 청소년이 경찰과 충돌한 사건을 계기로 촉발된 이 소
요사태는 보름 이상 지속되었다. 2005년 10월 프랑스의 클리쉬수부아

Clichy-Sous-Bois에서 10대 이민자 청소년들이 경찰과 추격을 벌이다 변전소에서 감전이 되어 두 명이 사망하고 한 명은 중상을 입었다. 분노한 클리쉬수부아의 청년들은 매일 밤 방화와 기물 파괴를 이어나가며 항의했고 프랑스 이민자 지역을 중심으로 더 많은 군중의 시위로 확대되었다. 사건 후 2개월이 지나 프랑스 대통령은 비상사태를 선포한다. 이를 두고 당시 프랑스 언론들은 프랑스 공화주의적 통합모델의 실패, 이민자들의 분노 등으로 묘사하며 사태의 심각성을 고발하기도 했다.[4]

무엇보다 2005년 보름 동안 지속된 차량 방화 등의 소요사태는 계획적인 테러가 아닌 오랫동안 축적된 불만이 우발적으로 표출된 사건이었다는 데 주목해야 한다. 프랑스의 이주민 집단에 쌓여온 불만이 집단적으로 폭발한 것이다. 이 우연적 사건은 프랑스 사회에 오랜 기간 축적된 다양한 문제들이 쌓이면서 발생했다. 다양한 문제들은 프랑스 혁명 이래 프랑스가 국민국가로 통합을 이루어온 방식과 한계와도 연관된다. 또한 유럽통합이 가속화됨으로 인해 프랑스 사회가 겪게 된 새로운 도전들이 쌓여 더 복합적인 계기를 만들었다.

북아프리카 출신 이민자들의 분노

프랑스 이민의 역사를 살펴보면 〈레 미제라블〉이 묘사하는 암울한 이민자들의 세상과 그들의 불만 표출의 이유를 어느 정도 이해할 수 있다.

긴 역사를 거치면서 늘 노동인구의 부족을 겪어왔던 프랑스로서는

---

4 "Les émeutes de 2005 : ≪ On a passé six nuits blanches à faire rentrer les jeunes"
   https://www.lemonde.fr/banlieues/article/2015/10/26/les-emeutes-de-2005-r
   acontees-par-quatre-temoins_4797063_1653530.html)

유럽 안팎으로부터 노동인력을 들여와 해결하여 왔다. 인구가 6000만 명에 달하지만 국가 주요 산업이 농업이기에 농업인구에 대한 부족은 계속되었고 또 이에 필요한 인력은 이민을 통해 충당해 왔다. 프랑스로 유입된 이민의 흐름은 크게 세 차례로 구분된다(홍태영 2005, 149). 첫 번째 이민의 물결은 19세기 동안 이루어진 산업 성장 시기에 주로 이탈리아나 스페인, 스위스와 같은 주변 유럽국가들에서 유입된 노동자들에 의해 이루어졌다. 두 번째 이민의 물결은 전쟁을 통해 상실된 노동인력을 확보하기 위한 방편으로 이루어졌다. 세 번째는 전후 호황기를 지나며 부족한 노동인력을 북아프리카 지역 등으로부터 받아들이면서 이루어졌다. 알제리전쟁이 끝나면서는 이민노동자들의 광범위한 유입도 있었다. 현재까지 세 번에 이르는 이민물결을 통해 공식적으로 합법적인 이민인구는 프랑스 전체인구의 6.4퍼센트를 차지하고 있다. 이민자들의 구성을 살펴보면 유럽지역으로부터의 이민자 수는 점차 감소(1975년 55퍼센트에서 1990년 36퍼센트)하고, 북아프리카 이민자 비율은 그만큼 증가했다. 북아프리카로부터 합법적으로 들어온 이민자 수는 약 300만 명이지만 불법 체류자들을 포함하면 600만~700만 명에 이를 것으로 추정하기도 한다(Bernard 1993; 홍태영 2005, 149~163).

2005년 프랑스 소요사태의 경우에도 바로 이 북아프리카 이민자들, 특히 이민 2,3세대가 주요하게 불만을 표출하였던 것이다. 첫 번째, 두 번째 이민의 물결을 이루었던 사람들이 인종·종교·문화 등의 측면에서 유럽적이라는 의미에서 상대적으로 동질성을 지니고 있었기 때문에 프랑스 사회로의 통합에서 큰 어려움이 없었다면, 다른 종교와 문화를 지닌 북아프리카 지역 출신의 이민자들은 여러 측면에서 유럽인, 유럽문화와 이질성을 보였고 제도적 차원을 넘어 실질적 통합의 측면에서 어려움을 겪고 있다. 이 시기 이민 2,3세대들의 출현과 그들의 정체성에 대한 논의는 사회적 쟁점으로 부각되기 시작한다. 적어도 공식적인 측면에서 그들을 프랑스 시민으로 만드는 것은 공교육체계를 통해 가능하지만, 그들은 동시에 부모 세대로부터 물려받은 뿌리 깊은 종교적·인종적 정체성을 지니고 있으며, 이는 그들이 프랑스 사회로 원활히 통합하는 데 있어 장애와 도전이 되고 있다. 프랑스 이민 2,3세대들이 성장해 사회 진출의 시점에 부딪히는 장벽은 정체성의 갈등을 보다 심화시키게 된다.

소요사태가 발생하기 직전 해인 2004년 프랑스의 전체 실업률은 10퍼센트를 넘진 않았지만 취업 연령대인 20대의 경우 2배 이상의 실업률을 기록한 바 있다.[5] 더구나 북아프리카계 출신 청년 실업률은 40퍼센트를 넘은 것으로 기록되고 있다. 사회경제적 위기의 순간에 빈곤계층의 주류를 형성하고 있는 이민노동자들의 상황은 더욱 악화될 수밖에 없다.

이처럼 프랑스에서 이민자 2,3세대를 중심으로 소요사태가 발생한 것은 비단 2005년 만의 일이 아니다. 2~3년에 한 번꼴로 프랑스 방리유Banlieues 지역에서 소요가 발생한다. 2007년에도 파리 북부 빌리에르벨Villiers-le-Bel에서 오토바이를 타고 가던 청소년 두 명이 순찰차와 충돌한 뒤 숨진 사건을 계기로 이민자 소요가 재발했다.[6] 2010년에는 프랑스 남동부 그르노블Grenoble시 외곽의 빈민가에서 이민자 2,3세를 중심으로 폭동이 일어났다. 이 사건은 그르노블시 교외의 한 카지노에서 돈을 빼앗은 혐의로 경찰이 수배해 온 20대 남성 카림 부두다가 경찰의 체포에 저항하다 총에 맞아 숨진 데서 비롯됐다. 이후 이민자 가정의 청년들을 중심으로 자동차와 상점에 불을 지르고 경찰관을 향해 총격을 가하는 폭

5 프랑스 실업률(https://data.oecd.org/unemp/unemployment-rate.htm)
6 "프랑스서 이민자 소요 재연 우려. 긴장"(https://www.khan.co.kr/world/world-general/article/20090811074406A/?cp)

동이 일어났다.[7] 보다 최근에는 2017년 2월 프랑스 이민자 출신 빈민 청년들이 뿌리 깊은 인종차별에 항의하는 소요가 파리 외곽에서 벌어졌다. 흑인 청년에 대한 경찰의 과잉 진압이 사건의 발단이었다.[8] 프랑스 경찰과 정부가 바라보는 소요사태에 대한 시각과 대응은 프랑스 사회가 인종차별이 뿌리 깊은 사회라는 것을 확인할 수 있다. 프랑스 청년들의 반란은 인종차별에 맞선 저항의 일부였다.

프랑스의 사회통합

프랑스는 공화주의 국가다. 공화주의 전통에서 국가는 정치과정의 중요한 주체로 정치공동체가 지향하는 가치들을 보호하고 육성하기 위해 적극 개입해야 하는 것으로 상정된다. 또한 공화주의 국가의 개인은 공동체의 환경에서 벗어난 추상적인 자아가 아니라 공동체의 역사와 전통에 의해 구속받는다. 즉, 국가가 뚜렷한 목표를 가지고 시민들을 교육시키고 사회화 시키는 역할을 수행하는 주체가 될 것을 요구한다. 이와 같은 과정을 통해 형성된 국가정체성은 시민들 사이의 소속감과 연대를 증진시키고 시민들 사이의 일체감이 곧 사회정의와 민주주의 실현을 위해 긍정적인 역할을 한다고 평가된다.

프랑스의 사회통합 유형은 공화주의적 시민동화주의에 속한다고 본다(김남국 2010, 154~155). 그 이유는 프랑스의 소수 문화 인종의 요구

---

7 "프랑스 아랍계 소요 … 이민자 폭동 또 불붙나"(https://www.hani.co.kr/arti/internati onal/europe/430914.html)

8 프랑스도 경찰의 흑인 과잉진압 사망논란 재점화 … 시위 이어져(https://www.yna.co.kr /view/AKR20200603004200081, 검색일: 2022.1.30.)

에 대한 대응 원칙이 자유·평등·박애·세속주의·애국주의 등에 기반해 왔기 때문이다. 프랑스는 1989년 이후 지속된 헤드스카프 논쟁과 2004년 '종교적 상징물을 학교 안에서 드러내 놓는 것을 금지'하는 법안이 하원과 상원에서 여야의원 대다수의 찬성으로 통과된 것에서 볼 수 있듯이 자신의 종교적 정체성을 드러내는 것을 금지해왔다. 공공영역에서 자신의 종교적 정체성을 드러내는 시도를 프랑스 사회를 지탱하는 세속주의에 대한 중대한 위협으로 간주해 온 것이다. 즉, 인종·문화·종교적 정체성의 표현을 인정함으로써 사회가 파편화되는 것보다는 공화주의 원칙을 중심으로 단일한 공화국을 유지하는 것이 사회적 소수에게 더 나은 평등의 기회를 제공할 수 있다고 보는 것이다.[9] 소요사태를 통해 프랑스 정부는 교외 지역에서의 대대적인 범죄소탕령과 그것의 정례화를 선언했다. 프랑스 극우정당들은 사회경제적 상황의 악화, 특히 높은 실업과 치안 불안의 원인으로 이슬람 이민자들은 지목하고, 이러한 주장이 일정한 영향력을 얻고 있다. 마린 르펜Marine Le Pen과 같은 정치인들은 자신들의 민족 문화를 보호해야 한다는 명분하에 반이민·반다문화적 프레임을 통해 인기를 얻고 정치적 힘을 키워나간다. 정부의 치안 강화와 종교·문화가 다른 이민자들에 대한 엄격한 통제는 프랑스 사회의 분위기를 일정하게 반영한 것이라 볼 수 있다. 즉 프랑스의 이민자정책의 기본적인 원칙은 다른 인종·종교·문화를 가진 '이민자 집단' 그대로를 인정하는 것이 아니라 '개인' 차원에서의 사회에의 동화를 통해서만 인정이 가능하다는 것에 기반한다. 즉, 프랑스가 내세우는 관용의 전통은 공화주의 원칙을 기저로 하기 때문에 공화주의 원칙에 도전하는 소수집단에게는 적용되지 않는다.

---

9 김남국, "다문화의 도전과 사회통합", 『유럽연구』 28(3), 2010. pp.133-174.

유럽의 사회통합과 상호문화주의

2005년 유럽연합 헌법에 대한 프랑스 내 국민투표는 부결되었다. 유럽 통합을 강력하게 추진해왔던 프랑스에서 이런 결과가 나온 것은 유럽연합 자체에 대한 반대라기보다는 유럽통합의 방식에 대한 반대의 의미가 크다. 프랑스의 사회통합 문제는 내부적 원인 외에 유럽 차원의 외부적 원인에도 기인한다. 유럽 차원의 위기에 대한 인식이 커질수록 프랑스와 같은 회원국 내부의 위기 역시 더 선명해진다.

이러한 문제의식하에 일국적 차원에서 진행되었던 민족주의를 통한 국민적 통합의 문제는 점차 유럽적 차원에서 동시에 진행될 필요성이 제기되어지고 있다. 근대 국민국가의 형성 과정에서 만들어진 민족이라는 공동체는 일종의 상상의 공동체임을 다시 한 번 주지해야 한다. 국민국가가 역사적 기원을 강조하고, 상징을 통해 정체성을 형성하며 애국주의나 민족주의를 통한 동원으로 국민적 정체성을 만들어냈듯이 유럽 차원에서 유럽 시민들의 통합을 모색하는 것이 불가능한 것은 아니다. 유럽연합의 통합사를 회고해 보았을 때, 다양한 담론이 통합의 기초가 된 것을 인지할 수 있다(고주현, 이무성 2012, 93-113). 소요사태와 관련하여 유럽통합의 진행 속에서 점차 드러나는 극우세력들의 강조점은 변화하고 있으며 이를 파악할 필요가 있다. 유럽의 문화와 경계를 확정함으로 인해 내부적 연대를 도모하려는 노력은 오히려 포섭과 배제의 기제를 만들어내고 있다. 그 과정에서 가장 중요한 대척점에 있는 것이 비유럽문화로서 이슬람 문화라고 할 수 있다.

현재 유럽의 위기는 여러 원인에서 비롯됐다. 경제통합의 심화로 인한 불평등의 고조는 내부적 원인이다. 주변 지역의 전쟁과 분쟁으로 야기된 난민의 유입 등은 외부적 원인으로 지목된다. 테러리즘의 증대가 이민자 유입의 증가와 연관이 있다는 담론은 유럽에서 비단 극우 포퓰리스트 정치인들만의 도구가 아니다. 2015년 융커Junker가 이끄는 유럽집행위원회European Commission는 '안보를 위한 유럽 어젠다', '이주를 위한 유럽 어젠다'를 발표함으로써 유럽연합 차원에서 난민과 테러를 안보 문제와 연결짓는 담론들을 확대해나갔다. 그동안 EU의 난민 기조가 제네바 협약에 기초한 인도주의적 관점에 주목해왔다면 2014년과 2015년을 지나면서 난민으로 인한 '위기'로 논점을 전환한 것은 난민에 대한 책무보다는 유럽이 위기를 겪고 있는 주체임을 보다 강조하는 것이다.

안보의 개념으로 이민자를 바라보는 것은 국제정치적 차원에서 국가가 아닌 개별 인간에 더 관심을 가져야 한다는 의미이기도 하다. 이방인이 한 사회 속으로 들어옴으로 인해 여러 가지 질문이 제기되어질 수 있다. 혹자는 이민자들로 인해 경제적 부담과 범죄 발생율의 증가로 사회적 결속이 약화되는 상황을 우려한다. 이는 인종차별과 다문화주의 논쟁을 초래한다. 또 다른 이들은 이민자 유입으로 인해 수준 높은 기술과 지식이 국내에 유입되고 이로 인해 긍정적인 영향이 전파될 수 있다고 본다. 이들은 오히려 한 사회의 생산력을 높이고 노동과 소비 인구 부족을 해결해주는 기여 측면에 주목한다. 하지만 이와 같은 이민자 유입에 대한 긍정적·부정적 기능에 관한 견해를 넘어 정치적이고 도덕적인 당면 문제로서 이민자 문제를 검토하고 이에 대한 해결방안을 제시할 필요성이 있다.

로빈 윌슨Robin Wilson은 유럽의 문화다양성과 도전에 관한 그의 책을 통해 이런 맥락에서 난민과 이주민의 문제를 다루고 있다. 먼저 그는 유럽의 난민 위기를 기존의 동화주의와 다문화주의적 관점에서 해결하려는 노력은 모두 실패했다고 주장한다(Robin Wilson 2018, 36-37). 이에 대한 대안으로 그가 제안하는 것은 상호문화주의적 관점이다. 상호문화주의는 (인간) 정체성의 복잡성과 배타적이지 않은 본성에 주목한다. 동시에 나와 타자 간의 새로운 관계를 설정하고 이를 통해 다른 개인을 인정해야 한다는 관점이다. 이런 점에서 상호문화주의는 세계시민주의와도 통하는 측면이 있다. 세계시민주의적 유럽은 더 이상 타자를 반대하고 타자에 대항하지 않는 프로젝트이다. 그렇기 때문에 오히려 인간의 존엄성을 명분으로 한 타자들 간의 연대가 가능하다.

오늘날 우리는 역사상 유례없이 확산된 세계화 시대를 살아가고 있다. 이러한 시대에 '세계시민으로 살아가라'는 구호는 어찌 보면 뻔해 보이지만 실제로는 꽤 적실한 표현이기도 하다. 유엔이나 유네스코 같은 국제기구들도 글로벌 시민교육의 중요성을 강조하고 있으며 구체적인 목표와 방안들을 마련하고 있다. 하지만 빈번히 사용되는 '세계시민'이라는 용어는 합의된 정의도 부재할 뿐만 아니라 그 실체도 명료하지 않다는 비판을 받는다. 이로 인해 혹자들은 '세계시민'이라는 용어를 사실상 추상적인 구호 이상의 의미를 찾기 어려운 것으로 치부하기도 한다. 따라서 세계시민주의가 갖는 추상성에서 벗어나 실체로서 이를 설명할 필요가 있다.

이는 유럽 차원에서 세계시민주의의 덕목들이 어떻게 실행되고 있는지를 밝힘으로써 일부 설명 가능하다. 유럽연합은 그동안 시장통합의 기능적 측면에 초점이 맞춰져 왔다. 이러한 문제들로 압박받고 있는 통합의 문제들을 해결하기 위한 범유럽 기구로는 유럽연합 밖의 유럽평의회를 주목해봐야 한다. 특히 제2차 세계대전의 여파에서 공격적인 민족주의, 인종주의, 외국인 혐오증의 재발을 막기 위해 유럽평의회는 다양한 활동을 통해 규범적 토대를 쌓아왔다. 경제 통합을 위한 거버넌스 구축 과정에서 야기된 불안정하고 소외되고 배제된 집단에 대한 포용의 필요성은 유럽평의회가 이 영역에서 적극적인 활동을 하게 한 측면이 있다.

상호문화주의와 세계시민주의의 관점에서 실천을 엿볼 수 있는 대표적인 유럽 차원의 기구 역시 유럽평의회일 것이다. 유럽평의회는 그동안 범유럽적 차원에서 문화다양성 관리를 위한 새로운 패러다임을 제시하고 기여해 왔다. 나아가 유럽연합 차원의 상호문화도시 프로그램 Intercultural Cities Programs을 통해 유럽인들이 상호의 문화를 열린 태도로 접하고, 배타적인 방식이 아닌 포용적인 방식으로 받아들이게 되는 기회를 제공한다.

이는 다문화사회의 현실적 토대가 되는 도시 공간의 문제에 초점을 맞추어 문화다양성의 도전 과제들에 대한 해결책을 모색하고자 했다는 데 의의가 있다. 특히 유럽평의회가 2008년 문화다양성에 관한 백서를 발간한 것은 처음으로 성문화된 상호문화intercultural 통합의 새로운 패러다임의 출현이라고도 할 수 있다. 유럽평의회의 아이디어들은 다양한 문화적 배경을 가진 사람들이 서로 섞여 교류하며 생산적이고 창조적으로 상호소통할 수 있는 공간을 만들어 그들의 실천적 역량을 끌어내는 '상호문화적 전략'으로 발전할 수 있음을 강조한다. 특히 인권, 민주주의와 법치의 보편적인 개념들을 문화 간 통합의 기초로 삼으면서 인간이 자신의 문화를 선택하는 것은 자유이며 이것이 인권의 중심축임을 피력하고 있다.

한편 칸트Kant는 세계시민주의를 통해 인류적 연대에 기초한 새로운 탈영토적·전지구적 시민성에 대한 이론적 모색을 이루어냈다. 그는 인간 개개인이 인류 보편적 국가의 시민이라는 세계시민주의적 시각으로 세계를 국가들의 연방으로 재편함으로써 영구적 평화가 가능하다고 보았다.[10] 이는 이방인이 다른 국가의 영토에서 적대적으로 취급받지 않을

---

10 한편으로 칸트가 이방인, 이주민을 대하는 태도로 정치적 도덕률의 관점에서 제시한 '환

수 있는 권리를 보장함으로써 지구상의 모든 인간이 보편적 공동체에 속하게 하는 것이다. 세계시민주의의 기초는 모든 인간이 이성과 인간성을 소유하고 있다는 점에서 평등하고 하나의 보편적 공동체의 구성원이라는 점에서 위계적이지 않다. 인간의 도덕적 의무의 대상은 우연적이고 특수한 조직이 아니라 인류 전체이다(David Held 2005, 10). 세계시민주의가 추구하는 시민성은 바로 이러한 도덕적 의무를 실천하는 것이라 볼 수 있다. 이런 점에서 원치 않는 이유로 고향을 떠난 비자발적인 이민자들에게 인도주의적 차원에서 연대의식을 가져야 하는 당위를 찾을 수 있다. 이들에 대한 차별과 멸시는 민족주의nationalism의 폐해에 근거한 것이며 철폐되어야 한다. 이민자들에 대한 논란에는 배제와 포용, 멸시와 환대의 권력 작용이 개입되어 있으며, 그와 같은 이유로 정치적인 접근이 필요하다.

그동안 유럽에서 이민자와 문화다양성 문제를 다루어 온 두 가지 가지인 동화주의와 다문화주의는 이와는 다르다. 본질적으로 동화주의는 문화적 배경과 상관없이 사회의 모든 개별 구성원들이 소속되고 따라야 할 일련의 국가적 '가치'를 강조한다. 이와 대조적으로 다문화주의는 다양한 '공동체'로 구성된 각 민족사회를 가정하고 복수의 문화에 대한 동등한 인정을 강조한다. 따라서 상호문화주의와 대비해보면 다문화주의는 집단의 정체성이 개인의 정체성에 앞선다는 특징을 지닌다. 즉 특정한 집단은 동일시되거나 범주화되는 것이다. 반면 상호문화적 접근에서

대'의 태도가 필요하다는 데에는 공감하지만, 최근 목격되는 이주민 논쟁을 둘러싼 급진 정치세력에 대한 지지율 증가와 신국가주의의 부활, 다문화주의의 갈등, 지역주의의 확산 등은 세계시민주의가 당위적 측면에서만 주장되기에는 일부 한계가 있어 보인다. Immanuel Kant, "Perpetual Peace", H.Reisee, ed. *Kant's Political Writings*, trans. by H.H.Nisbet (Cambridge, Cambridge University Press, 1970), p.99.

중요한 것은 '타인'이지 그가 소속된 '집단이나 문화'가 아니다.

실제로 그동안 유럽에서 일련의 폭력적인 인종 및 민족 간 갈등에 대해서는 상기한 두 가지 모델 중 어느 모델도 실질적인 해결책이 되지 못했으며 설명력도 부족했다. 따라서 문화다양성에 접근하는 이와 같은 기존 패러다임이 자아와 타자 사이의 관계를 개념화한 방식에서 드러난 결함들을 파악하고 분노의 폭발이 왜 국가마다 상이한 특정 형태로 분출되는지에 관한 이해가 필요하다.

앞서 논의한 도전 과제들을 범 유럽적 대화로 해결하려면 유럽이 '환대' 정신을 받아들여야 한다. 이와 같은 도덕적 의무를 지킴으로 인해 유럽연합 차원의 이주민 통합 문제를 원만히 해결할 수 있는 단초가 될 수 있을 것이다. 그동안 유럽연합은 초국가적 기구를 수립하고 선거로 선출된 시민들의 대표들보다는 전문기술관료들에 의해 운영되어왔고 그 결과 유럽은 '기업가들의 유럽'이 되었지 진정한 '시민들의 유럽'이 되지 못했다는 비판을 받기도 한다. 따라서 문화다양성을 다루는 유럽연합 차원의 프로그램들이 실질적으로 소외된 자와 경계인들에 대해 얼마만큼의 정서적 공유를 가능하게 할지는 지켜봐야 한다.

나가며

이 영화는 서로 다른 문화집단이 일정한 규범적 원칙을 가지고 평등하게 공존하는 다문화주의 논의의 필요성을 깨우쳐준다. 다문화주의는 본질적으로 상대주의적 담론이다. 다문화주의적 관점에서 개인은 특정 문화 공동체에서 태어난 것으로 간주되어야 하고 따라서 정부와 다수 시민은 문화적 소수를 인정하고 이들을 존중하며 이들의 필요를 수용해야 한다.

그러나 이것은 동시에 각 개인의 문화 공동체와의 친밀도와는 상관없이 소수의 개별 구성원에게 특정 정체성을 부여한다. 이는 개별 정체성에 대한 몰인정을 초래하며 인권에 기반한 연대 형성에 장애가 될 수 있다. 반면 인간 존엄성을 토대로 상호적 대화와 자기성찰적인 태도로 각 개인에 대한 공적 영역에서의 공정한 대우가 이루어진다면 사회적 신뢰가 증대되고 이를 통해 범유럽적인 통합과 포용의 가능성이 열릴 수도 있을 것이다.

프랑스를 포함한 서구 사회에서 일어나는 대규모 소요사태는 대부분 문화적 갈등을 중심으로 일어난다. 문화적 갈등이 발생할 때 각국 정부는 그 사회에서 역사적으로 형성된 나름의 원칙을 갖고 문화적 소수의 주장에 대응하거나 다수와 소수 사이의 갈등에 개입한다. 그러나 민족적 소수집단과 문화인종적 소수집단, 그리고 원주민 등으로 나누어지는 다양한 소수집단의 서로 다른 요구는 사회 통합의 문제에 대한 국가의 대응을 어렵게 만든다.

레쥬 리 감독이 영화를 통해 전달하고자 하는 메시지에 주목해야 하는 이유는 이 문제가 비단 프랑스와 유럽만의 일이 아니라는 점에 있다. 예멘에서 제주로 들어온 500명의 난민에 대한 대처 문제가 논란이 되었을 때도 그들의 한국 사회 적응에 대한 환대적 시각보다는 부정적인 우려의 목소리가 높았던 게 사실이다. 또한 동남아시아 등에서 들어온 외국인 노동자의 수가 100만 명을 넘은 시점에 그들이 무엇을 원하고, 우리는 무엇을 생각해봐야 하는지에 대한 논의는 여전히 부족하다. 이들은 이미 지역사회에서 일정 기간 이상 거주하며 나름대로 경제적·문화적 기반을 형성했다. 이를 감안한다면 프랑스와 같이 이민 2,3세대가 사회적 진출을 시도하는 특정 시점에 그들의 불만이 표출될 가능성은 다분히 존재한다고 예상해볼 수 있다. 프랑스의 소요사태는 그들만의 문제가 아니라 어쩌면 머지않은 미래에 맞닥뜨릴 우리의 문제이기도 하다.

영화가 보여주듯이 인종주의적 차별과 배제가 존재하고 있는 상황에서 문화적 정체성의 표현이 억압받게 되면 소수집단에게는 최악의 상황이 될 수도 있다. 집단이 아닌 인간으로서의 개인에 대한 존중과 공정한 대우가 절대적으로 필요하다. 올바른 민주주의 사회는 다수와 소수를 묶어주는 사회적 연대를 전제해야 한다.

"세상에는 나쁜 풀도, 나쁜 사람도 없소. 다만 나쁜 농부가 있을 뿐이오"라는 빅토르 위고의 〈레 미제라블〉 속 한 구절을 인용해 영화는 끝을 맺는다. 인종차별과 가난, 폭력이 가득한 파리 빈민가의 일상을 보여주는 이 영화는 현재도 폭발 중인 프랑스의 실업과 인종문제라는 현실과 정면대결하듯 힘이 있다.

참고문헌

- 고주현, 이무성. 2012. "EU 사회정책: 사회통합을 위한 거버넌스 및 정체성 구축." 『유럽연구』 30권 3호.
- 김남국. 2010. "다문화의 도전과 사회통합: 영국, 프랑스, 미국 비교 연구." 『유럽연구』 28권 3호.
- 홍태영. 2005. "국민국가의 '민족주의'에서 유럽의 '문화적' 인종주의로: 2005년 가을 프랑스 소요사태를 보면서." 『진보평론』 26권.
- 레쥬 리 감독의 〈레 미제라블〉에 대한 IndieWire와의 인터뷰(www.indiewire.com)
- "Les émeutes de 2005 : ≪ On a passé six nuits blanches à faire rentrer les jeunes"https://www.lemonde.fr/banlieues/article/2015/10/26/les-emeutes-de-2005-racontees-par-quatre-temoins_4797063_1653530.html)
- 프랑스 실업률 (https://data.oecd.org/unemp/unemployment-rate.htm)

- "프랑스서 이민자 소요 재연 우려. 긴장"(https://www.khan.co.kr/world/world-general/article/20090811074406A/?cp)

- "프랑스 아랍계 소요 … 이민자 폭동 또 불붙나"(https://www.hani.co.kr/arti/international/europe/430914.html)

- "프랑스도 경찰의 흑인 과잉진압 사망논란 재점화 … 시위 이어져"(https://www.yna.co.kr/view/AKR20200603004200081)

- Bernard. P. 1993. "L'immigration" (Paris: Le Monde-Editions)

- Held, David. 2005. "Principles of Cosmopolotan Order," in Gillian Brock and Harry Brighouse, eds. *The Political Philosophy of Cosmopolitanism* (Cambridge: Cambridge University Press).

- Kant, Immanuel. 1970. "Perpetual Peace," in H.Reisee, ed. *Kant's Political Writings*, trans. by H.H.Nisbet (Cambridge: Cambridge University Press).

- Wilson, Robin. 2018. *Meeting the Challenge of Cultural Diversity in Europe: Moving Beyond the Crisis* (Northampton: Edward Elgar Publishing).

영국의 이주민 문제와 유럽통합:
인종주의와 극우정당
〈디스 이즈 잉글랜드This is England〉(2006, 영국)

김새미

들어가며
/

셰인 메도우스Shane Meadows가 감독한 영화〈디스 이즈 잉글랜드This is England〉(2006)는 영국 대처Margaret Thatcher 총리 시기 스킨헤드 극우 청년들이 어떻게 형성되는지 보여준다. 감독은 자신의 경험에 비추어 국가권력에 대한 실망감이 어떻게 왜곡된 애국주의로 변질되어 나타나는지 비판적인 시각으로 바라본다.

영화는 열두 살 초등학생 숀Shaun을 통해서 그려내고 있다. 숀은 친구들에게는 유행 지난 나팔바지를 입는다고 놀림을 받는 소외된 소년이다. 포클랜드전쟁으로 아버지를 잃고 경제적으로는 어렵고 어머니 혼자 숀을 돌보기가 쉽지 않다. 침울하게 일상을 보내던 숀은 스킨헤드족을 이끄는 우디Woody와 어울리면서 가족과 같은 유대감을 느끼고 안정감을 찾게 된다. 그러던 중 다른 스킨헤드족인 콤보Combo를 만나게 되면서 정체성의 혼란을 겪게 되는데, 콤보의 폭력적이며 인종주의 성향이 무엇을 말하는지 되돌아보는 숀의 성장영화이다.

흥미로운 점은 외면이 생소하고 특이한 스킨헤드족을 그려내는 방식이다. 경제적으로 하층민일지 몰라도 따뜻한 우디와 자메이카계 이주노동자 집안이지만 부족할 게 없는 환경에 놓인 밀키Milky, 반면 우울과 외로움, 사회에 대한 분노가 해소되지 못한 채 국가주의와 맞닿으면서 극우성향의 민족주의자로 변해가는 콤보를 대조적으로 묘사한다. 그러면서도 우익 민족주의에 경도된 스킨헤드족 콤보의 입장도 설명하고 있다. 단순히 '나쁘고 악한 놈'으로 규정하기보다는 사회의 안전망에서 벗어난 듯한 이들이 정서적으로 위안을 받지 못할 때, 마치 이단 종교에 빠지듯 민족주의자들의 모임에 빠져들게 된다는 것이다. 어려움에 처한 이들이 어떻게 극우 민족주의자가 되는지 배경과 맥락을 이야기한다.

영화에서는 대처 총리와 전쟁 장면을 반복적으로 대립하여 보여주는데, 전쟁을 진행하면서도 복지예산을 삭감하는 대처의 정책은 노동자들의 상황을 무시하듯 비쳐진다. 때문에 백인 노동자들은 자신들이 일자리를 잃어가는 상황 속에서 파키스탄인들이 자신의 일자리를 대체한다고 탓하며 동요한다. 단순하지만 편협한 논리는 사실 여부를 따지지 않고 설득력 있게 그들의 무리 속에서 확산한다. 이처럼 영화는 1980년대 백인 노동자 계층의 분노를 반영하면서 극우적인 스킨헤드족들의 이데올로기와 영국의 국가주의가 어떻게 상통하고 있는지 극명하게 보여준다. 1980년대 초반의 영국을 배경으로 한 〈디스 이즈 잉글랜드〉는 2006년 영화이지만 현재에도 여러 면에서 시사점을 준다. 사실 여부와 관계없이 '이주민을 내몰아야 한다', '우리의 일자리를 구하자' 등의 주장slogan이 대중들에게 파고드는데, 이면에 숨겨진 가치가 과거와 동일하다. 특히 1980년대의 상황은 영국의 브렉시트Brexit 논의 배경에서 나온 주장들과 맥락이 닮아 있다.

본 글에서는 먼저 영화의 배경이 되는 대처 시기 영국의 정치문화와 사회적 배경을 이해하고 어떻게 이주민과 극우적 특성이 연결되는지 접합점을 찾아보고자 한다. 이러한 작동구조가 이후에도 전개되었는지 영국과 유럽통합의 관점에서 살펴볼 것이다. 따라서 영국이 통합에 갖는 기본 기조와 철학을 고찰하고, 2016년 6월 브렉시트 찬반 국민투표로 영국에서 유럽연합 탈퇴를 결정하기 전까지 배경을 영국독립당UKIP이 내세운 주장을 점검해보며 브렉시트에 대해 생각해 보고자 한다.

하위문화로서 스킨헤드 문화

영화 속에서 스킨헤드 문화skin head sub-culture는 당시의 특징을 상징적으로 보여준다. 하위문화는 주류문화와 대조되는 비주류 집단의 문화 혹은 주변화된 것으로 하층 노동자의 계급적 위치를 나타내거나 대항문화로서 지배문화에 순응하지 않는 저항문화의 단면으로서 은유되기도 하며, 지배집단의 문화적 통제를 강화하는 일환으로서 하나의 일탈로 규정하기도 한다. 스킨헤드 문화는 이들이 복합적으로 섞여 나타났다고 볼 수 있다. 스킨헤드라는 명칭은 그들의 짧은 헤어스타일에서 나왔는데 저소득 노동자들이 자주 머리를 관리하기 어렵고 공장 기계에 머리카락이 끼이는 걸 방지하기 위해 짧게 잘랐던 헤어스타일에서 비롯됐다. 짧은 앞머리와 긴 옆머리, 반삭으로 처리한 뒷머리를 특징으로 하는 첼시 컷과 빡빡 깎은 민머리와 벤 셔먼Ben Sherman 셔츠, 리바이스Levi's·리Lee·랭글러Wrangler 청바지와 닥터 마틴Dr. Martens 부츠 등 고된 노동에 적합한 특유의 노동자 문화가 담겨 있으며, 항공재킷을 입고 벨트 대신 브레이스(멜빵)으로 남성성을 강조하기도 한다.

[그림 7-1] 스킨헤드

스킨헤드 문화의 기원은 1960년대 말 영국에 유입된 자메이카계 흑인 노동자 문화와 백인 노동자 계층의 젊은이 문화가 합쳐진 모습에서 비롯된다. 1960년대 자메이카에는 당시 사회에 불만이 가득했던 젊은이들이 미국의 재즈와 솔soul 아티스트들의 영향을 받아 타이트한 정장과 가느다란 넥타이, 모자를 착용한 모습으로 거리문화인 '루드 보이Rude boy'를 형성하고 있었는데, 이러한 문화가 이주노동자와 함께 영국으로 도입됐고, 당시 영국 젊은 노동자들 사이에서 유행하던 양복을 입고 고급문화를 적극적으로 향유하려던 '모드Mod'족이 결합하여 섞인 모습에서 유래했다. 이들은 당시 노동자라는 공통분모 속에서 함께 어울렸으며 인종차별이나 정치적인 색채는 없었다고 한다. 이런 점에서 시대의 흐름에 따라 스킨헤드가 민족주의적 이미지를 강하게 풍기게 되었지만, 본래는 노동자 문화의 정체성을 드러내는 동시에 1960년대 히피들의 문화와 대비되며 노동을 중요시하는 그들의 자부심이 돋보이는 문화라고 볼 수 있다.

1960년대까지만 해도 많은 노동력이 필요했고 인도와 파키스탄계 노동자들이 유입되는 점에 대해서 사회적으로 크게 문제가 되지 않았다.

그러나 1970년대 경제가 어려워지며 공장이 폐쇄되고 기존의 일자리가 줄어들면서 이주노동자들에 대한 시선이 변화하게 된다. 기존의 노동자라는 공감대는 무너지고, 이주노동자들에 대해 민족주의적·인종차별적 문화가 나타나게 되는데, 노동자 문화의 한 축을 담당했던 스킨헤드도 결을 같이하며 동조하게 된다.

영화에서 이러한 하위문화 코드를 풀어내는 것만으로도 재밌는 해석이 가능하다. 그들의 패션문화에서 보여주듯 스킨헤드족 리더인 우디와 자메이카 출신 밀키가 보여주는 스킨헤드는 노동자 출신의 정체성이다. 청바지와 부츠는 노동에 적합한 노동을 상징하는 패션으로 1960년대 루드족과 모드족이 어울릴 때처럼 하층계급의 노동자라는 공통 요소를 공유했을 뿐 상호유대를 지닌 관계이다. 대립된 각으로 보여주는 콤보는 남성성을 더 강조한 스킨헤드의 모습으로 인종주의 성격을 드러낸다. 물론 이주자들에게 적대적인 모습이 이전부터 존재하기는 했지만, 사회운동처럼 번지게 된 영국 사회의 변화는 무엇이었는지 살펴보자.

영국병과 대처 집권 1기

1950년대 중반 이후 침체기를 맞이한 영국의 경제 상황은 좀처럼 나아질 기미가 보이지 않았다. 쇠퇴기로 접어든 영국 산업은 다른 서유럽 국가는 물론 영연방 국가보다도 쇠약하기 시작했다. 1970년대 들어와서 영국은 재정적자와 실업자는 증가하고 성장률은 떨어지는 경제적 악순환에 처하는데, 노동자들의 잦은 파업과 과도한 복지, 이로 인한 재정악화 현상을 영국병English Disease이라고 칭한다. 특히 1978년 영국은 '불만의 겨울Winter of Discontent'이라고 불릴 만큼 사회적으로 불안정했다.

당시 캘러헌Lonard James Callaghan 노동당 정부가 집권 중이었는데, 정부의 미약한 정책 관리 능력을 빗댄 말이었다. 물가는 치솟는데 실업률도 높은 극심한 최악의 경제 상황이 발생했고, 공공부문에서 파업이 일어나기 시작해 일상이 마비되었다. 곳곳에 방치된 쓰레기로 길거리는 악취가 진동했고, 병원 종사자조차 시체를 방기할 정도로 많은 노인들이 희생되는 상황이라고 당시 사회상을 묘사했다. 1979년은 총선을 앞두고 있었는데, 보수당에서는 당시 집권당인 노동당 정부를 맹렬히 비난했다. 실업 사무소에 길게 늘어선 줄을 빗대며 변화를 촉구하는 선거 광고 포스터Labour isn`t working는 현재까지도 성공한 선거 캠페인 문구로 평가받는다. 결국 보수당은 43.9퍼센트의 득표율로 승리했고 1979년 대처 정부로 정권이 이양됐다.

대처는 보수당이 자유시장경제 원칙을 두고 변화를 감행해야 한다는 개혁 세력으로 이전 보수당이 지니고 있던 유연한 정책을 과감히 버리고 시장과 노동영역에서 대대적인 변화를 감행했다. 노동당 정부가 고수했던 국유화 정책을 포기하고 민영화했으며 규제를 완화하고 경쟁을 촉진했다. 노조를 무력화시키는 대규모 구조조정을 감행했는데, 노동개혁을 진행하면서도 복지정책을 과감히 축소하는 등 민간의 자율적인 경제활동을 중시하는 경제정책을 시행했다. 그러나 집권 초기 통화량 조절을 위한 이자율 정책은 산업 악화와 실업을 높이는 결과를 낳았고 물가상승과 실업률이 증가했지만, 국민총생산은 낮아지는 등 영국민들이 체감할 정도로 경제가 개선되지 않았다. 이러한 연유로 대처 집권 초기에는 여러 문제점이 발생했고 지지율도 불안정했다.

특히 대처가 시행한 정책들은 영국 사회에 커다란 후유증을 낳고 있었다. 경제적 불평등은 심화됐지만 복지가 축소되면서 여러 문제가 발생했다. 이를테면 다른 서유럽 국가들과 비교해 기본 교육 혜택이 낮아지면서 열악한 교육환경에 대한 불만이 고조되고 있었는데, 지역 쇠락과 맞물려 폭동을 야기하기도 했다. 철강과 석탄과 같은 제조업이 몰락하면서 산업혁명의 중심이었던 철강과 석탄을 주로 생산하던 중서부·북부 지역은 유럽연합의 재난지원금을 받을 정도로 극빈 지역으로 분류되었지만, 중앙정부에서는 이를 대비하는 모습을 보이지 않았다. 이러한 상황에서 산업침체에 대한 불안감이 노동자들의 반발심으로 표출되었다고 볼 수 있다. 이처럼 지역이 쇠락하면서 공동체의식도 붕괴하고 안전을 확보하지 못해 범죄자가 증가하였고 빈부 격차도 가중되면서 노동 계층을 중심으로 반발이 매우 거세게 나타났다.

포클랜드전쟁과 대처 집권 2기

이러한 상황 속에서 대처는 어떻게 재집권을 하게 되었을까? 이는 영화 속 주요한 배경이 되는 포클랜드전쟁Falkland War과 관계가 있다. 주인공 숀의 아버지가 전사하게 된 포클랜드전쟁은 영국과 아르헨티나의 영토 소유권 전쟁이다. 아르헨티나 인근의 영국령 포클랜드는 1800년대 스페인으로부터 독립하면서 아르헨티나가 포클랜드 지역에 대한 영유권을 회수했다고 주장하며 이전부터 영국과 영토 분쟁이 있던 곳이다. 그러나 대다수 영국 국민들은 아르헨티나 침공 전까지 포클랜드 섬의 존재를 알지 못했다. 아르헨티나가 군사정부를 수립하면서 대내 여론이 악화되었고, 오일쇼크로 인해 아르헨티나의 경제도 침체되면서 대내 상황을 타계하고자 했고, 반면 영국도 경제침체와 사회적 문제들을 해소하고자 정치적으로 민족주의 감정을 자극해 영국의 지배권을 회복해야 한다는 결의가 대중적으로 자리 잡으면서 영국이 섬을 탈환해야 한다는 요구가 증가

[그림 7-2] 포클랜드 영국군 묘지

했다. 결국 양측의 내부적 요인에 의해서 갈등이 증폭되어 전쟁이 야기
되었다.

전쟁의 결과는 영국이 미국을 비롯한 다수의 국제정치적 위치를 선
점하면서 전쟁에서 승리하게 되었고 여러 대내외적인 상황 속에서 위축
되어 있던 영국민들에게 자부심과 명예를 회복시키는 결과를 낳았다. 국
제적으로는 먼로독트린 이후 소원했던 미국과의 관계를 개선하고 회복
시키는 계기가 되었으며, 국내적으로는 당시 열세로 위축되었던 보수당
의 위세를 되찾으며 1983년 대처가 재선에 성공하는 결정적인 배경으로
작용했다고 평가받는다.

집권에 성공한 대처 정부는 낙후된 탄광들을 폐쇄했고, 노조는 이에
반발하여 총파업을 1년 이상 감행했지만, 1985년에 결국 정부에 굴복했
다. 이로써 노동자들의 삶은 더욱 궁핍해졌는데, 당시를 소재로 하는 영
화작품들을 통해 분위기를 이해할 수 있다. 요크서를 배경으로 하는 영
화 〈풀 몬티The Full Monty〉(1997)는 먹고살기 위해 스트립쇼를 감행하는
철강 노동자를 코믹하게 그려냈고, 폐광으로 광산 밴드부의 마지막 공연

을 그린 〈브래스트 오프Brassed Off〉(1997), 가장 최근 영화인 〈빌리 엘리어트Billy Eliot〉(2007)[11]는 탄광 노동자들의 파업시위, 대량실직을 맞이한 마을 풍광을 배경으로 광부 아들인 빌리가 발레를 시작하며 일어난 성장영화로 해당 영화들은 당시 영국 북부 사회와 노동자들의 삶이 어떠했는지를 묘사한다.

대처리즘의 의미와 정치문화

국가적 관점에서는 영국이 변화가 필요했던 시기라고 평가받지만, 많은 영국민이 경제불황 속에 어려움을 겪고 양극화로 빈곤층이 증대하였는데 대처는 어떻게 재집권에 성공해서 1979년부터 1990년까지 세 번의 선거에서 승리할 수 있었을까? 이를 위해서는 대처리즘Thatcherism이 갖는 의미에 대해서 살펴볼 필요가 있다. 대처리즘은 대처 시기 경제정책을 포함한 영국의 경제 회생을 위한 일련의 정책들을 가리키는 것으로, 이전 노동당에서 보수당으로의 단순한 정권교체의 가치가 아닌 사회 전체를 재구조화하는 사회변혁에 가까운 전환을 이뤄냈다는 점에서 함의가 있다.

2차 세계대전 이후, 영국은 보수당과 노동당 간 합의가 이뤄져 온 '케인스주의 복지국가모델'을 추구했다. 케인스주의 경제정책에서는 완전고용과 수요정책이 중심이기 때문에 국가가 정책에 개입하는 것이 합리적이었고, 정부·고용주·노동조합에 의한 조합주의corporatism적인 성격

---

11 시나리오 작가 홀(Lee Hall)은 영국 북부 출신으로 가족이 광산 파업 투쟁에 참여했다고 하며, 영화 는 영국 북부 더럼(Durham)주에서 지원을 받았다.

이 있으므로 노동조합의 영향력이 강하게 작동했다. 그러나 대처는 앞선 세 번의 정권들이 모두 노동조합 파업에서 영향을 받아 정권이 교체되었다고 여겼기 때문에 이러한 노동계의 정치세력화를 종식해야 한다고 생각했고, 이는 경제적으로 규제받지 않는 시장을 지향하는 철학과 맞물려 강력한 신자유주의 정책으로 발현됐다.

신자유주의 경제정책은 인플레 억제와 공급 우선 정책에서 탈규제와 민영화로 재편하였다. 시장의 자율성 회복을 최우선적인 가치로 간주하여 시장에 대한 국가의 개입을 축소하여 각종 규제 철폐를 단행했고, 국영기업과 공기업들을 민영화하고 지방자치단체 소유의 영토와 건물을 개인에게 매각하였다. 그러나 경제적으로는 국가개입을 최소화하면서도 시장질서를 회복하기 위해서 강력한 정부가 요구되기도 하는 양면성을 보였다. 첫 번째는 영국 정치문화에서 노동조합과의 조정이 일종의 전통으로 수용되었다면, 고용법과 노동조합법을 개정하여 참여를 제한시키고, 노사협력 기구였던 국가기업이사회와 가격위원회를 해체함으로써 노동조합의 영향력을 약화시켰다. 일례로 파업 결정이나 노조 간부 선출에 비밀투표를 의무화하였고 노조 재산을 압류할 수 있는 권한을 정부에 부여하는 등 노조의 단체행동을 크게 제약하였다. 두 번째는 지방정부의 기능과 권한을 약화시켰고 결과적으로 중앙정부의 권한이 강화되는 결과를 낳았다. 반면, 첨단산업, 금융업과 서비스업 등의 업종이 중요하게 부각되면서 기존 제조업 중심의 북부지역과 중부지역은 크게 낙후되었지만 이에 대한 정부의 대응이 소홀했기 때문에 북부지역과 남부지역의 사회·경제적 격차는 극심해지게 되었다. 이처럼 궁극적으로 국가가 차지하는 비중을 강조했다고 볼 수 있다.

이러한 정책 기조는 사회의 많은 부분에 영향을 끼쳤는데, 민생 복지를 과감히 삭감한 점이 영국민들에게 직접적인 피해로 체감됐다. 대처 정부는 이전 노동당의 복지정책이 과다하다고 판단하고 복지 예산과 정부지출을 대폭 삭감하면서 기존의 정치와는 다른 행보를 걸었는데, 경제적 불평등을 완화하거나 소득 재분배 정책을 취하지 않았다. 이러한 반발 속에서도 집권을 지속할 수 있었던 점을 홀Stuart Hall은 기존 정치문화를 변화시켰기 때문이라고 지적한다.

대처가 내세운 철학은 19세기 빅토리아 시대 주요 가치였던 자유방임과 근면, 개인의 능력을 중요시하고 이를 위한 법과 질서의 확립이다. 전후 국가를 중심으로 형성된 복지와 국가개입이 당연시된 케인스식 국가관은 영국민들이 의존적 문화를 만연하게 했다는 점에서 대처는 개인의 독립과 자조의 가치관을 강조함으로써 자신의 노력과 능력에 상응하는 보상을 받고 자신의 이익을 추구하는 태도가 바람직하고 긍정적이라는 사회적 분위기를 끌어내고자 했다.

홀은 대처가 내세운 정치문화가 종래의 우파처럼 전통에 집착하는 보수주의가 아니라 '유지되려면 개혁해야 하고 지속되려면 혁명적으로 변화해야 한다는 철학을 적극적으로 지지하는 자기혁신적 정치세력의 프로젝트'라고 보았다(지주형 2008; 스튜어트 홀 2009). 이전 케인스 정부에서 시행했던 노동과 자본 간 대타협을 토대로 하는 정치문화를 뒤집는 것으로 사실상 복지국가를 기반으로 하는 문화를 해체하고 소유·개인주의적인 신자유주의적 사회로 재구조화하는 새로운 종류의 대중적 상식을 만들어냈다고 평가했다. 어떤 사회 구성체를 진정으로 지배하고 재구조화하기 위해서는 경제적 지배와 더불어 정치적·도덕적·지적 리더십이 포용되어야 한다는 깨달음을 바탕으로 구성한 것이다. 따라서 시민사회에 문화적 이데올로기를 감행했고 빅토리아 시대 부르주아적·가부장적 전통주의적 가치 강조와 더불어 진보적인 이미지의 신자유주의적 근대선진화 프로젝트를 추진했다.

이러한 보수주의와 신자유주의 결합은 국가를 계급과 노조에 대립되는 개념으로 부각시키며 대중적 호소력을 확보하는 데 일조했고, 이를 국민담론으로 구사하여 권위주의적 포퓰리즘으로 등극시켰다. 소위 "영국인답게 되는 것"이란 어구는 대중적 지지를 얻는 상용어구이자 구속력 있는 도덕주의 언어로서 대중에게 경쟁과 성공, 회복, 엄격한 지출과 건전한 재정과 같은 신자유주의적 교의를 설파하는 수단으로 사용되었다. 또한 새롭게 제시되는 사회적 규율과 제약은 영국 전통주의의 가치를 지키기 위한 방안이자 단호한 리더십으로 변형되어 대중들에게 인식되었고, 대중들은 결국 새로운 체제를 수용하게 된 것과 같다. 따라서 홀에 따르면 노동당이 헤게모니적 정치 전략 개념을 인지하지 못했던 데 반해, 대처주의는 전통적 가치로 포장된 권위주의적 규율과 소유적 개인주의(신자유주의)를 전략적으로 추구하면서 이에 대한 대중적 지지를 얻었기 때문에 집권이 유지됐다.

이주민과 극우정당의 관계

1957년 보수당 맥밀란Maurice Harold MacMillan 정부 이후, 당시 노동문제를 해결하기 위해 서인도 제도와 파키스탄 영연방국가로부터 이민 장려 정책을 시행했고, 1960년대까지만 해도 노동자로서의 유대감이 존재했으나 영국경제가 어려워지면서 상황이 바뀌게 된다. 다른 인종, 이주민에 대한 심리적 거부감은 단지 경제적으로 취약한 사람에게만 나타난 건 아니었는데, 대표적인 사례로 1968년 보수당 파웰Enoch Powell 의원의 '피의 강Rivers of Blood' 연설을 들 수 있다. 영연방 이민과 인종 관계 법안을 강력히 비판하면서 "앞날을 예상하면 불길한 느낌이다. 마치 로마

사람들처럼 '티베르강이 피로 물드는 것'을 보게 될 것이다"[12]라고 이야기했다. 이렇듯 당시 영국 사회 내 유색인종 이민자의 증가를 우려하는 시선은 정치 엘리트 계층에서도 나타났는데, 당시 여론조사에서 상당수가 이에 동조하며 이주민 유입을 우려하는 여론은 매우 드세게 나타났다. 1970년대 후반에는 이민자들이 집단화되는 경향을 보여 영국 정부는 이를 통제하고자 1979년 11월 국적법Nationality Act을 만들어 영국 영토에 입국하는 이민자를 제한하고자 했다. 귀화하는 사람들은 반드시 일정 이상의 언어 구사를 필요로 하며, 영국인과 혼인 시에도 3년 이상 거주해야 시민권을 획득할 수 있었다. 이러한 사회적 분위기는 이주민에 대해 호의적이지 않은 면을 방증한다.

특히 대처 시대에 들어 경제가 어려워지고 소외계층이 증가하면서 이주민에 대한 반감이 증가했다. 영화 속에서 이러한 과정이 잘 드러나는데 주인공 숀은 극우주의인 콤보와 어울리며, 인근 파키스탄인 식료품점을 공격하고 극우적 성향의 인종차별적인 행동을 시도한다. 영화에서 낮은 임금의 노동력이 영국으로 유입되어 영국 노동자들의 위치를 형편없게 만든다고 끊임없이 대사로 표현되는데, 이주민들을 "상냥한 '우리'에게서 일자리를 강탈해 간 사람들"로 표현하며, "대처가 우릴 속인 거야. 나를

---

12 당시 파웰의 연설 부분은 다음과 같다. "As I look ahead, I am filled with foreboding. Like the Roman, I seem to see "the River Tiber foaming with much blood". That tragic and intractable phenomenon which we watch with horror on the other side of the Atlantic but which there is interwoven with the history and existence of the States itself, is coming upon us here by our own volition and our own neglect. Indeed, it has all but come. In numerical terms, it will be of American proportions long before the end of the century. Only resolute and urgent action will avert it even now. Whether there will be the public will to demand and obtain that action, I do not know. All I know is that to see, and not to speak, would be the great betrayal." Enoch Powell, 1969, *Freedom and Reality* (Kingswood: Elliot Right Way Books).

속이고 우릴 속이고"라는 식의 대화를 끊임없이 제시하면서 대처 집권 후 어려워진 생활상을 빗댄다. 콤보의 애국심의 과잉과 이주자에 대한 폭력은 교묘하게 영화 속에서 대처 집권과 교차하며 우익 극단주의 스킨헤드족이 되는 과정을 보여줌으로써 광기어린 상황을 설명한다.

여기서 주목할 점은 고립되고 소외된 감정이다. 영화 초반 주인공 숀은 혼자 동네를 돌아다닌다. 잡초가 무성하게 자라난 곳을 이리저리 돌아다니고 바닷가에 쓸쓸히 들어간 모습은 숀의 외로운 감정이 잘 드러난다. 인종주의자로 묘사된 콤보도 자신을 받아주지 않는 사랑의 상처를 자메이카인 친구를 폭력적으로 구타하는 것으로 풀어낸다. 개인의 상처와 어려운 자신의 상황과 맞물리면서 애국주의와 이주민에 대한 적대감으로 이를 풀어내는 것이다. 대처의 경제정책은 개인의 경쟁과 물질주의 성향을 형성했지만, 경쟁에서 밀린 이들에 대한 돌봄이나 소외된 계층에 대한 보호는 배제되는 결과를 초래했다. 이는 경제성장기에는 과거에 비해 풍요로운 살림살이로 기존 제도 안에서 타협과 조정이 이뤄지기 쉬우나 경기 침체기에는 참을성이 분노로 표출되는 관습과 전통을 거부하는 반도덕적 현상이 나타난다는 프리드만Benjamin Freidman (2006)의 주장과 일맥상통한다.

포퓰리즘은 정치적 운동으로 보통 사람들의 이익, 문화적 특징 및 자발적인 감정을 엘리트들의 그것들과 대항하여 강조한다고 립셋Samuel Martin Lipset (1995)은 『민주주의 백과사전Encyclopedia of Democracy』에서 정의했다. 자신들을 정당화하기 위해 주로 집단적 결집, 대중민주주의의 다른 형태들을 통해 다수에 호소하게 되는데, 여기서 견제와 균형, 소수의 이익은 간과된다. 이러한 측면에서 소외된 계층을 자극하여 그들의 이익과 감정을 건드려 대처주의에 대립하여 전개할 수 있다. 이와 같은 맥락에서 문화적 인종주의는 유럽 극우파들의 전유물이 아니며, 일종의 구체적인 권력의 작동방식에 가깝다. 종교·언어·혈통·관습 등 문화적 요소에 기초하여 구분하고 여론을 주도하는 대중주의에 기반하며, 이민자 문제를 정치 쟁점화하여 정치적 입지를 확보하는 기회로 삼는다. 따라서 민족주의적 성향을 공유하며 정체성 훼손과 같은 비경제적 이슈를 강조한다. 법과 질서를 강조하고 기존 정치세력에 대한 반대하는 특성을 보인다. 이러한 모습은 영국 대처주의와 맞물려 이주민에 대한 반발이 극우적 성향으로 확대되는 근거를 제시한다.

영국의 경우, 1950년대 인도, 파키스탄에서 이민자가 대거 유입되며 백인 민족주의를 추구하는 급진주의적 정치운동이 등장하기 시작했고, 1960년대 영국국민당British National Party(BNP), 국민전선National Front (NF), 영국운동the British Movement(BM) 등이 인종주의적 성향을 보이며 극우적 성격의 정치활동을 폈다. 그러나 이들 모두 정당이기보다는 문제를 일으키는 극소수에 불과한 주변적 존재였다. 본격적 정치세력화는 1980년대 이후 대처 시기에 강화됐다. 무엇보다 대처가 추구했던 가치, 특히 보수성은 민족주의 개념으로 확대되어 정체성 문제를 제기하는 단초를 낳았으며, 유럽회의주의 시각과 제노포비아xenophobia 현상이 맞물려 확대 재생산되었다.

뉴먼Janet Newman은 브렉시트 현상도 이와 같은 맥락에서 생각할 수 있는데, 존슨Boris Johnson과 파라지Nigel Farage가 선동해서 일어난 현상으로 설명될 수 없고, 대처 이후의 신자유주의 흐름, 블레어Tony Blair 노동당 시기의 담론, 캐머런David Cameron 보수당의 재집권이 접합되는 국면에서 이주민의 유입과 도시화, 소외 등의 내용에 대해 특정한 방식으로 영국을 규정하는 과정에서 초래한 사건으로 보았다.

영국의 유럽통합 견해: 브렉시트라는 선택

2016년 6월 23일 영국은 국민투표를 통해 유럽연합 탈퇴를 결정했고 양자 합의 끝에 2021년부터 브렉시트가 현실화됐다. 영국이 유럽통합에 참여하지 않기로 선택한 배경으로 여러 논의가 되지만 영국의 대의 민주주의 전통에 저해하는 영국 주권에 대한 훼손과 외국인 혐오와 이민자에 대한 인종주의와 양극화 심화 과정에서 소외당한 계층의 불만이 표출된 점으로 요약된다. 종합해 본다면 영국인 정체성, 유럽 회의주의, 반反이주 정서 등의 종합적 결과겠지만 국민투표 당시 인종차별적 폭력과 외국인 혐오 범죄가 급증했다는 점은 인종차별적 요인이 브렉시트에서 중요한 추동 요인이었음을 시사한다.

본격적 논의에 앞서 영국이 유럽통합에 대해 갖는 기본 입장을 살펴볼 필요가 있다. 영국은 '영국 예외주의British Exceptionalism' 성향으로 유럽통합에 대한 정치적 결속을 위한 참여는 지지하지만, 단일통화정책이나 공동사회정책과 같은 국가의 주권을 양도하는 성격을 지닌 중앙집권적 권한 강화에는 부정적인 견해를 가지고 있었다. 각 시기별로 참여에 대한 태도는 일련의 변화의 모습을 보여왔지만, 이러한 기조가 지속되었다고 볼 수 있다.

유럽이 통합을 시도할 초기 영국은 이전 '해가 지지 않는 나라'의 성격을 여전히 지우지 못하고 있었다. 세계 2차 대전의 승전국으로 전쟁이 마무리되었으므로 미국과 함께 국제질서의 지도자로서 영국의 위상을 공고히 하며, 영연방과의 관계에서 파생된 역사적 특수성을 반영하고자 했다. 따라서 1950년 프랑스 외무장관 쉬망Robert Schuman이 유럽석탄철강공동체European Coal and Steel Community(ECSC) 계획을 발표했을 때, 영국은 이에 참여하지 않았다. 영국이 통합 자체를 반대하는 것은 아니었지만, 영국인들의 주권에 대한 애착과 자부심, 대영제국에 대한 우월감 등이 맞물려 정치 엘리트들은 유럽연합에 가입하게 됨으로써 얻게 되는 이익이 불확실하다고 결론을 내렸다. 당시 영국은 소련에 대해 어떻게 대처할 것인가와 유럽에서 독일의 세력을 어떻게 잠재울 수 있는가에 중점을 두고 있었다. 따라서 처칠은 유럽의 공조와 협력을 공산주의에 대항하고 독일을 견제하는 수단으로 중요시했다. 3개의 교차된 원three circles 개념을 통해 영국은 영연방과 대영제국, 미국, 유럽 사이 교차점 point of junction에 위치한다고 인식하고, 이를 토대로 국제사회에서 역할을 수행하는 대외정책의 근간을 구축했다. 따라서 영국이 추구한 유럽협력은 국가 일부 주권의 양도를 내포하고 있는 통합 개념 초국가적 super-national 성격에 반대하며, 영국의 주권이 존중받는 범위에서 진행되어야 했다.

1950년대 중반 이후, 경제성장이 둔화되고 미국 외교도 다자화하면서 영국은 위기를 맞이했다. 1956년 수에즈 운하 사건으로 영국군은 무력으로 침공한 이집트에서 철수했고 국제질서에서 영국이 차지하는 위상변화를 체감했고, 유럽경제공동체European Economic Community(EEC)의 영향력과 비교되는 상황이었다. 당시 친유럽적 대외정책을 수용하는 상황이 아니었지만 1961년 보수당 맥밀란Harold Macmillan 정부는 EEC 가입을 신청하였다. 그러나 1965년 드골의 공석정책Empty Chair Policy과 영국 내부의 반발로 실질적인 가입은 보수당 히스Edward Heath 정부에 들어서야 합류하게 되었다. 1973년 1월에 EEC 정식 회원국이 되었으나 영국에서는 권력을 이양하는 데 부정적이었고 본래 목적은 공동시장에 참여함으로써 경제성장에 합류하고 싶은 속내가 있었다. 1973년부터 오일 쇼크로 세계 경제가 침체에 접어들어 기대했던 경제적 효과는 미비한데 반해 유럽통합 가입으로 부과된 과도한 분담금과 공동체 정책은 유럽

경제공동체에 대한 회의로 가입이 재논의되던 시기였던 점이 반증한다. 따라서 1974년 총선 공약으로 노동당이 가입조건을 재협상하고 1975년 통합 잔류 여부를 결정하는 첫 번째 국민투표를 시행하게 된다. 이러한 기조는 대처 정부에 들어서 1979년 유럽이사회에서 돈을 돌려달라고 요구할 정도로 유럽통합에 비협조적이었으며, 1980년대 중반까지 유럽공동체의 경제통합 동맹과 사회정책에 반대를 내세웠다.

그러나 역설적이게도 영국의 유럽회의주의적인 기조 속에서도 브렉시트 전까지 세계화 과정에서 유럽통합의 혜택을 가장 많이 받은 나라로 영국이 꼽히기도 한다. 시장통합을 활용하여 런던이 세계적 금융중심지로 부각되었던 점이 대표적 예이다. 1997년 노동당 블레어Tony Blair가 친유럽적 정책을 취했고, 2010년 보수당 캐머런David Cameron이 친유럽주의적 성향이 강한 자유민주당과 연정을 구성하면서 유연한 정책을 구성했다. 다만 2010년 이후, 반이주민 정책을 강하게 내세운 영국독립당UK Independence Party(UKIP)의 정치적 입지가 확대되면서 캐머런 총리는 유럽연합 개혁을 조건으로 내세운 정치적 선택을 하게 된다.

여기서 브렉시트에 영향을 준 영국독립당을 간단하게 살펴보고자 한

[그림 7-3] 브렉시트 풍자

다. 보수당과 노동당의 양당 체제를 100년 넘게 유지해 온 영국에서 2014년 유럽의회 선거에서 극우성향을 특징으로 하는 군소 정당인 영국독립당이 영국에 할당된 유럽의회 의석 73개 중 24개를 차지해 최다 의석을 확보함으로써, 1906년 총선 이래 전국 단위 선거에서 제3당으로서는

처음으로 1위를 차지하게 된다. 영국독립당은 1991년 마스트리트조약 합의에 반대하던 일부 정치인들이 주축이 되어 1993년 9월에 창당되어 경제위기와 이민자 증가로 사회적 긴장이 고조되는 가운데 기존 정치질서에 실망감을 제기하는 여론과 함께 부상했다.

영국독립당은 유럽의회 선거에 1994년부터 참여했지만 실질적인 지지율은 2004년부터 나타났고, 2015년에는 영국 하원까지 진출하게 된다. 영국독립당이 단기간 내에 전국적으로 지지세를 확산할 수 있었던 것은 영국 국민들이 이주민에 대해 갖는 위기감 때문이었다. 블레어는 국가경쟁력을 강화하고자 고숙련 노동자들의 입국 허용을 용이하게 하는 방향으로 이민정책을 개정했고, 저숙련 노동자인 동유럽 노동이민과 영연방 청년노동자의 유입 규모를 확대했다. 결과적으로 대규모 이주민 노동력의 유입으로 영국 사회 전반의 불만과 우려가 증대했는데, 2012년부터 2015년까지 영국 여론기관 입소스 모리Ipsos Mori 조사에서 영국 국민은 경제와 실업문제보다 이민과 인종문제를 비중 있게 다룬다는 점이 이를 방증한다(2012년 32퍼센트, 2015년 52퍼센트).

또한, 영국 사회가 점차 보수화되면서 영국적 가치에 대한 강조가 광범위하게 확대되었는데, 이러한 사회적 변화는 영국독립당의 부상과 직결됐다. 영국독립당의 당 정강manifesto에서도 이주와 주권 문제에 매우 자극적이고 감성적 문구로 대응하면서 정치적 세력을 확대했다. 당수 파라지Nigel Paul Faragy의 리더십과 유럽통합이 영국의 자치성에 훼손을 가하고 있기 때문에 영국의 자유주의 가치를 보존하고 통치권과 자주권을 보호하기 위해서는 정치적 독립성이 보장되어야 한다는 주장이 세력 부상의 요인으로 꼽히며, 이러한 영국독립당의 부상과 사회적 긴장감은 캐머런이 유럽통합 잔류 국민투표를 제안하는 데 영향을 끼쳤다.

캐머런이 2013년과 국민투표를 제안하고 2016년 국민투표를 시행하는 시점까지 흥미롭게도 영국의 경제적 상황은 다른 유럽 국가들에 비교해 상당히 호황기였다. 국가 경제는 청신호를 보내고 있으나 하층 노동계급에서는 이주민들이 자신들의 직업을 차지하는 데에 대한 강한 반감을 지니고 있었으며, 2010년대 이후 대규모로 유입한 동유럽 출신 백인들과 소수민족 집단 이주민들에 대해 차별의식을 보이며 영국민으로서의 자부심과 맞물려 인종차별적 요소로 나타났다. 앞서 대처주의의 극우적 성향의 작동 논리에서처럼 노동자 계급의 보호와 안전망을 충분히 헤아리고 수용되지 않을 때, 강화되는 점과 결을 같이한다. 오랜 기간 역사적으로 축적되어 온 유럽회의 태도와 더불어 영국 사회에 드리워진 인종 갈등, 백인 중심의 인종적 권력 구조 인식이 브렉시트를 추동하는 역할로 작용했다. 종합해 볼 때, 영국이 추구한 유럽통합은 경제적 유인에 초점을 두고 있었고, 통합과정에서도 영국의 정체성 자체가 근본적으로 전환되었다고 보기는 어렵다. 더욱이 영국 내부의 반이주민 정서가 정치적 선택과 결합하여 협력관계에서 벗어나 갈등을 일으키는 배경으로 작동했다고 볼 수 있다.

나가며

피케티Thomas Piketty의 최근 저서『자본과 이데올로기』(2020)는 노동자들의 이익보다 자본가의 이익을 정당화하는지 탐구하면서 불평등한 경제와 사회시스템을 지속하기 위해서는 이데올로기가 매우 중요한 역할을 하고 있다고 주장한다. 대처는 전후 케인스 복지국가에 대해 신자유주의적 정책으로 이념적 전환을 시도했다. 개인의 경쟁과 시장을 중시하는 정책 속에서 복지와 소외계층에 대한 보호망은 배제했다. 여러 사회적 불안정성이 발생했는데, 당시 이주민에 대한 극우적 성향이 이에 대한 복합적 문제 양상을 드러낸다.

영화가 제기하는 문제는 우리와 동떨어진 서구의 이야기가 아니다. 세계화가 가속화되고 노동력이 약화하면서 한국에서도 이주노동자가 급증했고, 현실 속에서 한국의 인종문제는 이미 진행 중이다. 간과하지 말아야 할 점은 영화에서 문제 제기하듯, 사실에 근거한 논리와 다르게 이질적 담론이 사회 구조 속에서 작동된다는 점이다. 한국의 노동시장에서 노동을 기피하는 농어촌 지역에서 일하는 외국인 근로자, 선원들이 존재하지만, 한국은 이주민들에 대한 거부로 이주노동자에게 가혹한 곳이 되었는지 모른다.

2019년 법무부 출입국 통계에 따르면 국내 체류 이주민은 240만 명에 육박하며 매년 증가하는 추세를 보이고 있다. 그러나 사회적 분위기는 녹녹하지 않다. 국가인권위원회가 2019년 3월에 발표한 '한국 사회 인종차별 실태와 인종차별 철폐를 위한 법제화 연구'에 따르면 이주민 중 언어적 비하를 경험한 이가 56.1퍼센트에 해당하며, 이들은 다양한 차별을 경험하지만, 인종차별을 경험한 이주민의 절반은 아무런 대처를 하지 않았다. '한국인과 이주민 간에 위계적 구분이 존재한다는 인식이 바로 인종차별'이라고 인권위원회는 밝힌 바 있으며 이러한 차별적 인식은 이주 노동자들에 대한 제노포비아xenophobia(외국인 혐오증)로 변질될 가능성이 있다. 경제 상황이 녹록하지 않으면 외국인 노동자에 대한 통제와 제한이 심해지며 이들이 내국인들의 일자리를 빼앗는다는 단순한 보호주의와 배타성이 더 기승을 부리게 된다. 과연 우리는 어떠한 자세를 취해야 하는지 본 영화와 함께 생각해 볼 문제이다.

참고문헌

- 국가인권위원회 2019. "한국사회의 인종차별 실태와 인종차별첼폐를 위한 법제화 연구." https://www.yna.co.kr/view/AKR20200319085000004

- 강원택. 2003. "영국의 신자유주의 개혁과 중앙 지방 관계의 변화." 『국제정치논총』 43권 3호.

- 강유덕. 2021. "영국의 유럽공동체-유럽연합 회원국 지위에 관한 재협상과 국민투표: 1975년과 2016년 사례에 대한 비교연구." 『EU연구』 58호.

- 김새미·최진우. 2016. "영국 극우정당 성장의 사회문화적 요인: 2014 영국독립당 (UK Independence Party)의 사례를 중심으로" 『유럽연구』 34권 1호.

- 김새미. 2015. "영국의 유럽통합." 『지역협력의 조건: 초기 유럽통합의 재고찰과 동북 아시아에의 함의』 (세종: 대외경제정책연구원).

- 김원동. 2021. "브렉시트의 원인과 특성에 대한 탐색." 『지역사회학』 22권 2호.

- 김현준·서정민. 2017. "포퓰리즘 정치 개념 고찰: 문화적 접근의 관점에서." 『한국정치학회보』 51권 4호.

- 신종훈. 2017. "브렉시트와 유럽통합: EEC 창설기부터 브렉시트까지 영국의 유럽정치." 『통합유럽연구』 15호.

- 이영석. 2017. "브렉시트, 어떻게 볼 것인가?" 『영국연구』 37호.

- 이종원. 2014. "영국의 EU 탈퇴에 대한 비판적 고찰." 『유럽연구』 32권 3호.

- 지주형. 2008. "대처리즘의 교훈: 그람시적인, 너무나 그람시적인" 『시민과 세계』 13호.

- 홍태영. 2011. "유럽의 시민권, 정체성 그리고 문화적 인종주의: 국민국가의 전환과 극우 민족주의." 『한국정치연구』 20권 2호.

- 스튜어트 홀 저·임영호 역. 2009. 『대처리즘의 문화 정치』 (서울: 한나래).

- Freidman, Benjamin. 2006. *The Moral Consequence of Economic Growth*. Vintage.

- Powell, Enoch. 2007. "Freedom and Reality. Kingswood: Elliot Right Way Books;

The Telegraph Enoch Powell`s 'Rivers of Blood' speech." (2007/11/06)
https://www.telegraph.co.uk/news/0/enoch-powells-rivers-blood-spe
ech/

여성 참정권: 스위스에서 여성으로 살아간다는 것
〈거룩한 분노Die göttliche Ordnung〉 (2017, 스위스)

윤석준

알프스 소녀 하이디는 행복했을까?

『하이디*Heidi*』(1880)는 스위스의 작가 요하나 슈피리Johanna Spyri가 쓴 소설작품이다. 하지만 우리나라에서는 이 원작을 바탕으로 일본 애니메이션 감독 미야자키 하야오가 제작한 TV 애니메이션 〈알프스 소녀 하이디Heidi: Girl of the Alps〉(1974)로 더 잘 알려져 있다. 작품에서는 하얀 눈 덮인 알프스 만년설을 배경으로 펼쳐지는 푸른 초원 위에 에델바이스가 피어있는 아름다운 시골 마을을 행복하게 뛰어다니는 스위스 소녀 하이디의 모습이 그려진다.

스위스는 1970~80년대 어린 시절을 보냈던 한국인들과 일본인들에게 바로 그러한 알프스 소녀 하이디의 이미지로 기억되고는 했다. 그래서 많은 한국 및 일본 관광객들이 알프스 소녀 하이디가 뛰어놀던 행복한 장면을 떠올리며, 원작의 배경이라고 알려진 인구 3천 명이 채 되지 않는 작은 시골 마을인 마이엔펠트Maienfeld에 방문하기 시작했다. 마이엔펠트 지방정부는 한국과 일본에서 온 관광객이 늘어나자 빈집들을 몇 채 사들여 아예 알프스 소녀 하이디 마을을 만들기도 했다.

그런데 알프스 '소녀' 하이디는 정말 행복했을까? 스위스는 유럽 내에서도 페미니즘이 학문으로서 그리고 사회운동으로서 가장 활발히 전개되어 온 국가다. 그만큼 스위스에서 여성으로 살아간다는 것이 녹록치 않았음을 간접적으로 보여주는 것이다. 스위스 여성들은 오랜 기간 동안 정치적으로 소외되고 사회적으로 억압받는 삶을 살아왔다. 일반적으로 서구사회가 여권 신장과 양성 평등에 상당히 앞서 있다는 선입견과는 다소 거리가 있는 현실이었다.

스위스는 유럽 내에서는 물론 전세계적으로도 가장 뒤늦게 여성 참정권이 인정된 나라 중 하나로서, 1990년대에 이르러서야 모든 여성들이 온전한 참정권을 인정받게 된다. 이 글에서 소개하고자하는 영화 〈거룩한 분노Die göttliche Ordnung〉(2017)는 만약 알프스 소녀 하이디가 성장해서 스위스 여성 하이디로 살아갔다면 그 삶이 어떠했을지에 대한 작은 영화적 상상력의 징검다리를 이어주는 작품이다.

스위스에서 여성으로 살아간다는 것

영화 〈거룩한 분노〉는 1970년대 초반 스위스의 어느 작은 시골 마을을 배경으로 이야기가 펼쳐진다. 주인공 노라는 남편과 두 아들, 그리고 시아버지와 함께 사는 30대 초반의 평범한 주부이다. 오전에는 남편의 출근과 아이들의 등교를 도와주고 나서 시댁의 농장에 나가 일을 돕고, 오후에 집에 돌아와 빨래와 청소 등 살림을 하고 시아버지를 챙겨드리는 것이 그녀의 일상이다. 그런데 이러한 그녀의 일상이 연이어 일어난 두 가지 작은 사건들 때문에 송두리째 흔들리게 된다.

노라는 자신이 결혼 전에 다녔던 여행사에서 채용 공고가 나온 것을 보고, 남편에게 파트타임으로 다시 일을 해보고 싶다고 말한다. 그러나 노라의 남편은 아이들이 엄마의 세심한 보호를 받지 못하고 인스턴트 음식이나 챙겨 먹는 모습은 보고 싶지 않고, 또한 자신의 아내가 회사에서 다른 남자들과 일하는 모습도 보고 싶지 않다며 이를 허락하지 않는다. 그리고 당시 스위스

[그림 8-1] 영화 포스터

법체계에서 결혼한 여성은 보호자인 남편의 허락 없이 취업할 수 없다는 사실을 상기시킨다.

노라는 늘 그러했듯이 이내 현실에 수긍한다. 하지만 노라는 스위스 여성이라면 인내해야 할 또 다른 현실에 직면하게 된다. 하루는 고등학생인 시댁 조카가 남자친구 문제로 마을 사람들의 구설수에 오르게 된다. 그러자 그녀의 아버지가 여성으로서 품행이 방정하지 못하다는 이유로 경찰에 신고하여 그녀를 청소년 교정시설에 가둔 것이다. 노라는 청소년 교정시설에 갇혀 지내는 시댁 조카에 대한 안쓰러운 마음에 도움을 주려 하지만, 결국 시댁 조카는 노라의 선의를 이용해 남자친구에게로 도망을 치게 된다.

이러한 일들을 겪으면서 노라의 인식에도 차츰 변화가 시작된다. "스위스에서 여성은 왜 이렇게 살아가야 하는 것일까?" 머리보다는 가슴에

서 차오르는 물음표들이었다. 노라는 어느 날 시내에 나갔다가 여성 참정권 운동단체가 나눠준 여러 자료들을 받아오게 된다. 그리고 마침 남편이 예비군 훈련을 떠난 그날 저녁 시내에서 받아온 자료들을 읽으면서 밤을 지새우게 된다. 그동안 알지 못했던, 엄밀히 말하면 보려 하지 않았던 여성의 권리에 대한 고민이 싹트기 시작했다.

물론 노라가 사는 이 작은 시골 마을은 1960년대 후반 유럽 대륙을 휩쓸고 간 68혁명의 영향도 빗겨갈 정도로 매우 보수적인 곳이었다. 하지만 다행히 그 마을에는 노라와 뜻을 함께 할 브로니와 그라지엘라가 있었다. 브로니는 결혼 후 한평생 일궈온 레스토랑의 소유권이 바람난 남편에게 있었기에 결국 레스토랑을 잃고 빈털터리가 된 경우였다. 그리고 그라지엘라는 이탈리아에서 남편과 이혼한 후 홀로서기를 하던 도중 자신의 레스토랑을 운영하기 위해서 스위스로 이주해 온 경우였다.

참정권 쟁취를 위한 여성들의 투쟁

이들은 함께 수도 취리히에서 열린 여성 참정권 집회에 참여한 후, 그녀들이 살고 있는 이 작은 시골 마을에서도 여성 참정권 운동을 시작하기로 뜻을 모으게 된다. 이 영화의 시간적 배경이 된 1971년은 바로 스위스가 연방차원에서 여성의 참정권 인정 여부를 묻는 국민투표를 실시하던 해였다. 스위스는 그 당시 연방 차원에서 여성의 참정권을 인정하지 않는 나라였지만, 여성들의 오랜 투쟁 끝에 일부 칸톤에서는 여성의 참정권을 인정하는 변화가 막 시작되던 무렵이다.

하지만 노라의 마을 주민들은 남녀노소 불문하고 여성 참정권 운동에 동참한 그녀와 그녀의 동지들을 비웃었다. 남성들의 적대적 태도는 그렇다 치더라도 여성들의 소극적 참여와 자녀들의 차가운 반응은 이들을 지치고 힘들게 만들었다. 남성들은 여성이 참정권을 갖게 되면 육아와 살림 등 가사에 소홀해질 것이라며 이에 대해 반대했고, 여성들은 그러한 남성들의 담론에 순응적인 입장을 갖는 경우가 여전히 많았다.

그럴수록 노라와 그녀의 동지들 간의 자매애sisterhood는 커져갔다. 그리고 여성 참정권 문제를 넘어서 여성을 억압하는 모든 것들에 대한 문제의식에 눈을 뜨기 시작한다. 이들은 여성운동단체가 개최한 아틀리에에 함께 참여해서 난생 처음으로 자신의 성기 모습을 거울로 바라보는 경험을 하게 된다. 자신의 신체임에도 불구하고 남편의 성적 즐거움과 아이들의 출산을 위한 용도로 스스로를 타자화시켜왔던 성적 억압의 능동적 내재화를 깨닫고 여성으로 새로 태어나는 계기를 만든다.

노라, 브로니, 그라지엘라는 마을 여성들과 하나하나 속내를 털어놓는 시간들을 가져가면서 차츰차츰 공감대를 쌓아간다. 그리고 마침내 뜻을 함께 하는 마을 여성들과 가사노동을 중단하는 동맹파업을 벌이기로 한다. 이들은 며칠간 한 집에 모여 함께 숙식을 해가면서 여성 참정권 문제에 대한 그들의 의지를 모으고 이러한 생각을 가족과 이웃에게 알린다. 여성들이 가사노동을 중단하는 동맹파업을 한 마을은 곧 커다란 혼란에 빠진다. 그리고 그동안 가사노동과 육아는 모두 여성에게 맡겨왔던 남성들은 그저 자신들의 불편함을 이유로 분노한다.

결국 여성들의 가사노동 파업은 남성들이 힘을 앞세운 개입으로 인해 곧 중단되었다. 그러나 마을의 여성들은 이일을 계기로 스위스에서 여성으로 살아간다는 것에 대한 보다 근본적인 문제의식을 키워갔다, 이에 마을 남성들도 일부이나마 하나 둘씩 인식의 변화가 엿보이는 듯했다. 크고 작은 갈등이 폭풍처럼 지나가고 마침내 여성의 참정권 인정에 대한 스위스 연방 차원에서의 국민투표가 실시되었다. 아직 이 마을의 남성들은 받아들일 준비되가 되지 않은 듯했지만, 연방 차원의 개표 결과는 찬성으로 나오게 된다. 1971년 2월 스위스에서의 일이었다.

영화에서 보여주지 않은 스위스 여성운동사

영화의 시간적 배경은 1970년부터 1971년까지 약 1년여 동안의 기간이다. 하지만 스위스에서 여성의 참정권 투쟁이 시작된 것은 1800년대 중반으로 거슬러올라간다. 1789년 프랑스 혁명을 필두로 한 서구의 근대 시민혁명은 점진적인 참정권 확대를 견인해냈다. 하지만 이 시기 참정권은 재산권과 밀접하게 연관되어 일정 수준 이상의 재산을 가지고 납세를 하는 남성들에게만 한정되었다. 그리고 이후 점차 재산 유무와 관계없이 모든 남성들의 보편적 권리로 확대되어갔다.

그러나 이러한 참정권 확대 초반 과정에서 여성은 철저히 배제되었다. 그것은 시민혁명 이후 참정권의 전제조건처럼 되어버린 재산권이 당시 남성에게만 인정되는 국가들이 많았기 때문이다. 특히 중세 이후 장자 상속제도를 오랫동안 유지해 온 남유럽 국가들일수록 이러한 경향이 짙었다. 게다가 스위스의 경우에는 1848년 연방헌법 제정 이후 재산권과 함께 병역 의무의 문제가 이중으로 결합되면서, 여성을 동등한 시민적 주체로 인식하지 않는 경향이 더욱 짙어졌다.

원론적으로 스위스 연방의 제헌헌법에서는 모든 시민들이 동등한 권리를 가지고 있음을 천명하고 있었다. 하지만 당시 스위스에서 여성은 사실상 이러한 시민의 범주에 포함되지 않는 것으로 여겨졌다. 이에 스위스에서는 연방헌법 제헌 직후부터 여성들의 동등한 권리 인정에 대한 요구의 목소리가 높았다. 그러나 1874년에 스위스 연방헌법의 제1차 개헌이 이루어지는 과정에서도 여성이 남성과 동등한 권리를 인정받아야 한다는 여성들의 요구는 개헌헌법에 반영되지 않았다.

이에 1886년에 스위스의 여성운동가인 마리 괴그-푸슐랭Marie Goegg-Pouchoulin 주도하에 연방의회에 여성의 참정권 인정을 위한 청원이 제기된다. 그리고 스위스는 이러한 여성 참정권 운동 활성화에 힘입어 당시 유럽 페미니즘 사상 및 운동의 중심지로 부상하게 된다. 서구 페미니즘 역사에서 최초의 국제적인 여성운동조직으로 여겨지는 국제여성협회 Association internationale des femmes(AIF)가 스위스 제네바에서 탄생한 것도 바로 이러한 맥락에 기인한다.

당시 스위스에서 여성 참정권 운동을 주도하던 마리 괴그-푸슐랭과 그녀의 동지들은 이후 국제여성협회 창설의 주역이 되었다. 이들은 여성의 참정권과 탈종교적 교육을 내세우면서 여성에 대한 임금 차별이나 사회 및 경제 전 영역에서 법 앞에서의 양성평등을 주장했다. 그러나 당시 이들의 활동은 그 시대를 살아가던 다수의 스위스 여성들에게는 지나치게 급진적이라 여겨져 대중적 지지는 얻지 못했다. 그 이후 스위스의 여성 참정권 운동은 한동안 침체국면을 걷게 되고 여성의 참정권 문제는 한동안 사회적 관심사에서 멀어지게 된다.

여성 참정권과 직접민주주의

이러한 스위스에서 양차 세계대전 이후 다시 여성 참정권 운동이 활기를 띠게 된 배경에는 스위스 정치의 차별화된 정체성을 구성하는 직접민주주의 제도의 적극적 활용이 있었다. 스위스 정치에서는 대의민주주의와 함께 직접민주주의가 병렬적으로 작동하는데, 연방Fédéral: Föderativ 차원,

칸톤Canton:Kanton 차원, 그리고 코뮌Commune: Gemeinden 차원에서 모두 일정한 수의 유권자들의 서명을 얻으면 개헌이나 입법과 관련된 국민(주민)투표를 진행할 수 있다.[13]

스위스의 전후 여성 참정권 운동의 초기 흐름은 이 중 연방 차원에서 우선 시작되었다. 1929년 스위스 여성참정권연맹Schweizerischer Verband für Frauenstimmrecht(SVF)은 여성 참정권 인정에 대한 연방 청원을 목표로 하는 대규모 서명운동을 시작해 약 25만 명의 서명을 모으는 성과를 거두기도 했다. 그러나 연방 차원에서의 여성 참정권 운동은 스위스 내에서 각 지방들에 따라 매우 상이한 인식을 가지고 있었는데 그 편차가 상당히 크게 나타나는 문제로 난관에 부딪히게 된다.

스위스는 독일어, 프랑스어, 이탈리아어, 그리고 로만어 등 4개의 상이한 언어와 문화를 가진 26개의 칸톤들이 하나의 연방국가를 구성하고 있는데, 인구 규모로는 독일어권이 약 62퍼센트를 차지하여 가장 큰 비중을 차지하고 있고, 프랑스어권이 약 23퍼센트, 이태리어권이 약 8퍼센트, 로만어권이 약 0.5퍼센트를 차지하고 있다.[14] 그런데 이들 중 인구 비중이 높은 독일어권 지역이 인구 비중이 낮은 프랑스어권이나 이태리어권 지역에 비해서 상대적으로 여성 참정권 확대에 상당히 부정적인 편이었다.

실제로 전후 여성 참정권 운동의 결과로 1958년 스위스 연방의회는 여성의 참정권 인정을 묻는 국민투표 결의안을 가결하게 되고 1959년

---

13 칸톤(독일어 Kanton, 프랑스어 Canton, 이태리어 Cantone)은 스위스의 연방을 구성하는 가장 큰 지방정부 단위로서 미국이나 독일과 같은 연방국가들의 주와 비슷한 위상을 가지고 있다.

14 2020년 기준 스위스 연방정부 통계자료에 근거한 것으로서, 그 외에 약 6.5퍼센트 정도의 인구는 기타 외국어를 모국어로 사용하는 경우이다.

1월에 여성 참정권 인정을 위한 헌법 개정안 국민투표가 역사상 처음으로 실시되었으나, 국민투표 결과는 인구의 다수를 차지하는 독일어권의 반대로 인해 결국 부결에 이르게 된다. 이날 투표에 참여한 전체 유권자들 중 33퍼센트만 찬성하고 66퍼센트가 반대 의사를 표명했으며, 당시 19개 칸톤 및 6개의 반칸톤 중에서 불과 3개의 칸톤만이 찬성을 한 것이다.

이 당시 반대보다 찬성이 많았던 3개의 칸톤은 제네바Genève, 보Vaud, 뇌샤텔Neuchâtel이었는데, 이들은 모두 프랑스어권 칸톤이라는 공통점이 있었다. 이후 스위스에서 여성 참정권 운동은 전략을 수정하여 연방 차원보다 프랑스어권을 중심으로 한 칸톤 차원에서 우선 돌파구를 만드는 방향으로 진행된다. 그 결과는 성공적이었다. 1959년 프랑스어권 지역인 보와 뇌샤텔에서, 그리고 1960년 제네바에서 마침내 칸톤 차원에서 여성의 참정권이 처음으로 인정되기 시작한다.

직접민주주의의 양면성

프랑스어권 칸톤들에서 시작된 여성의 참정권 획득은 이후 독일어권 및 이탈리아권 칸톤들로도 하나둘씩 확산되기 시작한다. 독일어권에서는 1966년 바젤슈타트Basel-Stadt와 1968년 바젤란트Basel-Landschaft에서 여성의 참정권 획득이 이루어지면서 물꼬가 트이게 되고, 이탈리아어권에서는 1969년 티치노Ticino에서 여성들이 참정권을 획득하면서 역시 변화가 시작된다. 그리고 1970년에는 연방 수도가 위치한 취리히Zurich에서도 마침내 여성 참정권이 인정된다.

그리고 결국 이러한 흐름을 이어 1971년 2월에는 마침내 연방 차원에서 다시 여성 참정권 인정을 위한 헌법 개정안 국민투표가 진행된다.

[그림 8-2] 여성 참정권 50주년 기념 금화

그동안 칸톤 차원에서 이룬 여성 참정권 운동의 성과들은 프랑스어권 지역을 넘어 독일어권이나 이탈리아어권 지역들에서도 확산되었기 때문에 1959년과는 다른 결과가 기대되었다. 그리고 개표 결과는 인구 기준으로 65퍼센트의 찬성과, 칸톤 기준으로 14개 칸톤들 및 3개의 반칸톤들의 찬성으로 마침내 연방 차원에서도 여성의 참정권이 인정된다.

그러나 일부 독일어권의 칸톤들은 무려 1990년대까지도 여성의 참정권을 인정하지 않았다. 대표적인 경우가 스위스 동부에 위치한 아펜젤 이너로덴AppenzellInnerrhoden이라는 칸톤이었다. 이곳은 1959년 실시된 여성 참정권 인정을 위한 연방 헌법 개정안 국민투표에서 무려 95퍼센트 반대라는 압도적인 결과를 보여준 바 있었는데, 1971년 실시된 연방헌법 개정안 국민투표에서도 71퍼센트의 반대를 보여줄 정도로 여성 참정권 인정에 매우 부정적인 정서를 가지고 있었다.

역설적인 것은 이 지역에서는 스위스 직접민주주의의 상징인 란츠게마인데Landsgemeinde가 오히려 여성 참정권 획득을 지연시키는 데 적극 활용되었다는 점이다. 란츠게마인데란 칸톤 혹은 코뮌 차원에서 진행되는 주민총회로서, 시민들은 광장에 모여 지역의 주요 현안과 관련된 입법안에 대해 직접 토의하고 투표로 의결하게 된다. 스위스에서 란츠게마인데의 역사적 기원은 지금으로부터 약 800여 년 전인 1231년으로 거슬러 올라가는데, 지금도 다수의 코뮌들에서는 란츠게마인데를 지방자치 차원의 최고 의결기구로 활용하고 있다.

하지만 칸톤 차원에서도 여전히 란츠게마인데를 운영하는 곳은 단두 곳뿐이었는데, 이들 지역들은 여전히 란츠게마인데를 통해서 광역자치단체장을 선출하고 칸톤 정부의 예결산안을 심의 및 의결하는 등 사실상 지방차지 단위의 최고의결기구 역할을 수행해왔다. 그런데 그 두 곳 중 하나인 아펜젤이너로덴에서 대의민주주의에 기반한 의회 차원에서는 여성 참정권에 대해 긍정적인 공감대가 형성되어도 직접민주주의에 기반한 란츠게마인데에서 여성 참정권 인정이 계속 부결되어왔던 것이다.

아펜젤이너로덴은 칸톤 차원에서 계속 여성 참정권을 인정하지 않고 버티다가 결국 1990년에 연방최고법원Bundesgericht의 위헌 판결을 통해서야 최종적으로 이를 수용하게 된다. 1971년 연방최고법원의 연방헌법 개정을 통해서 여성 참정권이 인정되었고 1981년에는 연방헌법에 성평등 원칙이 명시되었음에도 불구하고 아펜젤이너로덴이 연방헌법에 규정된 여성의 기본권을 계속 침해해왔다고 판결한 것이다. 그리하여 1991년 4월 스위스 전역에서 실시된 국민투표는 마침내 스위스의 모든 여성들이 투표할 수 있게 된 첫 번째 선거로 역사에 기록될 수 있게 된다.

제도적 평등을 넘어 실질적 평등을 위하여

하지만 스위스 여성들은 지금도 여전히 투쟁하고 있다. 2019년 6월 14일 스위스 여성들은 전국에서 수십만 명이 참여하는 대규모 파업과 시위를 조직했다. 스위스에서 여성의 참정권이 인정되어 제도적 평등은 이루어졌지만 실질적 평등은 아직 요원하다는 공감대가 그동안 꾸준히 쌓여왔었는데, 2018년 스위스 연방의회가 성별 간 동일임금을 명문화하는 입법 과정에서 이 법의 적용을 직원 100명 이상의 기업에만 한정시키기로 하면서 이러한 불만이 폭발적으로 터져나오게 된 것이다.

[그림 8-3] 2019년 여성 총파업

　　실제로 스위스는 『이코노미스트 *The Economist*』지가 발표하는 유리천장지수 Glass-ceiling index 에서 조사 대상 29개국들 중 한국, 일본, 튀르키예(터키)에만 앞서는 26위를 차지한 바 있다.[15] 이는 유럽 주요국들 중에서 가장 성평등 지표가 나쁜 것으로서, OECD 회원국 평균에도 미치지 못하는 정도이다. 또한 스위스 연방통계청 발표에 따르면 스위스의 동일 직군 남녀 임금격차 gender pay gap 는 2014년에 18.1퍼센트였으나 2018년에 19.0퍼센트로 나타나기도 했으며, 최근 이러한 격차가 점점 더 커져가고 있는 추세에 있는 것으로 나타나고 있다.[16]

　　이러한 의미에서 영화 〈거룩한 분노〉는 유럽에서 가장 늦게 여성의 참정권을 인정한 스위스의 과거를 보여주는 영화인 동시에, 여전히 경제사회적 측면에서 실질적 양성평등이 이루어지지 못하고 있는 스위스의

---

15 https://www.economist.com/graphic-detail/2019/03/08/the-glass-ceiling-index
16 https://www.bfs.admin.ch/bfs/en/home/statistics/work-income/wages-income
　　-employment-labour-costs/wage-levels-switzerland/wage-gap.html

현재를 보여주는 영화이기도 하다. 구체적으로 왜 유럽의 주요 국가들 중에서 유독 스위스 여성들만이 지금도 이러한 전국적인 규모의 여성 총 파업을 벌이고 있는지, 그리고 왜 스위스 여성들이 생리대에 붙는 높은 세금에 항의하며 '핏빛 분수' 시위를 벌이는지에 대한 이해의 맥락을 제공해주는 영화이기도 하다.[17]

〈거룩한 분노〉라고 의역되어 국내에 소개된 이 영화의 원제는 독어로 'Die göttliche Ordnung'이다. 이는 영어로 'The Divine order'라는 의미로 번역될 수 있는 종교적 표현인데, 우주의 만물에는 신의 의지가 반영된 신성한 질서로서 각자의 자리와 역할이 존재한다는 의미이다. 스위스의 남성 중심적 사회는 그것이 신성한 질서라며 여성에 대한 정치·경제·사회적 억압을 정당화해왔지만, 영화는 오히려 신성한 질서라는 것은 이러한 억압에 지속적으로 저항하는 해방 그 자체를 의미하는 것일지 모른다는 여운을 남긴다.

---

17 https://www.independent.co.uk/news/world/europe/tampon-tax-protest-zuric
h-fountains-red-feminist-campaigners-period-a7344601.html

참고문헌

- 윤석준. 2010. "'하이브리드 엔진' 스위스 민주주의, 한국엔 안 맞다?: 란츠겐마인데에 나타난 직접 민주주의와 대의 민주주의." 오마이뉴스 2010년 5월 8일. http://www.ohmynews.com/NWS_Web/View/at_pg.aspx?CNTN_CD=A00 01384711

- 윤석준. 2010. "스위스 민주주의가 우리에게 주는 의미는?: 직접 민주주의 제도에 대한 오해." 오마이뉴스 2010년 5월 21일http://www.ohmynews.com/NWS_We b/View/at_pg.aspx?CNTN_CD=A0001384711

- Bendix, John. 1992."Women's suffrage and political culture: A modern Swiss case." *Women & Politics* 12(3).

- Lloren, Anouk. 2019. "Switzerland:Direct Democracy and Women's Political Participation." *The Palgrave Handbook of Women's Political Rights* (New York: Palgrave Macmillan).

- Ruckstuhl, Lotti. 1990. *Versla majorité politique: histoire du suffrage féminin en Suisse.* Associationsuisse pour les droits de la femme.

- Ruppen, Raphaëlle. 2007. "La conquête du suffrage féminin en Valais, 1959-1971." *Annalesvalaisannes: bulletin trimestriel de la Société d'histoire du Valais romand.*

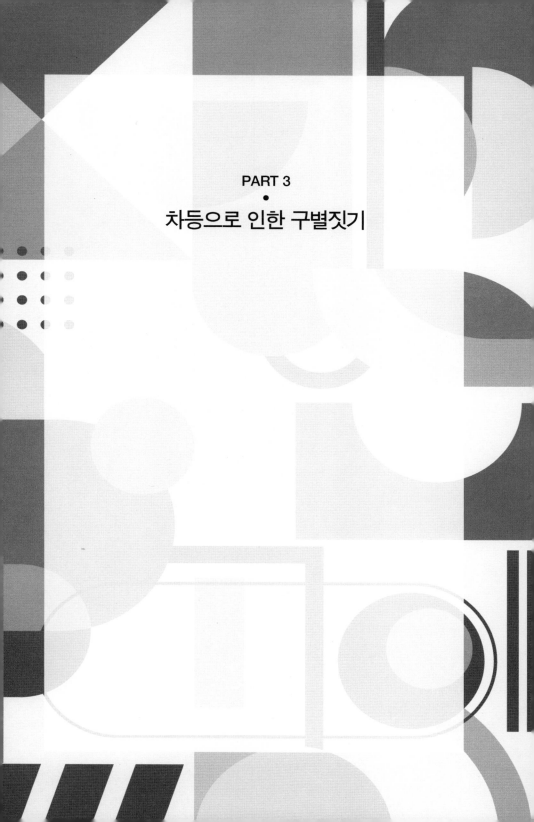

PART 3
•
차등으로 인한 구별짓기

자본주의 국가 관료제와 인간소외
〈나, 다니엘 블레이크 | Daniel Blake〉(2016, 영국)

장선화

현대 복지국가와 개인

다니엘(애칭 댄)은 목수이다. 최근 갑작스런 심장이상으로 건설 작업 현장에서 떨어질 뻔한 후 의사로부터 일을 쉬어야 한다는 권고를 받고 직장을 그만뒀다. 영화는 댄이 질병으로 인한 상병 실업수당 수급 자격이 있는지 심사하는 전화 통화로부터 시작된다. 52페이지에 달하는 문진표 양식을 이미 제출했는데도 동일한 질문들이 이어지는 데 댄은 화가 난다. 질의 문항들이 자신이 겪고 있는 심장질환과 전혀 연관이 없어 보이니 말이다. 전화로 진행되는 비대면 심사과정 중 정부가 임명한 보건 전문가라는 심사관은 댄의 주치의 소견을 전혀 참고하지 않는다. 항의는 질문에 대한 답이 아니라는 이유로 무시된다. 결국 부적격 판정 편지를 받고 댄은 지역 고용센터로 전화를 걸어 상담을 시도한다. 하지만 오랜 대기 끝에 겨우 연결된 상담사는 이 번호로는 판정에 관련된 상담이 불가능하니 심사관 전화를 기다리라고 답변한다.

영화가 시작되고 채 5분이 지나기도 전에 대부분의 관객은 한 번쯤 겪었던 비슷한 경험을 떠올리게 된다. 상담사와 연결되기까지 인고의 시간을 거쳐야 하는 고객센터 전화와 겨우 연결되었는데 담당 부서 간 소통이 잘되지 않아 또다시 전화를 걸어야 했던 경험. 혹자는 댄이 처한 답답한 상황에 공분하거나 혹은 영국보다 한국의 공공기관 고객 서비스가 더 낫다고 생각할지도 모른다. 적어도 한국 지자체 행정기관이나 고용센터 담당자들은 영화 속 공무원들보다는 더 친절하니 말이다. 한국에서는 콜센터 상담 시에도 대기 인원수를 알 수 있고, 대기 시간이 오래 걸리는 경우 전화번호를 남겨둬서 나중에 통화할 수 있도록 하거나 자신의 업무가 아닌 경우 전화를 받은 직원이 담당 부서로 직접 연결해주는 경우가 대부분이다. 하지만 동시에 한국 국민이라면 질병 실업수당을 신청하고, 정부가 고용한 보건 전문가가 이를 심사하는 내용에 대해서는 고개를 갸우뚱할 수 있다. 한국에는 공적인 상병수당제도가 없기 때문이다.[1]

댄이 받지 못한 상병수당은 무엇일까? 상병수당cash-sickness-benefit은 임금 노동자가 질병이나 상해로 일할 수 없을 때 국가가 일정 기간 소득을 보장해줌으로써 치료 후 다시 일할 수 있도록 지원하는 사회보장제도이다. 건강상의 이유로 일할 수 없을 때 국가가 의료비를 지원하는 데에서 더 나아가 급여 일부를 현금으로 제공함으로써 소득 손실을 보장해주고, 회복 후 다시 일하기 이전까지 생계를 유지할 수 있도록 지원하는 것이다. 영국을 비롯한 유럽의 복지국가들은 대부분 상병수당제도를

---

1 OECD 36개 회원국 중에서 상병수당제도가 없는 국가는 한국, 미국, 스위스, 이스라엘 등 4개국에 불과하다(임승지 외 2021, 66). 국제노동기구(ILO)와 세계보건기구(WHO), 국제연합(UN) 등은 질병으로 인한 소득상실을 공적으로 보장하는 사회보장제도의 일환으로서 상병수당의 필요성을 강조하고 일찍부터 제도 도입을 회원국들에 권고해왔다. 한국에서 상병수당제도를 시행하지 못하는 이유로 임승지 외(2021, 62)는 선행연구들에 기초하여 한국 정부의 건강보장정책이 보험료에 주로 의존하는 건강보험의 한정된 자원 범위 안에서 소득보장보다는 의료비보장을 우선으로 해왔기 때문이라고 설명한다.

운영하고 있다. 국가마다 운영방식과 자격요건, 재원 및 보장 정도 등이 상이한데, 영국은 연금보험에 귀속해 상병제도를 운영하고 있으며 노동연금부Department of Work and Pensions에서 고용된 보건 전문가가 상병수당 및 실업보조금 신청자들을 심사한다. 그렇다고 영국의 복지제도가 완벽한 것은 아니다. 〈미안해요 리키Sorry We missed you〉(2019)에서 잠시 비친 응급실 장면에서 혼잡한 대기실과 긴 대기시간으로 리키가 제대로 된 진료를 받지 못하고 집에 돌아간 것처럼 영국의 국민보건서비스 (National Health Service, 이하 NHS)는 접근 문턱이 낮지만 서비스가 썩 좋지는 않다. 다니엘과 같이 질병에 걸렸지만 상병수당 수급 부적격 판정을 받거나 비자발적 실업으로 인한 실업급여 대상자일 경우, 수당을 받는 대신 적극적으로 구직활동을 함으로써 경제활동을 할 의사가 있다는 점을 증명해야 한다.

영화를 채우는 것은 평범한 영국인들의 삶이다. 자신의 의사와 무관한 질병으로 실업자가 된 다니엘이 당당히 자신의 권리를 주장하는 모습, 주어진 역할에 충실한 관료의 태도, 시간제 일자리를 전전하기보다는 중국에서 밀반입한 운동화를 판매하는 것이 이익이라는 옆집 청년, 런던의 홈리스 쉼터에서 견디지 못하고 지방으로 내려와 일자리를 구하는 싱글맘 …. 영국은 앵글로색슨 자유주의를 대표하는 국가로 알려져 있다. 대처Margaret Thatcher 정부 이후의 신자유주의 정책, 2016년 국민투표 결과 유럽연합 탈퇴 결정Brexit, 코로나19 상황에서 존슨Boris Johnson 정부의 느슨한 방역정책 등 최근의 영국은 자유주의적 경향이 더욱 강화된 것으로 보인다. 하지만 상위 1퍼센트가 차지하는 부의 비중이 실제로는 23퍼센트이지만 59퍼센트에 달한다고 믿으며 국민의 19퍼센트가 상위 1퍼센트는 오직 1퍼센트만 가져야 한다고 말할 정도로[2] 평등주의적 관점이 두드러지는 국가, 21세기 영국의 모순적 자화상이다. 이 그림을 이해하기 위해서는 200년여 정도 역사를 거슬러 올라갈 필요가 있다.

현대 국가의 형태가 갖추어진 것은 19세기 초의 일이다. 시장경제와 민주주의가 결합한 서구 민주주의 체제에서 국가의 초기 역할은 외부 위협으로부터 국민 보호, 제한적인 시민적 자유, 시장 경쟁을 보장하는 차원에 머무르고 있었다. 토리Tory와 휘그Whig로 나뉘어 왕위계승을 둘러싼 특권계층의 독점적 권력 경쟁 상태에 머물러 있던 영국의 정치 분파들은 1832년 대개혁법the Reform Act 제정을 계기로 정당으로 전환된다. 부유한 신흥 상공업자들이 하원 선거 투표권을 획득하면서 귀족과 젠트리gentry(토지소유 신사계층)를 대표하던 토리당은 당 대표 필Robert Peel의 리더십하에 휘그당과 차별을 꾀함과 동시에 신흥 자본가들을 포섭하기 위해 보수당Conservative Party으로 재창당된다. 하지만 보수당 내에서 젠트리와 신흥 자본가들의 이해는 대립할 수밖에 없었는데, 곡물법Corn Law (1846)을 둘러싸고 중농주의자(보호무역주의)와 중상주의자(자유무역주의) 간 당내 노선투쟁 끝에 젠트리를 대표하는 정당으로 활동하다가 1860년대 후반 보호무역주의를 옹호하는 디즈레일리Benjamin Disraeli를 중심으로 '한 국민one nation' 보수주의를 주창하며 특권계층을 넘어선 보수주의 국민 정당으로 성장하게 된다.[3]

---

2 2017년도 통계(출처: https://www.bbc.com/korean/vert-cap-46773192), 영국의 부의 집중과 불평등이 다른 국가에 비해 낮은 수준이라고 볼 수는 없지만 여타 OECD 주요국에 비해 높은 편이라고 하기도 어렵다. 세계불평등데이터베이스(WID) 발표 수치에 따르면 2021년 기준으로 미국이 34.9퍼센트, 독일 29.7퍼센트, 프랑스 27퍼센트에 비해 영국은 21.0퍼센트였다. 부의 집중 증가 추세는 서방 민주주의 국가에 국한된 현상이 아니다. (중국의 공식 통계가 신뢰할 만하다면) 중국은 31퍼센트로 1980년에 비해 1.87배가량 증가했다. 시계열 통계 수치는 https://wid.world/world/#shweal_p99p100_z/US;FR;DE;CN;ZA;GB;WO/last/eu/k/p/yearly/s/false/14.2165/80/curve/false/country 참조.

3 영국보수당과 노동당 형성과정에 대해서는 유럽정치연구회(2018, 10-13) 참조.

유럽 대륙에서 산업혁명 이후 성장한 신흥 자산계급(부르주아)은 귀족과 지주 계급에 맞서 자신의 이해를 확장하기 위해 노동자계급 정치세력과 손을 잡고 성인 남성 보통선거권 운동을 전개했지만 영국에서는 사정이 조금 달랐다. 마르크스Karl Marx는 영국 노동자계급의 비참한 상태로부터 자본주의 비판과 계급혁명의 아이디어를 발전시켰지만, 대륙과 달리 영국에서 사회주의 운동은 페이비언 협회를 중심으로 한 사회주의 지식인들의 영향을 받아 계몽주의적이고 개혁 지향적인 방식으로 전개되었다. 영국의 노동자계급은 노동조합의 정치적 대표조직으로서 노동당을 창당했고, 의회 참여를 통한 사회개혁의 실현이라는 페이비어니즘 Fabianism적 점진적 사회주의 전략을 채택하였다.

영국에서 1832년 대개혁법은 전체 성인 남성인구 90퍼센트 정도가 배제되었을 정도로 제한적 선거권 확대에 그쳤다. 하지만 1867년 2차 개혁법은 잉글랜드와 웨일즈 지역의 1년 이상 도시 자가 보유 세대주 전체를 비롯하여 일부 농민 계층에까지 투표권을 부여함으로써 성인 남성 참정권을 중산층과 노동계급 일부로까지 확대했다. 자유당은 노동자들의 표를 얻기 위해 노동자계급 출신에게 공천권을 주는 등 노력했지만 노동자의원 수는 매우 제한적이었다. 1868년 영국노총 Trades Union Congress(이하 TUC)이 설립되고 이듬해 총회에서 하디James Keir Hardie가 노동계급 독자 정당 설립을 천명한 이후 1893년 독립노동당이 출범했다. 이후 1900년 TUC와 독립노동당, 사회민주연맹은 의회에 노동자 대표를 내보내기로 결정하고 노동자대표위원회 The Labour Representation Committee(LRC)를 결성했으며 1906년 노동자대표위원회 명칭을 노동당으로 바꾸면서 현재의 노동당 Labour Party이 출범했다.

1923년 첫 집권 이후 총 두 차례의 짧은 집권 경험에 머무르던 노동당이 의회 과반 이상의 의석을 차지해 보수당과 경쟁할 수 있는 거대 정당으로 성장한 것은 제2차 세계대전 이후의 일이다. 소위 "요람에서 무덤까지"라는 문구로 잘 알려진 영국 복지국가는 제2차 세계대전 중 구상된 '베버리지 보고서'(1942)를 기초로 형성되었다. 베버리지 보고서는 전쟁으로 인한 경제위기를 극복하기 위한 사회정책의 필요성을 제안한 TUC의 청원을 계기로 사회보험 확대와 공공부조 등 사회보장제도의 확장을 통해 최소한의 국민 건강과 생존을 보장할 필요성을 제시하였다. 제2차 세계대전 종전 후 서유럽 전역에 전쟁 복구를 위한 국가 역할의 필요성과 복지제도에 대한 요구가 높아지면서 평등주의적 개혁과 경제에 대한 국가개입을 강조해온 영국노동당이 급부상하여 1945년 총선에서 처칠의 보수당에 승리, 노동당 애틀리Clement Richard Attlee 정부가 수립되었다.

　이때부터 1950년까지 애틀리 정부 시기는 영국 사회 복지정책의 대전환기였다. 노동환경 개선과 노동자 권리 향상을 위한 입법안을 통과시키고 평등주의적 무상교육체계를 수립했으며 NHS, 국민건강보험, 국민부조체제 등 베버리지 보고서에 포함된 사회보장체제를 법제화함으로서 복지국가의 기틀을 마련하였다. 1950년대 초까지 영국에서는 경제성장과 완전고용에 가까운 고용상태, 국민 건강 및 생활 수준의 향상 등과 같은 진보의 결실이 현실화되었다. 하지만 애틀리 정부가 실시한 국유화, 석탄·철강 등 사양산업 구제와 고용유지, 노조 영향력 강화 등 친노동정책은 노동시장 경직화와 경기침체의 원인이라는 정치적 공격을 받았고 노동당은 노선갈등으로 분열되어 장기집권으로 나아가지 못했다.

　이후로 1970년대 말까지 보수당과 양당 체제를 형성하며 번갈아 집권하던 노동당은 1979년 대처 보수당 정부에 정권을 빼앗긴 이후 18년간 야당의 위치에 머무르게 된다. 대처의 보수당 정부는 인플레이션과 실업이 만연하는 스태그플레이션 경제위기 속에서 영국노동당의 평등주의적 복지정책과 방만한 복지 재정 운영, 고비용·저효율의 국유화 산업 구조를 비판하고 "영국병" 치유를 선언, 대대적 민영화와 사양산업 구조 조정, 공적 예산 감축과 실업 보조금 축소, 규제 완화와 시장 자유화 조치를 단행함으로써 신자유주의 시대를 열었다. 당시 유럽연합에 아직 가입하지 않았던 영국을 비롯한 유럽 복지국가들은 공공부문 확장과 비효율성으로 인한 재정 악화, 시장에 대한 지나친 개입으로 인한 시장왜곡 등 다양한 문제의 원인으로 비판받기에 이르렀다. 영국의 대처Margaret Thatcher와 미국의 레이건Ronald Wilson Reagan 시대부터 민영화와 금융 자유화 및 세계화, 글로벌 시장경제의 확산 등 신자유주의적 경제질서가 지배적 흐름을 차지하게 된다.

영국노동당은 1997년에 이르러서야 블레어Tony Blair의 신노동당 New Labour 기치 아래 집권에 성공한다. 사회주의 전환의 목표를 강령에서 삭제하고 노조의 정당에 대한 영향력을 축소하였으며, 조세개혁을 통해 중산층과 자본의 지지를 얻기 위한 "제3의 길the third way"로 전환하면서 노동계급 정당에서 포괄정당catch-all party으로 뚜렷한 변화를 보인 것이다. 하지만 블레어에 이어 브라운Gordon Brown이 이끌던 노동당은 2008년 글로벌 금융위기 이후 치러진 2010년 총선에서 보수당 캐머런 David Cameron 정부에 정권을 내준 다음 이후로 13년째 야당the opposition party에 머무르고 있다.

영국 정당정치를 통해 잠시 살펴본 것처럼 제2차 세계대전 후 유럽 민주주의국가들은 중도우파와 중도좌파 정당들의 선거 경쟁과 정책 대결 속에서 다양한 평등주의와 자유주의적 정책 실험을 해 왔다. 민주주의 혁명 이후 정치적 대표권 획득을 위한 싸움의 주체이자 지역 차원에서 공동체 통치의 주체였던 유럽 각국 시민권자들은 오랜 기간 대의민주주의 참여를 통해 정책적 결정을 해온 정치적 주체들이다. 현대 대의민

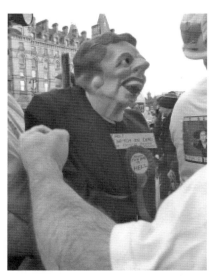

[그림 9-1] 대처 전 총리 사망 기념 리버풀
반대처 시위

주주의 체제에서 인민주권이 선거 때에만 유효한 반쪽짜리 주권이라고 하더라도 이들은 양 진영의 정책 대결을 통해 향후 4년간 정책을 좌우할 수 있는 권리를 확인해 왔다. 제2차 세계대전 시기 전시경제를 거쳐 국가 역할의 필요성과 평등주의적 경제정책의 효과를 체득했고, 글로벌 시장경제 확산을 통해 시장확대 효과를 경험했다.

영국의 경우, 노동자계급 정당에 의한 복지 및 평등주의적 사회 정책의 확대 경험과 대처의 장기집권을 초래한 "불만의 겨울"을 기억하는 노동당 지지자들은 대처의 장례식에 항의 피켓을 들고 나타났다. 영화 속 댄이 고용센터 벽에 스프레이로 낙서를 하는 와중에 모여든 군중 속에서 거리의 실업자는 "빌어먹을 민영화, 빌어먹을 보수당!"이라고 외친다. 이 구호 뒤에는 보수당에 대한 영국 노동자계급의 뿌리 깊은 증오가 자리하고 있다. 물론 전투적 노동조합, 장기 실업자나 기초수급대상자, 홈리스 등과 같은 복지수당 수혜자, 니트족Not in Education, Employment, or Traning(NEET)에 대한 보수당 지지자들의 차가운 시선도 한편에 존재한다. 하지만 일찍이 디즈레일리가 선언한 한 국민one nation 보수주의는 대처 이후 양 국민으로 분할되었고 이전까지 성실한 납세자이자 평등한 시민으로서 자존감을 유지하던 노동자 계층 일부가 낙오자 혹은 소외된 시민으로 전락한 점은 부인할 수 없다.

21세기에 "게으른 로베르토"가 당당할 수 있는 복지국가란 지속가능하지 않다.[4] 하지만 개인의 힘으로는 극복하기 어려운 사회적 위험이 줄어들기는커녕 더욱 커지고 있는 코로나19 팬데믹 위기 상황을 3년째 겪고 있는 사람들 가운데 일부가 댄이나 케이트와 같은 상황에 놓이지 않으리라는 보장은 어디에도 없다. 거대 양당 엘리트 정치인에 분노하는 유권자들은 스코틀랜드 국민당Scottish National Party으로 옮겨가거나 브렉시트당Brexit Party과 같은 포퓰리스트우파 소수 정당에 대한 지지를 표명한다. 영국이 브렉시트Brexit를 선택했을 때 영국 국민들을 포함해 많은 유럽 시민European Citizen들이 놀라움과 충격에 빠졌지만 전혀 예측불가능한 일은 아니었던 것이다.

관료제, IT기술, 현대화

다시 영화 속 댄의 동선을 따라가 보자. 댄은 답답한 마음에 지역 고용센터를 방문한다. 하지만 긴 대기번호 줄을 기다려 겨우 만난 담당자는 상병수당 부적합 판정을 받았으니 당장 수당이 필요하면 구직수당을 신청해야 한다고 통보한다. 구직수당 신청은 센터에서 직접 할 수 없고 온라인 홈페이지를 통해서 해야 한다는 설명과 함께. 1990년대부터 2000년대에 이르기까지 인터넷 확산과 전자정부로의 전환 흐름 속에서 행정절차에 점차 정보통신기술Informations & Communication Technology(ICT)이

---

4 보편적 복지국가의 명목을 이어가고 있던 북유럽 복지국가의 노동자계급 정당들 역시 글로벌 산업 구조 및 시장 경쟁과 금융 체제 변화, 유권자층의 정당 지지 분화 가운데 사회정책과 복지 개혁의 압박을 받게 되었다. 2013년 10월에는 덴마크에서 11년간 국가에서 지급되는 복지수당을 받아서 "복지국가 시민으로서 일하지 않고 당당하게 살기"로 TV 스타가 된 로베르트 닐센(Robert Nilsen)의 경험담을 두고 "게으른 로베르트(Lazy Robert)" 논쟁이 유럽을 한차례 휩쓸고 지나갔다(안병억 외 2013).

도입되었고, 복지행정의 현대화와 자동화를 통해 민원 신청 및 안내는 자동응대 혹은 온라인으로만 가능한 곳이 많아졌다. 최근 30여 년간 진행된 인터넷 기반 정보화 사회로의 전환은 장년층 이상에게는 부차적 교육을 받지 않고 따라가기 어려울 정도로 급격한 것이었다.

당장 내가 사는 동네 행정복지센터를 방문해 보자. 복지 수급 관련 민원으로 센터를 방문한 민원인들은 나이, 교육 및 인지 수준, 개인적인 사정과 처한 상황에 따라 천차만별이지만 그중 한두 명은 노인이다. 창구에서는 정해진 기한과 절차가 지켜지지 않았다는 것을 열심히 설명하는 직원과 그를 이해하지 못하거나 사정을 봐달라고 요구하는 민원인의 고성이 심심치 않게 들려온다 (노인들은 청력저하로 목소리가 커지는 경향이 있기도 하다). 지역고용센터에서도 상황은 비슷하다. 방문자의 연령대는 청년부터 중장년층까지로 좀 더 낮지만 실업급여 수급 자격과 심사 내용에 대한 문의가 길어지는 경우가 흔하다. 뒤에서 기다리는 입장에서는 비효율적으로 보일지 모르지만, 달리 보면 개인에게 맞추어 상담을 할 수 있을 만큼 업무 권한과 유연성이 담당 공무원들에게 주어져 있는 것이다.

아마 영국의 모든 고용센터 공무원이 켄 로치의 영화에 등장하는 공무원과 같이 의무적이고 기계적이지는 않을 것이다. 하지만 우리는 영화를 통해 관료적 합리성과 효율성을 기준으로 운영되는 전형적 공공행정

기관의 규정과 지침 속에서 취약계층에 속하는 개인이 처하게 될 난관을 직관적으로 이해할 수 있다. 편차는 있지만 현실적으로 다수의 공공기관들이 인력감축과 민영화로 관리직이 아닌 행정인력 및 접수 담당자 대부분을 민간 위탁업체에서 파견된 임시직 근로자로 충원하고 있으며, 고용기간이 정규직 전환 시점에 이르기 직전에 해고하고 새로 채용한다. 때로는 편법을 써서 같은 직원을 해고한 후 지속 근무하게끔 하고 재채용하는 경우도 빈번하다. 이 과정에서 경력이 충분하지 않은 미숙련 비정규직원들의 잦은 인력 교체로 인해 수급 대상자들에 대한 관리 및 절차는 모두 매뉴얼로 정하고 상사의 지시에 복종하는 관료제의 형식적 합리성과 비인격성, 위계적 특성이 강화된다.

50대 후반 노년으로 향하는 나이, 댄의 세대는 사무직이거나 별도의 교육을 받은 경우가 아니라면 컴퓨터에 익숙하지 않다. 지역 공립 도서관을 방문해서 공용 컴퓨터를 사용해 보지만 세부 사항을 입력하고 페이지를 넘기는 방법부터 어려움을 겪고 주변 사람들의 도움을 받아서 겨우 입력하는 와중에 제한된 사용 시간은 끝나버린다. 고용센터에서 구직활동에 적극적이라는 점을 증명하기 위해 온라인 이력서 작성을 권유받고 작성법 특강을 수강하지만 어차피 심장병 때문에 일을 할 수도 없는 다니엘은 수기로 작성한 이력서를 들고 형식적인 구직활동에 나선다.

댄은 자신의 직업 분야에서 인정받는 기술자이다. 그가 유능한 목수라는 사실은 전 직장 동료들, 구직활동을 위해 방문한 업체 사장이 언급하는 댄의 이력서에 대한 평가, 정교하게 만들어진 나무 공예품과 작업도구에 대한 애정 등에서 드러난다. 국민으로서 의무를 성실히 이행하고, 범죄경력도 없으며 정부가 실업수당 자격심사관을 민간 외국계 기업에 위탁 고용해서 보건 전문가로서 전문성을 신뢰할 수 있는지 의심할 만큼 기본적인 상식이 있다. 이력서나 실업급여 신청서를 컴퓨터로 작성하지 못하는 것이 다니엘의 책임은 아니다. 고령층이나 컴맹을 위한 지역 커뮤니티 센터나 공공도서관의 교육 프로그램이 있을 것이다. 몇 시간의 교육프로그램을 이수하면 해결될지 모르지만 간단해 보이는 이 작업이 무엇보다 어려운 사람도 있다. 당장의 간단한 도움으로 문제가 해결된다면, 긴급한 사람에게는 이에 대한 도움을 줄 수 있어야 하지 않을까? 고용센터와 도서관 직원에게 충분한 도움을 받지 못한 다니엘이 구직 사이트 온라인 등록에 성공할 수 있었던 것은 밀반입 운동화를 판매하는 이웃집 청년이 잠깐의 시간을 들여 도와줬기 때문이다.

사실과 진실: 팩트풀니스, 오징어게임, 나 다니엘 블레이크

어떤 사람에게는 켄 로치의 영화가 지나치게 현실 비판적이며 정치적으로 편향되었다고 느껴질 수 있다. 죽음과 배고픔, 가족의 생계를 위해 자신의 몸을 상품화하는 극한적 선택에 내몰린 사람들의 비참한 상태는 너무 극단적인 상황이고 대체로 나와는 무관하다고 생각할지도 모른다. 다른 관점으로 바라보면 풍요롭고 진보한 세계가 눈앞에 펼쳐진다. 세계적 밀리언셀러 『팩트풀니스*Factfulness*』에서 우리는 지난 반세기 동안 현대 사회가 사람들이 생각하는 것보다 훨씬 나아졌고 살만해졌다는 사실을 보여주는 다양한 통계 수치들을 확인한다. 저자와 동료들이 고안한 물방울 도표를 보면 1960년대까지 선진국과 후진국으로 양극화되었던 세계는 이후로 현재까지 점차 상향평준화 되어 가는 것으로 보인다. 영아 사망률의 급감, 교육 및 생활 수준의 개선, 남녀평등, 환경오염의 개선 등 현대 의학 및 과학 기술의 발전과 확산, 지식 공유를 통해 인류가 공동으로 성취한 눈부신 진보가 있다. 그러면 우리는 '사실충실성factfulness'에 기초한 긍정적 마인드를 갖고 지금처럼 진보의 행진을 계속하면 되는 것일까?

하지만 한편에는 인간으로서의 존엄을 지키기 위해 굶주림을 택하고, 시민에게 마땅히 주어져야 할 기본적 권리를 보장하지 않는 시스템에 항의하다 죽어가는 다니엘이 있다. 더 나은 집과 소득을 욕망하며 말리는 가족을 뿌리치고 아픈 몸을 이끌고 트럭을 몰고 나가는 리키(〈미안해요, 리키〉)가 있다. 〈오징어게임〉의 기훈과 새벽, 알리는 지옥보다 더 끔찍한 현실에서 탈출하기 위해 죽고 죽이는 '만인에 대한 만인의 투쟁' 상태 속으로 스스로 뛰어든다. 인류 보편적 진보와 개별자인 인간소외가 빚는 비극의 이중주가 울려퍼지는 가운데 국가와 시장, 노동과 자본, 자유와 평등의 경연이 펼쳐지고 있는 것이다. 『팩트풀니스』가 강조하는 '사실 fact'은 객관적이고 일관되며 비정치적이다. 하지만 그것이 증명하는 '진실truth'은 주관적이고 모순적이며 매우 정치적이다. 우리가 『팩트풀니스』에서 목격하고 있는 통계들, 즉 '사실'들은 과거에 자신이 참이라고 믿는 진실을 추구한 정치적 결정의 결과들로 구성된 것이다. 영국 보수당과 노동당은 서로가 진실이라고 믿는 정치적 아이디어로 경쟁해왔다. 정치 권력을 획득하거나 빼앗기는 과정에서 다수 유권자들의 요구를 확인하면서 민주적 평등과 시장의 자유, 개인적 시민권의 확대 필요성에 어느 정도 합의했다. 이 세계의 진보는 정치적 갈등 가운데 이루어진 상호 합의의 결과이다. 거대 정당들이 양극단으로 나가지 않고 중간으로 어느 정도 수렴한 이유이기도 하다.

우리가 사는 세계는 오징어게임과 팩트풀니스 사이 어딘가이다. 하지만 지금에 이르러 눈부신 진보의 그늘이 짙어지는 이유는 무엇인가? 애초에 18세기 중반~19세기 초 자본주의 사회에서 배태된 두 계급 가운데 노동자계급은 자신의 노동을 팔아야만 살 수 있는 존재이다. 다니엘과 같은 노동자가 자신의 의사와 무관하게 일을 그만두게 되었을 때, 인간적 존엄을 잃지 않고 살 수 있는 사회는 그리 많지 않다. 하지만 에스핑앤더슨Gøsta Esping-Andersen이 노동의 탈상품화에 근접했다고 평가한 북유럽 사민주의 복지국가나 2차 세계대전 후 짧은 자본주의 황금기 유럽의 노동자계급은 예기치 않은 질병, 실업, 빈곤 상황에 처했을 때에도 오징어게임에 뛰어들지 않을 수 있었다. 하지만 1970년 이후 경제위기, 산업구조 변화, 노동계급 분화 등으로 노동자계급정당의 헤게모니가 약화되었고 유럽 복지국가들이 보여주었던 경제적 번영과 평등주의적 사회정책이 결합된 사회모델의 가능성이 약화되었다. 하지만 앞서 언급한 바와 같이 이런 국가들은 자본주의적 시장경제와 민주적 의회정치를 통해 가능성과 한계를 경험하였고, 체제적 한계 속에서 사회 구성원 다수가 합의한 일정의 제도적 평등 수준에 도달했던 국가들이라는 점을 잊지 말자.

그리고 이제 한국으로 눈을 돌려보자. 『팩트풀니스』 저자들이 제공하는 갭마인더gap minder 물방울 도표에서 지난 60년간 한국의 변화를 확인하면 누구나 깜짝 놀랄 것이다. 한국은 1960년 1단계에서 2019년 4단계 선진국 그룹으로 도약한 놀라운 국가이다. "원조받는 국가에서 원조하는 국가로" 알려졌지만, 2021년에는 유엔무역개발회의UNCTAD 설립 이래 최초로 개발도상국에서 선진국으로 공식 인정된 국가가 됨으로써 국제적 조정자 역할을 요청받는 위치에 이르렀다. 그렇다면 다니엘이 한국에서 같은 상황에 처해 있다면 더 나을까?

'다니'라는 가상의 한국인 노동자 상황을 설정해 보자. 건설기술자 다니는 고층건물 외벽 보수 현장에서 일하다가 갑자기 쓰러졌다. 하마터면 20층 아래로 떨어져 목숨을 잃을 뻔한 사고였다. 평소에 건강에 자신이 있었는데 이런 일을 겪다니 덜컥 겁이 나서 병원에서 검사를 받았다.

의사는 같은 상황에서 또다시 심장발작이 있을 수 있으니 당분간 스트레스를 피하고 일을 해서는 안 된다고 강력히 권고했다. 다니에게는 초등학생 아이와 치매로 요양원에 계시는 모친이 있다. 일을 그만둘 수도 없고, 그만두고 싶은 생각도 없기 때문에 잠시 쉬면서 건강이 회복되면 다시 현재 직장으로 돌아가고 싶다.

하지만 당장 소득이 없으면 생활을 유지할 수 없다. 지금 근무하는 직장은 유급병가가 없으므로 차라리 퇴직하고 퇴직금과 실업급여를 받는 편이 나을 것 같아 고민된다. 아니면 산재(산업재해) 신청을 할까? 하지만 산재 승인이 나는 경우는 거의 없는 것으로 알고 만약 승인이 난다고 해도 병가를 냈다가 복귀하지 못하면 무단결근으로 해고될 수 있다. 실업급여 수급 자격은 갖추었지만 구직 급여를 받기 위해서는 워크넷 홈페이지에 온라인으로 구직등록을 하고 수급 자격을 인정받은 후 1~4주마다 지역 관할 고용센터를 방문해 재취업 활동 증빙자료를 제출하고 실업인정을 받아야 한다. 온라인으로 실업 인정 자료를 송부할 수 있다고 하는데 컴맹이라 어떻게 하는지 잘 모르겠다. 질병으로 7일 이상 재취업 활동을 할 수 없게 되면 상병급여를 신청할 수 있다고 하니 조금 안심은 되지만 270일이 지나면 실업급여가 끝나니 오래 아프게 되면 큰일이다.

어쨌든 고용센터의 도움을 받아 워크넷에 구직등록을 마치고 수급자격 신청 전 교육을 받았다. 수급자격이 인정되고 나니 관할 고용센터 담당 직원이 정해져서 이후로는 온라인 실업 인정방식을 익히면 당분간 고용센터를 방문하지 않고도 급여를 받을 수 있을 것 같아 걱정을 덜었다. 이처럼 다니의 경우 상병수당을 신청할 수 있는 선택지가 없어 바로 구직급여를 신청해야 했다. 이후의 과정은 다니엘과 크게 다르지 않다. 한국의 행정 서비스가 조금 더 사용자 개별 사정과 편의성을 고려해서 대면 상담을 가능하도록 운용하는 차이가 있을 뿐이다.

만일 노동자가 질병이나 부상으로 일을 할 수 없는 경우 최소한의 생계보장을 해주는 상병수당제도가 있다거나 혹은 상대적으로 단기간이지만 유급병가를 낼 수 있다면 사정은 달라질 수 있다. 코로나19 상황에서 한국에서도 서울형유급병가지원제도와 같은 공공부조 형태가 실시되고 있긴 하다. 코로나19 예방접종으로 인한 이상 반응이 있는 근로취약계층의 경우 유급병가 지원을 최대 15일까지 받을 수 있다. 하지만 이는 어디까지나 한시적인 제도 운용에 불과하다.

한국에는 공적 상병수당제도나 법정 유급병가제도가 없다. 한국에서 유급병가가 있는 5인 미만 사업장은 12퍼센트에 불과하다(2020년 기준).[5] 그에 비해 1000명 이상 대기업은 80.6퍼센트였다. 청년 구직자들이 대기업 취업을 최우선시하는 이유가 높은 연봉 및 성과급뿐 아니라 사내 복지 수준의 격차 때문이기도 한 것이다. 유급병가를 쓸 수 있는 정규직 노동자 비율은 59.5퍼센트인데 비해 비정규직은 18.7퍼센트에 불과했다. 대기업 정규직 노동자와 소기업 비정규직 노동자 사이에는 소득뿐 아니라 복지 격차가 이처럼 크게 자리하고 있다. 질병이나 상해로 일을 할 수 없을 때 소득 상실을 보전받을 수 없을 경우, 일을 지속하여 질병을 치료하거나 충분한 휴식을 취할 수 없어 더 큰 건강상의 위험에 처하게 된다. 병가를 낼 경우, 원래 직장으로 복귀가 보장되지 않는다면 장기실업 상태에 놓이게 되거나 질이 낮은 일자리를 감수하게 될 가능성이 클 것이다. 기업과 개인에 맡겨둘 문제일지 고민이 필요하다.

---

5 https://www.yna.co.kr/view/AKR20200610106200530

나, 다니엘 블레이크: 국가, 시민과 시민(기본)권, 연대의 희망

댄은 고용센터에서 케이티를 만난다. 케이티는 아이들과 함께 런던 공공 쉼터에서 지내다 좀 더 환경이 나은 뉴캐슬로 옮겨온 지 얼마 되지 않았다. 고용센터를 찾지 못해 예약 시간에 조금 늦었는데 그 때문에 실업수당을 받지 못한다는 데 화가 나 소동이 벌어지는 모습을 본 댄은 케이티와 아이들을 도와주고 집을 방문하는 친구가 된다. 식사를 제대로 할 수 없을 정도로 궁핍한 케이티의 상황을 확인하고 식료품 지원소food bank에 케이티와 아이들을 데려가는데 그동안 굶주렸던 케이티는 갑작스럽게 밀려오는 허기를 참지 못하고 자신도 모르게 통조림을 뜯어서 손으로 퍼먹는다.

스스로의 반응에 충격받고 울음을 터트리는 케이티. 빈곤과 굶주림이 자존감을 무너뜨리는 현장을 목격하면서 우리는 공포를 느끼게 된다. 영국에서 기초소득계층으로 분류되어 주거 및 식료품 지원을 받은 경험이 있는 사람들은 영화 속 이 장면에서 케이티와 함께 눈물을 흘렸다고 고백한다. 경험담을 이야기하는 이들의 목소리에는 인간 존엄성을 상실당하는 경험이었다는 모멸감과 분노가 실려 있다.[6] 일을 할 수 있는데 하지 않는 것과 할 수 없는 것에는 큰 차이가 있다. 케이티는 청소일을 구하지만 좀처럼 일이 생기지 않는다. 결국은 마트에서 여성 위생용품을 훔치는 상황에까지 이르게 되어 경비에게 들키고 성매매업소를 소개받게 된다. 생계를 유지하기 위해 업소에 나가게 된 케이티를 비난할 수 있을까.

---

6 경험담은 쉼터로 제공받은 공공주택 시설의 열악함과 불결함, 식료품 지원 신청자에 대한 부정적 시선으로 인한 수치심, 수당 신청과정의 복잡함으로 인한 곤란 등에 대한 증언들로 가득하다. https://www.theguardian.com/commentisfree/2016/oct/26/welfare-sanctions-ken-loach-uk-benefit-system

다니엘은 이 사실을 알고 이렇게까지 할 필요는 없는 거라고 설득하지만 케이티는 돈이 필요하다고 냉정하게 거부한다. 댄과 케이티의 관계는 혈연으로 이어진 가족이 아니지만 서로의 결핍을 위로하는 타인들 간의 연대를 상징한다. 이들은 계급적 동질성이나 이념적 지향성을 통해 연결된 동지가 아니다. 서로를 이해하고 돕고자 하는 선량한 이웃이다. 하지만 노동시장 외부자로 밀려난 이들에게 '최종적으로 기댈 언덕last resort'이었던 국가가 지원을 거부하는 순간, 이들은 인간적 존엄과 유대마저 잃게 된다. 이후로 댄의 상황은 비극적 결말을 향해 치닫는다.

댄은 온라인 이력서를 등록하지 않았고 수기로 작성한 부실한 이력서로 적극적인 구직활동을 하지 않았다는 이유로 4주 제재대상이 된다. 이제는 생계 수당을 신청하라고 권고받는다. 2차 제재 시에는 13주, 거기에 더해 3년까지 제재될 수 있다는 경고와 함께. 댄은 분노와 수치심에 구직수당 재신청을 더 이상 하지 않겠다고 선언한다. 그에게 온정적인 고용센터 직원 앤은 구직수당을 받지 못하게 되면 안 된다고, 착하고 정직한 사람들이 거리로 나앉게 되는 경우를 많이 봤다고 만류한다. 하지만 다니엘은 질병 실업수당 거부에 대한 재심을 신청하고 고용사무소 벽에 스프레이로 쓴다. "I DANIEL BLAKE Demand my Appeal Date Before I starve and change the shit music on the phone(나, 다니엘 블레이크는 굶어 죽기 전에 항고일을 잡아주기를 요구한다. 그리고 안내전화에 나오는 저 끔찍한 음악은 좀 바꾸시오)."

구직수당과 생계 수당을 받지 못하게 되자, 난방과 전기료마저 낼 수 없게 된다. 댄은 생계유지를 위해 집안의 가구를 팔기에 이르고, 은둔한다. 케이티의 딸 데이지가 걱정되어 댄의 집에 들러 안부를 묻는다. 케이티와 화해한 가운데, 항고일이 잡히고 법정에 케이티가 동반한다. 변호사는 승리를 장담하지만 재판 직전 화장실에서 댄이 쓰러지고, 곧 심장이 멎어 사망한다.

케이티 가족, 댄의 이웃과 이전 직장 동료들, 고용센터 직원 앤이 장례식에 참석한 가운데 케이트가 고별사를 한다. 영국에서 오전 9시 장례식은 가난뱅이 장례식이라 불린다. 장례비가 가장 쌀 때이니까. 하지만 다니엘은 가난뱅이가 아니었다. 우리에게 돈으로 살 수 없는 것들을 주고 간 사람이었다. 주변인과 많은 것을 나눈 선량한 사람을 정부가 죽음으로 내몰았다고. 고별사를 마치고 케이트가 다니엘의 항고문을 읽는다. 아래의 항고문을 읽으며 우리는 다니엘, 케이티와 함께 되묻는다. 인간, 시민은 어떤 존재인가? 국가의 역할은 무엇이며, 무엇이어야 하는가?

> ...
>
> I am not a National Insurance number or a blip on a screen.
> 나는 사회보장번호도 화면 위에서 깜박이는 점도 아닙니다.
> ...
>
> My name is Daniel Blake, I am a man, not a dog. As such, I demand my right. I demand you treat me with respect.
> 내 이름은 다니엘 블레이크, 나는 개가 아니라 인간입니다. 따라서, 나는 나의 권리를 요구합니다. (인간으로서) 존중받기를 요구합니다.
>
> I, Daniel Blake
> am a citizen,
> nothing more, nothing less
> Thank you."
> 나, 다니엘 블레이크는
> 시민이며,
> 그 이상도, 그 이하도 아닙니다.
> 고맙습니다.

참고문헌

- 안병억, 박선희, 박채복, 조은정, 안상욱, 정하윤, 이수형, 장선화, 고주현. 2014. 『미국과 유럽연합의 관계: 역사와 쟁점』(서울: 서울대학교출판문화원).

- 유럽정치연구회 엮음. 2018. 『유럽정치론』(서울: 박영사).

- 임승지, 이용갑, 이정면. 2021. "외국의 상병수당제도에 관한 비교 연구." 『보건사회연구』 41권 1호.

- 한스 로슬림, 올라 로슬링, 안나 로슬링 뢴룬드. 2020. 『팩트풀니스 *Factfulness*』(서울: 김영사).

영화

- 〈나 다니엘 블레이크 I Daniel Blake〉(2016) 켄 로치Ken Loach 감독, 폴 래버티Paul Laverty 각본.

- 〈미안해요, 리키 Sorry, We missed you〉(2019) 켄 로치Ken Loach 감독. 폴 래버티Paul Laverty 각본.

- 〈오징어게임〉(2021) 황동혁 연출, 각본.

위기의 노동과 성공 신화

〈미안해요, 리키 Sorry We Missed You〉 (2019, 영국)

장선화

시작, 일과 가족

영화는 리키 터너가 택배 가맹점에서 점장과 면접하는 장면으로 시작된다. 지금까지 무슨 일을 했는지 묻는 질문에 리키는 건설공사 현장부터 배수, 배관, 주택수리까지 안 해본 일이 없다고 대답한다. 그는 상사와 종종 갈등을 겪었고, 동료들이 자신보다 열심히 일하지 않는 게 불만이었다. 조직생활에 어려움을 겪은 점과 자존심 때문에 실업수당을 받지 않는다는 점을 자랑스럽게 내세우는 태도로 짐작건대 그의 성정이 원만하기만 한 것은 아니다. 주택담보 대출을 갚아서 내 집 마련을 하고 가족에게 더 좋은 환경을 주고 싶다는 마음이 택배업을 시작하려는 주된 동기이지만 자영업을 통해 피고용인 위치에서 벗어나고 싶다는 개인적 욕망이 대화에서 드러난다. 리키는 계약 후 집에 돌아와 아내 애비에게 결정을 통보하고 택배 운송 밴을 구입하기 위해 애비의 차를 처분하도록 설득한다. 일하는 데 차가 꼭 필요하다는 애비의 말에 택배 일이 잘되면 아내가 일할 필요가 없어질 거라고 장담한다.

205

애비의 차를 처분해 마련한 돈으로 리키는 택배 운송 밴을 구입하고 일을 시작한다. 대리점으로 출근한 리키에게 GPS가 부착된 스캐너가 지급된다. 계약상 공동사업자인 자영업자이므로 초기 비용은 리키의 부담이고 일하는 도중 발생할 수 있는 사고나 위험에 대해 회사가 책임지거나 손해를 보장하지 않는다. 리키는 곧 스캐너, 담당 배송구역, 지정배송 책임에 종속된다. 선임자인 리키의 친구가 꼭 챙겨야 한다고 당부하면서 건네는 소변통은 인간의 기본적 욕구인 배설행위마저 자유롭게 하지 못하고 스스로 이윤 추구의 노예가 되고 마는 현실을 상징한다. 뭔지 모르고 받아든 통이 소변통인 것을 안 리키는 화들짝 놀라며 내던지지만 영화 말미에 자연스럽게 이를 사용하게 된다.

애비는 계약직 돌봄 노동자이다. 아침 8시부터 때로는 밤늦게까지 거동이 불편한 노인들을 방문해 돌봄 노동을 한다. 애비가 방문하는 자택 케어 당사자들은 혼자서 일상생활을 하기 어려운 노인들이다. 지식수준의 높낮이와 사회적 경력, 가족의 유무와 무관하게 이들은 도움이 필요하다. 초과 근로에 대한 추가수당이 없고, 교통비도 따로 지급되지 않지만 애비는 노인들과 접촉하고 대화하는 일을 좋아한다. 애비와 같이 일로부터 보람을 느끼고 정해진 일을 기계적으로 수행하는 것을 넘어서 개인적 관계를 맺는 것은 사회서비스 공급자와 수요자 관계의 선을 넘는 일이다. 가족 돌봄의 전통적 형태, 공동체적 유대가 사라진 자리에 성실한 납세자이자 사회의 한 구성원으로서 노년기의 삶을 유지할 수 있도록 국가가 돌봄을 제공한다. 하지만 복지서비스만으로 이들에게 감정적 유대와 한 인간으로서의 품위와 존엄을 보장할 수는 없다. 초고령화 사회 복지국가의 아이러니이다.

현대 자본주의 사회에서 인간소외는 필연적 현상이다. 산업화 과정에서 생계유지를 위해 공동체에서 이탈한 무산계급(프롤레타리아proletaria)은 일과 사랑을 통해 서로 연결된다. 근대적 결혼 계약과 혈연으로 맺어진 가족은 국가를 구성하는 기초이며 최소한의 유대와 사회적 안정을 제공하는 단위이다. 따라서 현대인에게 실업과 가정의 붕괴는 실존의 문제이다. 사전 의논 없이 자신의 택배노동으로 생계유지가 충분히 가능하다면 아내가 일할 필요가 없다고 말하는 리키의 열띤 눈에는 일과 가정에 대한 전형적인 가부장적·남성부양자적 관점이 자리하고 있다. 가족 부양을 위해 택배업을 시작하는 동기는 부양자로서 지위와 가장으로서의 권위를 회복하고자 하는 열망이다. 반면 애비는 가정뿐 아니라 일을 통해 세상과 연결되어 있다. 그에게 일은 자기실현의 한 수단이기도 하다. 리키는 택배업을 시작하면서 가족과 함께할 시간이 점점 줄어들고 방황하는 사춘기 아들 셉과 갈등의 골이 더욱 깊어진다. 묵묵히 일과 가정을 병행하면서 리키와 셉의 대립에 힘들어하던 애비는 하루의 고단한 일과를 마치고 침대에 누워 말한다. "사는 게 이렇게 힘든 건지 몰랐어. … "

영국 감독, 켄 로치의 시선

"모든 것은 사소한 사건, 사소한 순간, 사소한 관계로부터 시작된다."[7] 평범한 한 가정의 일상이 이어지는 가운데 영화의 시작과 끝을 이끄는 것은 감독의 시선이다.

한국에는 '미안해요, 리키'라는 제목으로 소개된 〈Sorry, We missed Yo〉(2019)는 켄 로치Ken Loach 감독의 최근작이다. 60년에 가까운 영화인

---

7 AIDF 2017 중 켄 로치의 말에서 따옴.

[그림 10-1] 켄 로치 감독

생 내내 영화의 소재·배우·연출 전체에 걸쳐 노동계급 중심성과 사실주의를 지향해 온 노년의 감독은 2014년 은퇴선언을 했다가 보수당 캐머런 정부의 개혁정책에 분노해 돌아와 다시 영화를 만들고 있다.[8] 켄 로치는 1936년 영국 중부 너니턴Nuneaton의 평범한 블루칼라 노동자 가정에서 태어났다. 당시 노동자계층의 자녀에게 교육은 유일한 신분 상승의 기회였다. 보수적이고 교육열이 남달랐던 가정 분위기 속에 켄 로치는 우등생으로서 그래머스쿨을 거쳐 옥스퍼드 대학에 진학했다. 아버지는 아들이 변호사가 되기를 바랐으나, 켄 로치는 배우의 길을 택했다. 보수적 가정에서 성장해 엘리트 고등교육기관에서 청년기를 보낸 켄 로치는 당시까지 정치적으로 보수에 가까웠던 것으로 여겨진다.

1960년대 영국 공영방송 BBC에 BBC2 채널이 만들어지는 등 변화의 바람이 불었다. BBC에 입사한 켄 로치는 토니 가넷Tony Garnett, 짐 앨런Jim Allen과 같은 비판적 사회주의자 동료들과 TV 수요단막극 연출을 시작하면서 변화한다. 그들은 상류층 엘리트 배우들이 잘 갖추어진 세트에서 연기하던 영국 방송영화계의 관행에 반기를 들고 노동자 출신 배우들을 기용해 현장에서 노동자들의 삶·사랑·현실을 담은 영화를 만

---

8 다큐멘터리 형식으로 연출하고 현실을 그대로 드러내는 사실주의 기법을 활용한다는 점에서 영화학적 관점에서는 영국식 "사회적 리얼리즘(social realism)"(이혜란 2020)의 전통에 서 있는 감독으로 평가되기도 한다.

들면서 대중과 평단에 큰 충격을 안겼다. BBC는 공영방송국으로서 균형 잡힌 시각을 중요시했다. 또한 TV 단막극을 다큐멘터리처럼 제작하는 방식은 다큐멘터리와 드라마를 엄격히 구분하던 당시 방송계에서 현실과 허구를 불분명하게 한다는 비난을 받았다. 영국 사회주의 작가 조지 오웰George Orwell은 스스로 선택한 런던 밑바닥 생활 속에서도 성장 과정에서 몸에 밴 부르주아적 취향은 끝끝내 바꿀 수 없었다고 고백한 바 있다. 배우가 아닌 등장인물의 삶을 닮은 일반인을 캐스팅하는 이유에 대해 켄 로치는 이렇게 말한다.

> 사람은 자신의 계급을 말하는 방식, 태도, 포크를 드는 방식을 통해 그대로 드러낼 수밖에 없다. 그건 연기할 수 있는 게 아니다. 사투리를 연기할 수 없는 것처럼 말이다(김현, 『걱정말고 다녀와』 중에서).

켄 로치의 영화 작업은 사실주의적 제작 방식과 연출을 넘어 "세대에 걸친 정치투쟁의 일부"(AIDF 2017)로 정의된다. 당시의 언론은 켄 로치의 드라마가 예술인가 선동인가를 두고 갑론을박하였으나, 사실 그의 작업은 출발부터 '정치적인, 너무나 정치적인' 것이었다. 소수의 선동가에 의해 주도된 것이 아닌 자발적인 평조합원들의 연대와 파업에의 강조, 노동당 정치인과 노동조합 간부의 배신, 관료주의적 국가의 개입과 개인적 삶의 파괴 등과 같은 주제들이 논란 속에 단막극으로 방영됐다. 1966년 노동자 계층의 주거 및 인권 문제와 관료주의적 국가개입의 문제를 다룬 TV 단막극 〈캐시 컴 홈Cathy Come Home〉이 큰 반향을 일으킨 이후 켄 로치는 우여곡절 끝에 1969년 영화 〈케스Kes〉를 개봉했다. 〈케스〉는 예상보다 큰 대중적 인기와 더불어 보수적 평단과 언론에 정치적 선동성과 편향성 논란을 일으켰다.

1968년은 파리 5월혁명, 베트남전쟁 반대 운동으로 새로운 사회운동이 전 유럽에 걸쳐 분출하던 시기였다. 2차 세계대전 후 노동당 정부에 의한 주요 산업 국영화, 복지 및 공공부문 확대는 자본주의 황금기를 지나 경제성장이 지체되자 비효율과 정부 재정적자의 원인으로 지목되었다. 1970년대 경제위기를 맞아 영국의 노동당 윌슨 정부는 높은 인플레이션과 통화 불안정성 속에서 인플레이션 억제를 위한 임금인상 제한과 노조 파업 자제를 요구했고 노동자들의 불만이 높아지고 있음에도 불구하고 노동조합 간부들은 노동당 정부에 협력했다. 1967년 리버풀 항만 노동자 파업(존 힐 2014, 202 참조)과 같은 노동쟁의가 분출하는 가운데 〈빅플레임Big Flame〉(1969), 〈랭크앤파일Rank and File〉(1971)과 같은 TV 단막극이 탄생했다.[9]

1970년대 경제위기 속에서 켄 로치는 대중의 외면과 투자를 받게 되었다. 경제적 어려움과 아들을 잃는 개인사적 불행을 겪으면서 한동안 영화 연출을 할 수 없었다. 1979년 정권교체로 집권한 보수당 대처 정부는 '영국병'의 치료를 선언하며 1980년대에 대대적인 민영화와 산업구조 전환, 복지개혁을 단행한다. 공장부도, 실업률 상승, 노동자 파업이 이어지는 가운데 켄 로치와 동료들은 영국 노동자계급 운동의 위기에 대한 TV 단막극 〈리더십의 문제A Question of Leadership〉(1981), 〈누구 편에 설 것인가Which Side Are you On?〉(1985)를 잇따라 발표해 언론과 노동조합 간부들의 반발에 직면했다. 그리고 좌파 정치운동이라는 비난과 함께 아이히만과 헝가리 시온주의 유대인 지도자들의 야합에 대한 연극 〈퍼디션Perdition〉(1987) 공연이 논란 끝에 취소된다. 극장의 공연 중단 조치에

---

9 켄 로치의 초기작에 해당하는 TV 단막극들은 필름을 구하지 못해 일부 장면들을 제외하고 전체 극을 볼 수는 없었다. 단막극 내용은 AIDF(2017)와 존 힐(2014)을 참조하였다.

대해 켄 로치는 "비겁한 건 실수가 아니라 도덕적 선택"이라고 단언한다. 이처럼 어떠한 시대적 상황에서도 한 개인의 선택은 불가피한 것이 아니라 적극적 행위라는 감독의 관점은 신념과 의지를 관철하는 영화 속 등장인물들을 통해 드러난다.

정치적으로 켄 로치는 노동계급 해방운동을 지지하는 좌파 사회주의자이자 반전주의자이다. 초기작부터 최근작까지 그의 영화의 주인공은 영국의 노동자, 사회주의 혁명가, 아일랜드 독립운동가, 실직 노동자, 이주 노동자 등과 같은 '무산계급'인 동시에 민족분쟁, 계급갈등, 전쟁 등과 같은 거대한 역사적 수레바퀴 속에 휩쓸린 '개인'이었다. 1990년대 켄 로치는 채널4의 지원과 함께 다시 왕성하게 영화 작업을 전개한다. 〈랜드 앤 프리덤 Land and Freedom〉(1995), 〈보리밭을 흔드는 바람 The Wind That Shakes the Barley〉(2006)은 각각 스페인 내전과 아일랜드 공화군 독립운동을 다룸으로써 정치적 편향 논란이 재점화되고 영국 보수주의자들뿐 아니라 저널리스트들의 비난이 쏟아질 만큼 정치적 색채가 강한 영화들이었다.

하지만 이제 한 세기를 조망할 만큼 나이 든 역사의 산증인으로서 켄 로치의 시선은 집단으로서의 노동자계급에서 떨어져 나와 파편화된 개별 노동자들의 삶의 구체적 고단함을 향한다. 〈레이닝 스톤 Raining Stones〉(1993), 〈레이디 버드, 레이디버드 Lady Bird, Lady Bird〉(1994), 〈나 다니엘 블레이크 I Daniel Blake〉(2016)와 같은 그의 영화가 좌·우 정치이념적 지평을 넘어 평단과 대중의 광범위한 공감을 얻을 수 있었던 이유는 시대 속 고단한 개인의 삶을 고스란히 드러냄과 동시에 모든 인간은 인간으로서 존엄성을 존중받을 가치가 있다는 점을 일깨우기 때문이다. 동시에 그가 개별자적 인간은 보잘것없고 무력한 존재이지만 또한 스스로 존엄을 끊임없이 추구하고 함께 노력하는 존재라는 믿음을 잃지 않는 휴머니스트이기 때문이다.

현실 공산주의 체제의 몰락으로 이데올로기의 종언이 선언되고 자본주의가 지배적인 경제체제로 건재한 현실 속에서도 여전히 자본주의 구조적 모순과 노동자계급 문제는 켄 로치의 문제의식 한가운데에 자리하고 있다. 초기에는 당시로서 실험적이었던 다큐멘터리 형식의 극영화 연출방식이 주제를 가리는 경향이 있었지만 켄 로치의 작업은 전달하고자 하는 내용이 형식을 결정한 것에 가깝다. 실제 삶의 배경이 주연 배우와 닮은 일반인을 캐스팅해서 의도적으로 전형적 연기를 배재하고 사실성을 높인다. 시간적 순차에 따라 촬영하고 배우들에게 다음 장면을 미리 알려주지 않음으로써 극 속의 인물로서 일어날 사건을 경험하게 한다. 여전히 주인공들은 노동자, 실업자, 저소득 계층 부양자, 구직자 등 제도 언저리에 있는 사람들이다. 길에서 지나치는 사람들의 사소한 일상이 영화 속에서 구조와 국가, 사회와의 관계를 통해 체계적으로 재편될 때 보편성을 획득하고, 정치적 메시지가 분명해진다.

자본주의, 노동상품화, 정당의 탈계급화

영국과 한국의 현실은 그리 다르지 않다. 리키의 택배노동을 중심으로 살펴보자. 택배노동은 코로나19 상황에서 사회 유지를 위한 필수조건이 되었다. 리키의 고용 형태와 유사한 가맹점식 자입제 택배업과 고용식 택배업의 차이가 있으나 어느 쪽이든 수요가 늘어나면서 업무량이 비정상적으로 많아졌고 본사가 책임지지 않는 가운데 택배 노동자에게 강요된 과중한 작업방식 등 이전까지 조명되지 않았던 열악한 택배 노동환경이 주목받게 되었다. 다른 형태의 고용상태를 유지하기 어려운 청장년층이 몰려들면서 경쟁이 치열해지고 택배업 종사자 자신이 더 많은 이윤을 위해 스스로를 착취하는 현상마저 나타났다. 구조적 모순, 제도적 한계, 노동이 시장에 종속된 자본주의의 민낯을 우리는 택배노동이라는 빙산의 일각을 통해 고스란히 보고 있다.

그렇다면 왜 이들은 저항하지 않는가? 현대 민주주의 체제에서 노동자가 힘·권력을 가질 수 있는 유일한 방법은 연대를 통한 정치적 동원이다. 하지만 시장에 완전히 종속되어 상품으로 전락한 노동자는 연대적 행동을 하기 어렵다. 정치적 주체로 나설 수 없게 되는 것이다.[10] 제2차 세계대전 직후 영국을 비롯한 서구 민주주의 국가들에서 노동자계급 정당이 집권했고, 완전고용을 지향하는 친노동자적 복지국가가 형성되었다. 1970년대 경제위기 전까지는 노동자계급의 경제조직인 노동조합과 정치조직인 노동자계급 정당의 협력하에 노동환경의 개선과 복지확대, 노사협의제를 통해 노동의 탈상품화를 어느 정도까지 진전시킬 수 있었다. 하지만 공공부문과 민간부문, 블루칼라 노동자(제조업, 육체노동자)와 화이트칼라 노동자(사무직 노동자), 산업부문별 등 노동자계급의 이해가 점차 분화되고 이들을 대표하는 노동조합 간의 이해도 수렴되기 어려워졌다. 영국은 1970년대를 지나면서 제조업 비중이 약화되었다.[11] 뿐만 아니라 1970년대 공공부문 노조파업과 구조조정 대상인 민간부문 노조파업의 요구 대상과 내용에서 차이가 드러났을 때부터 계급적 연대에는 균열이 가 있었던 것이다.[12]

---

10 노동 상품화와 탈상품화에 대해서는 에스핑앤더슨(1990/2007, 53-57) 참조.

11 영국의 제조업 비중은 1948년 GDP의 40퍼센트 수준에서 2008년 약 15퍼센트에 불과했다. 반면 서비스업은 1948년에는 45퍼센트 정도로 제조업과 비슷한 수준이었으나 2012년에는 80퍼센트에 달했다.

12 1970년대 영국 노조의 생디칼리즘(syndicalism)에 대해서는 Hobsbawm(1984, 273-281) 참조.

영국보수당 대처리즘과 신자유주의적 개혁은 노동자들의 연대와 노동당과 노동조합 간 연계를 통해 구축된 고용안전망을 해체했다. 1987년 대처 정부 집권 이후 18여 년간 영국에는 산업 구조조정, 민영화, 글로벌화 등의 급격한 신자유주의적 정책이 실시되었고 그 가운데 저항하던 노동조합들이 패배하면서 노동 조직과 노동자 연대가 와해되고 노동자들은 보호받을 울타리를 잃었다.

노동자계급의 경제적 대표 조직인 노동조합과 정치적 대표 조직인 노동자 정당의 연계가 약화된 것도 중요한 원인이 되었다. 산업구조의 변화와 함께 제조업-블루칼라 노동자의 수적 우위와 중심적 역할이 약화되면서 영국노동당은 노동자계급의 독점적 지지에 기대기 어려워졌고, 도시 중산층으로 지지층을 확대해갔다. 오랫동안 야당에 머물러 있던 노동당은 선거 승리를 위해 신노동당New Labour 선언을 하면서 노동계급 중심성과 국유화 조항을 폐기하고 본격적으로 '포괄정당catch-all party'화되었다. 이와 같은 노력 끝에 1997년 노동당은 총선에서 이겨 토니 블레어Tony Blair 정부가 들어섰다. 하지만 동시에 많은 노동자들이 노동당에 대한 정당일체감을 상실하였고, 이후로 영국의 정당정치는 점차 분화되었다.

피케티는『21세기 자본』(2014)을 통해 자본소득 비율이 근로소득을 압도하는 현시대 자본주의의 불평등 문제를 설득력 있게 제기한 바 있다. 1990년대 이후 금융서비스업으로의 산업구조 전환과 시장 글로벌화, 생산기계화, 공공부문 축소 등으로 정규직 노동이 차지하는 비중이 줄어들고 비정규직 노동이 늘어나는 이중적 노동시장화가 글로벌 현상이 되었다. 경제위기 주기가 짧아지고 기술전환이 보다 빠르게 일어나며 고용 안정성은 약화되었다. 이런 상황에서 리키와 같이 구조조정으로 일자리를 잃고 원치 않는 비정규직이나 임시직을 전전하게 된 현대의 노동자계급은 자산계급이 되기를 꿈꾼다. 근로소득만으로 바라는 삶을 살 수 없고 언제든 일자리를 잃을 수 있다는 사실을 알기 때문이다. 하지만 노동을 통해 종잣돈을 만들고 이에 기반해 자산이 증식하는 파이프라인을 구축할 수 있는 사람은 극히 드물다. 모두가 성공한 상위 1퍼센트가 되기 위해 수단과 방법을 가리지 않고 달리는 상태, 그것이 현시대 자본주의 시장 경쟁의 특징이며 이 세계에서 건물주는 조물주 위에 군림한다.

터너 가족의 위기, 일·가정 균형 불가능

리키와 애비, 셉이 거리에서 바쁘게 움직이는 장면들은 각자의 삶의 현실을 투영한다. 리키는 매일 택배를 정해진 시각까지 고객에게 전달하는 임무와 손익분기점을 넘길 만큼의 택배량에 종속된다. 애비는 돌봄 대상 노인 각자가 원하는 바를 살피고 돌보기 위해 조금 더 여유를 갖고 싶지만 이와 같은 바람은 건당 수당을 받는 돌봄서비스 파견 노동자에게 허용되지 않는다. 더욱이 차를 팔고 나서는 대중교통을 이용해서 원거리를 이동해야 하기 때문에 일의 강도는 더 높아지고, 귀가 시간은 늦어진다. 그녀는 고령화 사회에 필수 불가결한 존재인 동시에 언제든지 대체 가능한 비정규직 노동자이다. 근로조건의 향상이나 서비스 질 개선을 위한 의견 제시를 할 수 있는 위치에 있지 않다.

리키와 애비는 냉전 해체 이후 세대인 "자유의 아이들"(울리히 벡 1995) 세대이다. 이들은 민족·종교·계급·이념 등 근대적 집단 정체성을 통해 무리를 형성한 인간들과는 달리 정체성을 잃고 저마다의 개별적인 연대기를 써내려간다. 이들에게 울타리가 되었던 정당, 노동조합, 교회 조직은 무능력하다. 사회집단의 일원으로서 자기 이익과 무관하게 공공의 이익을 위해 묵묵히 눈에 띄지 않게 헌신하기를 거부한다. 생존을 위해 노동하는 인간으로 왜소화된 채 저마다 하나의 섬으로 떠 있게 되는 것이다.

새로운 세대들의 삶은 어떠한가. 영화 속 밀레니엄 세대는 방황한다. 셉은 학교생활에 적응하지 못하고 또래 친구들과 어울려 자신의 생각을 거리에서 그림으로 표현한다. 그의 시선에서 어른들의 세상은 위선적이고 모순에 가득 차 있다. 가족의 중요성을 모르는 것도, 부모를 존중하지 않는 것도 아니다. 친구는 더 큰 도시로 기회를 찾아 떠나지만 셉은 머무른다. 부모의 관심과 관여를 거부하지만 도움이 필요한 시기임은 분명하다.

셉의 무단결석이 길어지자 학교에서 리키와 애비를 호출한다. 리키는 셉에게 열심히 공부해서 잘 살 수 있는 기회를 잡으라고 설교하고 애비는 대학 진학을 권유한다. 셉의 반응은 냉소적이다. 막내딸 라이자는 가족의 사랑을 한 몸에 받는 예외적 존재이다. 하지만 리키와 애비가 가족과 함께 할 수 있는 시간이 적어지고 리키와 셉의 갈등이 깊어지면서 화목한 가족을 되찾기 위해 아버지 택배 밴의 키를 숨긴다.

벌금을 감수하고 셉의 학교를 방문하려던 때 택배 털이범들이 리키를 덮치고 오줌통의 오줌을 얼굴에 뿌리며 모욕한다. 폭행을 당한 리키는 병원을 찾는다. 하지만 병원 응급실은 처치를 기다리는 노동자들, 노인들, 아이들, 여성들로 만원이다. 영국은 국민보건서비스National Health Service, NHS가 비교적 잘 갖춰진 국가이다. 하지만 적절한 시기에 필요한 조치를 받지 못하는 응급실 환자들은 모두 지쳐 있다. 리키는 집으로 돌아온다. 다음날 새벽 돌아온 셉을 비롯한 가족 모두의 만류에도 불구하고 리키는 밴을 몰고 거리로 나선다.

적정 수면시간, 가족의 유대, 배우자와의 섹스, 건강을 유지하기 위한 배설 타이밍 … . 이 모든 것은 인간의 기본욕구이자 건강한 삶을 유지하기 위한 필수조건이다. 자아를 실현하고 나와 타인을 연결하는 매개로서의 노동은 소실되고 상품화된 노동이 남은 사회에 남은 것은 경쟁뿐이다. 인간을 인간답게 하는 요소들은 점차 소멸된다. 켄 로치가 던지는 정치적 메시지는 노동자 연대와 저항 역사적 계기뿐이 아니다. 처음부터 끝까지 켄 로치는 현대사회와 인간존엄성에 대해 반복적으로 질문을 던지고 있는 것이다.

한국, OO의 시선, Sorry We missed you

켄 로치의 영화는 〈랜드 앤 프리덤Land and Freedom〉(1995)을 시작으로 한국에서 꾸준히 개봉되어왔다. 〈랜드 앤 프리덤〉이 개봉된 때는 세계적으로는 공산주의 진영이 해체되고 미국 중심의 글로벌 시장경제가 확산되는 동시에 인터넷 혁명으로 월드와이드웹www 생태계가 구축되는 전환의 시기였다. 한국에는 민주화운동의 거센 물결이 지나가고 노태우 정부시기를 거쳐 김영삼 문민정부가 수립된 시기이다. 1990년대 초 문화개방과 여행 자유화의 파도를 타고 풍요와 자유를 상징하는 X세대의 등장으로 지금은 다양성 영화로 분류되는 유럽, 러시아, 중앙아시아, 일본 등 다국적 영화들이 그 어느 때보다 풍성하게 유입되었다.

켄 로치의 영화도 그중 하나였다. 하지만 X세대라는 명칭 자체가 상징하듯 하나로 정형화하기 어려운 전환기세대의 방황과 감성을 생생하게 이미지화한 레오 카락스Leos Carax의 영화들[〈소년, 소녀를 만나다〉(1984), 〈퐁뇌프의 연인들〉(1992)], 인간구원과 자유를 주제로 한 〈베를린 천사의 시〉(빔 벤더스Wim Wenders 1987/1993 한국 개봉) 등 새로운 시대적 조류를 타고 등장한 뉴시네마 세대의 영화와 달리 〈랜드 앤 프리

[그림 10-2] 〈랜드 앤 프리덤〉 영화 포스터

덤〉은 국제공화주의, 사회주의, 공산주의자 연대와 패배, 파시즘과 기득권층 간 이해의 접합과 승리로 상징되는 스페인내전(1936~39) 일부를 소재로 한 것이었다. 켄 로치의 영화는 이념적 대립이 사라진 전환기의 혼란과 끝나지 않은 민족 분쟁의 현실을 짙은 안개와 레닌 동상의 철거 장면을 통해 그려낸 〈율리시즈의 시선〉(테오도로스 앙겔로풀로스Θεόδωρος Αγγελόπουλος 1995), 독일통일 이후 동독의 명암을 신세대의 시선으로 재기발랄하게 풍자한 〈굿바이 레닌〉(볼프강 베커Wolfgang Becker, 2003)과도 달랐다. 시대적 전환과 역사청산, 망각에의 강요에도 불구하고 그의 시선은 기득권층에 대한 비판을 담고 이념과 조직을 넘어선 노동자계급의 평등한 연대 가능성을 보여줬던 역사적 경험으로 향했다. 탈근대의 신세대는 그의 영화를 통해 이전 세대의 연대와 투쟁의 경험을 따라가면서 역사를 학습한다.

한국의 영화잡지 『키노Kino』는 켄 로치와 인터뷰에서 마르크스주의와 20세기 주요 사건들이 망각되는 현실 속에서 노동계급의 국제적 연대와 혁명에 대한 낙관적 비전을 말하는 것은 이상주의자의 향수가 아닌가라고 질문한 바 있다[13]. 에둘러 말해 '향수'이지 사실은 '시대착오'가 아닌가 라고 묻고 싶었을지도 모른다. 켄 로치는 단호하게 대답한다. "역사는 향수가 아니다. … 역사가 향수에 불과하다고 말하는 것은 권력을 가진 부르주아들에게 적합한 말이다. 역사는 우리가 지금 처한 상황을 설명해주며, 따라서 역사를 탐구하여 민중들에게 그들의 역사를 되돌려 주는 것은 감독으로서 갖는 책임 중 하나인 것이다."

25년이 지난 현재, 성장한 "자유의 아이들"은 진정 자유로운가. 노동조합과 화석화된 노동자평의회soviet에 대한 기대가 무너지고 노동자 정당이 탈계급화한 현재, 노동자들의 삶은 더욱 파편화되었다. 무수한 리키와 애비들은 성인이 되어 가족을 이루었다. 일과 사랑을 통해 가족과 연결되고 사회적 유대를 갖는 평범한 가정은 사회를 유지하고 국가 경제를 지탱하는 단위가 된다. 자본주의가 역동성을 상실하고 소득 불평등이 심화되며 '세습자본주의'(피케티 2014)화된 현재, 노동자들의 삶은 그들의 자식으로 이어진다. 임노동으로 생계를 유지하는 모든 사람들은 고단하고 힘든 삶을 이어갈 수밖에 없는가? 문제가 정치라면 바꾸면 되지 않는가? 하지만 그렇다면 왜 정권교체에도 불구하고 답답한 현실은 그대로인가? 자녀 교육비를 지출하고 주택담보대출금을 상환하면서 가족을 돌보고 매일의 생활을 이어가야 하는 이들에게 양당 중 어느 당이 집권하는지는 중요하지 않다. 정치나 사회문제에 관심을 기울이거나 동참할 여유는 사치에 가깝다.

한국의 인기 TV 드라마였던 〈응답하라 OOOO〉 시리즈는 1970~80년대생들을 호출했다. 하지만 "응답하라"에 짙게 드리워진 가족주의와 골목공동체에 대한 향수는 밀레니엄 세대들에게도 반향을 일으켰다. 변

---

13 영화잡지 『키노』의 켄 로치 인터뷰(1997년 9월) 내용은 김현(2017) 참조.

화한 경제구조와 사회적 현실 속에서 과거를 복원할 수는 없다. 이제 다음 세대는 밀레니엄 세대이다. 전 세대가 발신한 "응답하라"에 '반응'하는 것이 아니라 스스로 "응답하라"를 발신할 때인 것이다.

강의 중 터너 가족 이야기를 셉과 동시대를 사는 밀레니엄 세대 학생들에게 소개하면서 "개인의 가난은 무엇 때문이라고 생각하는가?"라고 묻는다. 구조 때문인가, 국가 혹은 사회 때문인가, 개인의 책임인가? 학생들의 기대와 달리 정답이 따로 있는 질문이 아니다. 켄 로치의 시선은 일관되게 자본주의 구조와 이를 지탱하는 국가관료, 사회조직 엘리트로 향해왔다. 기득권 질서를 바꾸려는 노동자들의 연대와 평등한 질서의 희망을 제시했다. 이 세대의 시선은 무엇을 바라보며 어디로 향하는가? "Sorry, We missed you"는 수령자 부재 시 택배를 직접 전달하지 못한 택배원이 남기는 메시지이다. 동시에 시스템의 한 톱니바퀴로 살아가는 익명의 누군가에 대한 사과의 메시지로 읽힌다. 누가 누구에게 남기는 메시지인가?

참고문헌

- 김현. 2017. 『걱정말고 다녀와』 (서울: 알마).
- 울리히 벡 저, 정일준 역. 1995/2000. 『적이 사라진 민주주의』 (서울: 새물결).
- 에스핑애더슨 저, 박시종 역. 1990/2007. 『복지 자본주의의 세 가지 세계』 (서울: 성균관대학교출판부).
- 이혜란. 2020. "홀의 정치학: 켄 로치의 〈지미스 홀〉이 재현하는 아이리쉬 유토피아." 『문학과 영상』 21권 3호.
- 존 힐 저, 이후경 역. 2014. 『켄 로치: 영화와 텔레비전의 정치학』 (서울: 컬처룩).

- 토마 피케티 저, 장경덕 외 역. 2014. 『21세기 자본』(서울: 글항아리).

- Hobsbawm, Eric. 1984. *Workers: Worlds of Labor* (New York: Pantheon Books).

영화

- 〈나 다니엘 블레이크 I Daniel Blake〉 2016, 켄 로치(Ken Loach) 감독.

- 〈레이닝스톤 Raining Stones〉 1993, 켄 로치(Ken Loach) 감독.

- 〈랜드앤프리덤 Land and Freedom〉 1995, 켄 로치(Ken Loach) 감독.

- 〈미안해요, 리키 Sorry, We missed you〉 2019, 켄 로치(Ken Loach) 감독.

- AIDF. 2017. 다큐멘터리 〈켄 로치의 삶과 영화 Versus: The Life and Films of Ken Loach〉 2016, 루이즈 오스몬드(Louise Osmond) 감독.

지역주의를 넘어 사회통합으로

〈웰컴 투 사우스 Benvenuti al Sud〉(2010, 이탈리아)

임동현

이탈리아 지역주의의 역사적 형성

〈웰켐 투 사우스〉는 이탈리아에 존재하는 남부와 북부 사이의 지역갈등을 소재로 한 코메디이다. 우체국 지점장 알베르토Alberto는 교육열이 높은 아내의 등쌀에 못 이겨 밀라노로 전근을 가고자 한다. 그는 장애인인 척 가장함으로써 회사의 장애인 우대 방침을 악용하려 했지만 결국 발각이 되고 남부에 위치한 카스텔라바테Castellabate라는 마을로 2년 동안 좌천된다. 모두가 기피하는 땅끝마을 카스텔라바테는 지금까지 알베르토가 살아온 북부와는 모든 면에서 전혀 다른 세상이다. 영화는 그곳에서 알베르토가 현지의 사람들과 부딪히며 겪는 일들을 다룬다.

영화를 제대로 감상하기 위해서는 우선 이탈리아의 지역감정에 대한 이해가 선행되어야 한다. 유럽 다른 국가의 국민들과 마찬가지로 이탈리아인들의 정체성 역시 크게 세 가지 차원으로 구분된다. 첫째는 초국가적 정체성으로 유럽인으로서 갖는 동질감이다. 둘째는 이탈리아인으로서의 국가적 정체성이다. 그리고 셋째는 지역적 정체성으로 자기가 태어나고 자란 지역에 대해 갖는 애착과 소속감이다. 차이가 있다면 이탈리아인들의 경우 지역적 정체성이 다른 두 정체성을 압도할 만큼 강하다는 것이다. 게다가 이탈리아인들의 지역적 정체성은 주regione, 현provincia, 시comune 단위로 다층적으로 형성되어 있다. 예를 들어 롬바르디아Lombardia주 밀라노Milano현 코르베타Corbetta시에서 태어난 이탈리아인은 세 가지 차원의 지역적 정체성을 갖는다. 이러한 이탈리아인들의 지역적 정체성을 잘 나타내는 용어가 캄파닐리즈모campanilismo이다. 보통 '배타적 애향심'으로 번역되는 이 용어는 교회의 종탑을 가리키는 캄파닐레campanile에서 유래한다. 중세의 어느 도시에나 교회의 종탑이 존재하고 있었고 전통적으로 이탈리아인들의 생활반경 그리고 애착의 범위는 종탑의 소리가 닿는 곳까지였다.

이러한 이탈리아인들의 지역적 정체성은 독특한 역사발전 과정의 산물이다. 이와 관련하여 우리는 근대 국가 이탈리아의 형성이 비교적 최근의 일이라는 점을 잊어서는 안 된다. 476년 서로마제국의 멸망 이후 1861년 민족부흥운동(리소르지멘토, Risorgimento)의 결과 통일 이탈리아 왕국이 성립되기까지 약 1,400년 동안 이탈리아는 단 한차례도 통일국가를 형성해 본 경험이 없다. 여러 도시국가들로 분열되어 있었을뿐더러 많은 경우 반도의 패권을 놓고 대립하는 관계였다. 따라서 통일왕국의 형성되었다고 해서 어느 날 갑자기 이들이 이탈리아인이 될 수는 없는 노릇이었다.

민족부흥운동 시기 이탈리아인들에게 사상적으로 가장 많은 영향을 미쳤던 것은 제노바 출신의 정치가 주제페 마치니Giuseppe Mazzini였다. 그는 1831년 민중에 의한 공화국 수립이라는 정치적 목적을 분명하게 내세우며 '청년이탈리아당La Giovine Italia'이라는 비밀결사체를 조직했다. 마치니의 사상은 1833년 당원의 수가 5만 명에서 6만 명 사이를 헤아릴 정도로 이탈리아 전역에서 즉각적인 반향을 일으켰고, 1849년에는 교황령 국가에서 일어난 혁명을 토대로 로마공화국Repubblica romana을 수립하기도 했다. 사르데냐 왕국에서 해군 복무를 마친 주제페 가리발디 Giuseppe Garibaldi 역시 청년 이탈리아 당의 당원이었다. 그는 비록 실패로 끝나긴 했지만 1834년 마치니가 기획했던 혁명운동에 동참했고 1848년 마치니가 이끄는 로마공화국에 참가하여 프랑스의 나폴레옹 3세에 대항한 방어전을 지휘하기도 했다. 그러나 프랑스의 무력간섭으로 공화정은 붕괴되었고 뉴욕으로 망명한 가리발디는 1854년부터 사르데냐 인근의 카프레라Caprera 섬에 은거하기 시작했는데, 바로 이 시기부터 가리발디 는 이탈리아 통일운동의 대의를 사르데냐-피에몬테 왕국에서 찾기 시작 했다. 이후 시칠리아에서 발생한 반란 사건을 계기로 1860년 "붉은 셔츠단Camicie rosse"이라는 이름의 의용대를 조직한 가리발디는 시칠리아를 시작으로 칼라브리아와 나폴리 등 이탈리아 남부를 점령하는데 성공했다. 그리고 결국 같은 해 테아노Teano에서 사르데냐-피에몬테왕국의 국왕 빅토리오 에마누엘레 2세Vittorio Emanuele II와 만나 자신이 점령한 영토를 바침으로써 통일의 여정이 완수되었다.

통일왕국의 형성이 침체의 늪에 빠져 있던 이탈리아를 근대국민국가로 전환시킴으로써 향후 유럽 열강의 반열에 오르도록 만드는 계기가 되었던 것은 분명하다. 그러나 사르데냐-피에몬테 왕국의 재상 카부르 Camillo Benso Cavour가 주도하던 왕정 중심의 통일이 이루어지며 이탈리아가 안고 있던 내부의 모순도 그 모습을 드러내기 시작했다. 당시 많은 이탈리아인들이 보기에 왕정 중심의 통일은 단순히 사르데냐-피에몬테 왕국의 영토가 확장된 것에 지나지 않았다. 모든 지방의 제도와 법령 및 행정과 세금은 사르데냐-피에몬테 왕국의 제도와 법령으로 대체되었다. 따라서 통일과 동시에 이탈리아가 안고 있던 내부의 모순도 그 모습을 드러내기 시작했는데, 앞서 언급했던 강한 지역적 정체성과 그로 인해 발생하는 갈등이 대표적인 사례이다. 이러한 맥락에서 이탈리아의 민족부흥운동은 '불완전한 통일'이라는 결과를 낳았다고 말할 수 있다. 즉 정치적 통일은 이루었으되, 정서적 통일은 요원한 상태였는데 "이탈리아를 만들었으니 이제 이탈리아인을 만들 차례"라는 민족부흥운동 시기의 정치가이자 저술가 마씨모 다젤리오Massimo d'Azeglio의 말이 이러한 상황을 잘 대변한다.

남부문제와 북부동맹

이탈리아의 상황은 전통적인 지역주의에 남부문제Questione meridionale 가 더해지며 더욱 복잡해진다. 남부문제란 캄파니아Campania, 아브루초 Abruzzo, 바실리카타Basilicata, 풀리아Puglia, 칼라브리아Calabria 그리고 시칠리아Sicilia와 사르데냐Sardegna를 포함하는 이탈리아 남부의 경제적·사회적·제도적 후진성을 의미하는 용어이다. 특히 경제적으로 이탈리아 남부의 GDP는 이탈리아 전체의 약 20퍼센트에 불과한 반면 실업률은 이탈리아 전체의 약 70퍼센트를 차지한다. 또한 이 지역은 전통적으로 지하경제의 규모가 큰 데다가 소득 수준이 낮고 빈곤층의 비율이 높다. 이러한 지역격차의 발생 원인은 전통적으로 다음 두 가지로 설명되어 왔다.[14] 첫째는 이중구조론으로 남부와 북부의 고유한 조건과 역사적

---

14 남부문제의 역사적 기원에 대한 서술은 다음의 글을 수정·보완하였음. 임동현, "역사발전의 과정을 통해 본 이탈리아 사회와 문화", 김종법 외 『유럽정치론』 (박영사, 2018), pp. 302-317 참조. 그밖에 남부문제의 형성과 역사적 배경에 대해서는 김종법, "이탈리아 남부 문제에 대한 정치사상적 기원: 치꼬띠에서 그람쉬까지", 『世界地域研究論叢』, 24집

경험의 차이가 원인이라는 주장이다. 이러한 차이는 이미 고대부터 시작되었다. 고대에 이탈리아 북부는 에트루리아와 로마의 영역이었던데 반해 남부는 일찍부터 마냐 그레치아(혹은 마그나 그라에키아Magna Graecia)라고 불리는 그리스의 식민도시들이 번영을 누리고 있었다. 이후 로마제국 안에서 남부와 북부가 통합되지만 476년 서로마제국의 멸망 이후 이탈리아 북부에서는 꼬무네comune라 불리는 상공업 기반의 자치도시들이 발달했던 반면 남부는 1139년 나폴리공국Ducato di Napoli이 노르만 출신의 팔레르모 왕 루제로Ruggero il Normanno에게 양도된 이후 계속해서 외국 왕조의 지배를 받아왔다. 이에 따라 이탈리아 남부에서는 근대에 이르기까지도 사회적·경제적으로 봉건적인 구조가 지속되어 왔던 반면 자본주의의 발달은 저해되었다. 지정학적 위치 역시 이러한 차이를 낳은 요인 가운데 하나이다. 이탈리아 북부는 산업이 발달한 알프스 이북에 인접하여 자본주의적 성장을 도모할 수 있었으나 지중해에 가까운 남부의 경우 산업의 발전과는 거리가 먼 지역에 위치하고 있었다.

[표 11-1] 남부 이탈리아를 지배했던 외국 왕조들

1130년	노르만인들에 의해 시칠리아 왕국 건설
1194~1224년	신성로마제국
1224~1441년	프랑스 앙주 왕가
1441~1714년	스페인 아라곤 왕가
1714~1734년	오스트리아 합스부르크 왕가
1734~1861년	스페인 부르봉 왕가

(2006), pp. 75-101; 김종법, "이탈리아 남부 문제의 역사: 카부르에서 니띠까지 부르주아 지배계급의 관점에서", 『이탈리아어문학』, 15집(2004), pp. 59-86 참조.

두 번째는 내부 식민지론이다. 이탈리아 통일 이후의 산업화 과정에서 북부가 남부를 착취하는 구조로 인해 오늘날 북부와 남부의 격차가 생겨났다는 주장이다. 다시 말해 사보이아 왕가 치하의 사르데냐-피에몬테 왕국을 중심으로 통일이 이루어지며 북부 중심의 산업화가 이루어졌고 이 과정에서 북부의 산업자본가들이 남부를 제국주의적으로 착취하며 남부의 저개발이 심화되었다는 것이다.[15]

원인이야 어찌됐든 남부문제는 오늘날 이탈리아의 사회통합을 가로막는 가장 중요한 원인이다. 통일 이후 지역격차를 해소하기 위한 이탈리아 정부의 많은 노력에도 불구하고 격차는 좁혀지지 않았고 이로 인한 갈등은 더욱 심화되었다. 오늘날 오성운동M5S과 더불어 이탈리아 극우 포퓰리즘 연정의 한 축을 담당하고 있는 북부동맹의 탄생과 성장 역시 남부문제의 산물이라고 할 수 있다. 이탈리아 정부는 1950년대 남부의 저개발을 해소하기 위한 목적으로 남부기금Cassa per il Mezzogiorno을 조성하여 북부의 기간산업을 남부로 이전하려 시도한다. 그러나 이러한 정책은 이탈리아 정부의 비효율적인 기금 운영에 1970년대 석유파동이 겹치며 실패로 끝나게 되었고 이후 정부는 남부에 대한 복지와 소득 수준을 높여주는 직접 지원의 형태로 바뀌게 된다. 그러나 이는 남부를 북부 산업의 소비시장으로 만드는 결과를 낳았을 뿐이다. 이탈리아 전체 인구의 45퍼센트를 차지하는 북부인들이 세금의 70퍼센트를 부담하는 상황이 지속되면서 불만이 점차 누적되어 갔다. 이러한 배경 속에서 북부 분리주의가 태동하게 된다.

---

15 남부문제를 설명하는 두 이론의 상세한 내용은 다음의 연구에 잘 설명되어 있음. 김시홍, "이탈리아 지역주의의 사회적 기원", 『유럽연구』, 17집 (2003), pp. 169-186; 이사이아 살레스, "특집1: 각국의 지역갈등 지역주의와 국가분열의 위기에 처한 이탈리아 남부와 북부", 『역사비평』, 34집 (1996), pp. 16-27 참조.

북부 분리주의를 표방하는 극우 정당 북부동맹Lega Nord은 파비아 대학에서 의학을 전공했고 1987년 부터 상원의원을 지냈던 정치가 움베르토 보시Umberto Bossi에 의해 1991년 창당되었다. 초기에는 남부와 북부의 인종적·문화적 차별성을 강조하며 북부의 완전한 독립을 주장했고 1996년 롬바르디아 Lombardia, 베네토Veneto, 피에몬테 Piemonte, 에밀리아-로마냐Emilia-Romagna, 리구리아Liguria, 프리울리-베네치아 줄리아Friuli-Venezia Giulia, 트렌티노-알토 아디제Trentino-Alto Adige, 발레 다오스타Valle d'Aosta의 북부 8개 주에 이탈리아 중부의 토스카나Toscana, 마르케Marche, 움브

[그림 11-1] 북부동맹의 정당 로고

[그림 11-2] 파다니아 연방공화국의 지리적 범위

리아Umbria 3개 주를 더하여 파다니아 연방공화국Repubblica federale padana을 선포하기도 했다. 북부동맹의 로고에 그려진 중세 기사의 모습은 이들이 파다니아 연방공화국의 역사적 기원을 12세기의 롬바르디아 동맹Lega Lombarda에서 찾았다는 사실을 보여준다.

당시 신성로마제국 황제였던 프리드리히 1세는 성직 임명권을 두고 대립해왔던 교황의 권한을 황제의 권한 아래에 복속시키는 한편 이탈리아 남부에서 비잔티움 제국의 팽창을 견제하기 위해 총 여섯 차례의 이탈리아 원정을 단행했다. 이에 대해 이탈리아의 꼬무네들은 동맹을 결성

하여 맞섰고 이리하여 1167년 이탈리아 북부에서 총 서른여섯 개의 꼬무네가 참여한 롬바르디아 동맹이 결성되었다. 이탈리아 반도를 향해 진격한 프리드리히 1세의 군대는 1167년과 1174년 두 차례에 걸쳐 로마를 점령하였으나 롬바르디아 동맹의 산발적인 공격으로 후위에서 큰 어려움을 겪었다. 결국 롬바르디아 동맹은 1176년 레냐노Regnano 전투에서 프리드리히 1세의 군대를 패퇴시켰고 그 결과 이탈리아의 꼬무네는 행정과 사법 그리고 재정적 영역에서 광범위한 자치권을 획득하게 된다. 레냐노 전투는 본래 19세기 이탈리아의 독립을 주장하던 민족주의자들에 의해 빈번하게 인용되던 사건으로, 한 세기가 지나 이제 북부 분리주의의 대두와 함께 새로운 상징성을 갖게 된 것이다.

북부 분리주의 이외에도 반이민·반난민·반세계화·반유럽을 기치로 내건 북부동맹은 1994년 총선에서 하원에서 8.4퍼센트의 득표를 올렸는데 다당제 국가인 이탈리아의 정치 지형을 고려한다면 대단히 성공적인 결과였다. 당시 베를루스코니가 이끌던 우파 연립정부의 입장에서는 결코 무시할 수 없는 캐스팅 보트였다. 이후 북부동맹의 지지율은 계속해서 쇠퇴하는 경향을 보이는데 움베르토 보씨의 지속적인 극단주의가 주된 원인이었다. 결국 2013년 보씨의 뒤를 이어 북부동맹의 당수가 된 밀라노 출신의 젊은 정치가 마테오 살비니Matteo Salvini는 이전의 극단주의적 성향을 벗어던지기 위해 노력했다.

남부와 북부의 인종적·문화적 차별성을 강조하며 북부의 완전한 정치적 독립을 주장했던 초기의 입장은 더 이상 찾아볼 수 없었다. 심지어 2017년에는 당명에서 '북부'를 떼어버리고 외연확대에 나섰다. 그러나 그들이 가지고 있던 이탈리아 남부에 대한 배타성이 오늘날에는 비유럽의 이민자들에게로 확대되는 경향을 보이고 있으며, 현재 반이민과 반난민 그리고 유로회의주의를 공통분모로 하여 신생정당 오성운동과 극우 포퓰리즘 연정을 형성하기도 했다.

스테레오타입

정치적인 북부 분리주의가 쇠퇴했다고 해서 그것을 남부와 북부 사이의
경제적인 격차가 해소되었다거나 혹은 남부와 북부 사이의 정서적인 갈
등이 해소되었다는 의미로 받아들여서는 곤란하다. 이탈리아에서 남부
란 단순히 지리적인 명칭이 아니다. 통일 이후 한 세기 하고도 반 이상이
지나는 동안 이탈리아인들의 집단적인 기억 속에 남부는 언제나 낙후와
부패 그리고 균형발전을 위한 정책 실패의 상징으로 각인되어 있었다.
일찍부터 산업이 발달했던 북부의 사람들에게 있어 남부의 사람들은 마
치 역사와 문화 그리고 언어까지 이질적인 외국의 이주 노동자와도 같았
다. 북부 중심의 경제발전이 한창이던 1960년대 토리노Torino에 위치한
부동산 중개사무소에서 남부의 사람들에게는 세를 놓지 않는다는 구호
가 보이는 것은 낯설지 않은 풍경이었다. 남부의 사람들에게 있어서도
북부는 자신이 태어나고 자란 곳과는 동떨어진 삶의 방식이 지배하는 곳
이었다.

이러한 상황 속에서 이탈리아 북부의 사람들은 남부의 사람들과 관
련된 여러 부정적인 스테레오타입들을 끊임없이 생산해왔는데 그것은
남부의 사람들도 마찬가지였다. 오늘날 이탈리아인들의 사회에서 어렵
지 않게 들을 수 있는 스테레오타입을 나열해보면 다음과 같다.

먼저 일반적으로 남부의 사람들은 가족 간의 결속력이 강하다고 인
식된다. 이와 관련하여 이탈리아 남부의 남성들은 맘모네Mammone라 불
리기도 하는데, 흔히 마마보이로 번역되는 이 단어는 엄마가 차려주는

밥상을 버리지 못하는 남성을 의미한다. 북부의 사람들이 성인이 되어서도 분가하지 않고 부모와 함께 사는 남부의 사람들을 조롱 섞인 어조로 부르는 말이다. 그리고 남부의 사람들은 보통 순수하고 정이 많은 대신 시간관념이 부족하고 공사의 구분이 불명확하다고 인식된다. 거꾸로 남부의 사람들은 북부의 사람들에 대해 시간관념이 철저하고 공사의 구분이 확실한 대신 이기적이고 인색하며 개인주의적이라는 생각을 가지고 있다.

또한 언어나 음식과 관련된 스테레오타입들도 존재한다. 북부는 이탈리아어를 그리고 남부는 이탈리아어가 아닌 방언을 사용하며, 간소한 식사를 하는 북부의 사람들과 달리 남부의 사람들은 삼시세끼 만찬을 즐긴다는 인식이 강하다. 그 밖에 남부의 사람들은 다혈질이고 폭력적인데다가 비위생적이라 질병이 만연하다는 스테레오타입도 존재한다. 물론 어디까지가 근거 없는 편견이며 또 어디까지가 실제로 존재하는 문화라고 할 수 있는지 구분하는 것은 쉽지 않은 일이다. 문제는 오늘날 이탈리아 사회에서 광범위하게 유통되고 있는 이런 스테레오타입들은 단순히 재미를 위한 이야기에서 끝나지 않으며 때때로 이탈리아 남부가 안고 있는 많은 사회문제의 원인으로 지목되기도 한다는 점에 있다. 예를 들어 공사의 구분이 불명확한 기질이 이탈리아 남부에 만연한 부패의 원인이며 폭력적인 성향이 높은 범죄율의 원인이라는 식의 근거 없는 설명 등이다.

〈웰컴 투 사우스〉에서는 이러한 스테레오타입이 웃음을 자아내는 소재로 활용된다. 카스텔라바테로 발령을 받은 알베르토는 가족들과 지인들로부터 그곳에 대한 수많은 부정적인 소문들을 듣게 된다. 이를테면 그곳은 열병과 수막염, 장티푸스와 같은 질병이 만연한 곳이라든가 마피아들의 소굴이며 이탈리아어가 통하지 않는 곳이라는 등의 소문이다. 가족들과 떨어져 카스텔라바테를 향해 내키지 않는 발걸음을 옮긴 알베르토는 그곳에서 두려움 가득한 마음으로 자신과 함께 일할 우체국 지점의 부하 직원들을 대하게 된다. 그는 자신을 집에 묵게 해준 마티아를 마피아 조직원이 아닐까 의심하며, 생일 파티를 열어주려는 부하 직원들을 피해 달아나며 추격전을 벌이기도 한다.

흥미로운 것은 알베르토가 들었던 소문들이 오늘날 이탈리아인들의 대화에서 쉽게 들을 수 있는 남부에 대한 대표적인 스테레오타입, 즉 남부는 비위생적이고 질병이 만연하며 남부의 사람들은 폭력적이고 알아들을 수 없는 방언을 사용한다는 등의 편견에서 크게 벗어나지 않는다는 점이다. 영화를 감상하는 이탈리아인들은 누구라도 알베르토에게 남부에 대한 소문을 전하는 지인들에게서 그리고 편견에 찬 시선으로 카스텔라바테의 사람들을 대하는 알베르토에게서 스스로의 모습을 발견하게 되며, 자연스럽게 자신이 우스갯소리로 이야기해오던 스테레오타입들이 정말 사실인가에 대한 의문을 갖게 된다.

알베르토가 카스텔라바테에서 실제로 체험하게 되는 남부의 문화는 자신이 살던 북부와는 커다란 차이가 있었다. 영화에서는 각각 남부와 북부를 상징하는 치즈 모짜렐라와 고르곤졸라가 이러한 차이를 부각시키기 위한 소재로 등장한다. 모짜렐라는 이탈리아 남부에서 물소 젖으로 만드는 가공되지 않은 치즈인 반면, 밀라노의 작은 행정구역에서 그 이름이 비롯된 고르곤졸라는 이미 중세부터 생산되기 시작한 북부를 대표하는 블루치즈이다. 곰팡이 핀 모양새를 하고 있고 악취가 풍기지만 많은 이탈리아 요리에서 빠질 수 없는 식재료이다. 알베르토는 남부에서 고르곤졸라의 냄새를 맡으며 떠나온 가족과 북부에 대한 향수를 이겨내고 마티아의 어머니에게 고르곤졸라를 선물하기도 한다. 그러나 치즈의 냄새를 맡고 상해서 먹을 수 없는 식재료라 생각한 마티아의 어머니는 고르곤졸라를 쓰레기통에 던져버리고 마는데 두 지역의 상호 이해가 그만큼 어렵다는 뜻으로도 해석되는 대목이다.

영화는 알베르토가 실제로 체험하게 되는 남부의 문화를 다소 과장되게 묘사하는데 이 역시 웃음을 자아내는 요소이다. 알베르토는 방언을 사용하는 직원들과 전혀 의사소통이 되지 않아 부하 직원 가운데 하나인 마리아가 통역에 나서고, 마티아의 어머니는 성인이 된 마티아를 여전히 어린 아이처럼 대한다. 고객들이 밀려 있는데 직원들은 한없이 느긋하고 점심식사를 하러 나간 직원들은 돌아올 줄 모른다. 그리고 우편배달에 나서면 방문하는 곳마다 리몬첼로, 즉 남부에서 레몬으로 만드는 식후주를 권하는 통에 만취 상태가 된다. 생소한 남부의 문화에 적응하지 못하던 알베르토는 자신이 북부에서 해오던 방식 그대로 부하 직원들을 몰아붙인다. 그 과정에서 갈등이 유발되기도 하지만 결국 우체국 앞마당에서 직원들과 축구를 즐기고 커피를 마시며 남부의 방언을 배워 사용하는 등 마음을 열고 남부의 문화를 받아들인다. 그 후 북부에서는 찾아볼 수 없었던 아름다운 풍경이 눈에 들어오기 시작하고, 맛있는 음식을 즐기고 정이 많은 사람들과 어울리게 되자 카스텔라바테는 천국이 된다.

통합의 가능성

〈웰컴 투 사우스〉는 영화감독이자 극작가 루카 미니에로Luca Miniero의 개인적인 경험이 녹아 있는 작품이다. 1966년 나폴리에서 태어난 미니에로는 나폴리 대학의 문학부를 졸업한 후 밀라노로 상경하여 공익 광고의 영상 감독으로 경력을 시작했다. 앞서 언급했던 이탈리아의 상황을 다시 떠올려 본다면 20대 후반 그가 밀라노에서 겪었을 문화 충돌 그리고 그를 바라보던 밀라노 사람들의 편견이 가득한 시선은 익히 짐작이 가고도 남을 것이다. 사실 이는 오늘날까지도 남부에서 일자리를 찾아 북부로 상경한 남부의 사람들이 공통적으로 체험하게 되는 일이기도 하다. 미니에로는 훗날 언론과의 인터뷰에서 그는 "밀라노의 사람들이 남부에 대해 완전히 무지하다는 사실에 놀랐다"는 말로 당시의 경험을 회고했다. 그가 〈웰컴 투 사우스〉를 기획하게 된 목적 역시 이와 같은 "무지를 극복하기 위해서"였다.

편견은 무지로부터 비롯된다. 이탈리아 북부의 많은 사람들은 남부를 실제로 경험해보지 않은 채 떠도는 편견들을 의문 없이 받아들이고 이를 재생산해낸다. 실제 모습이 어떻든지 간에 이러한 편견들은 빠르게 국경을 넘어 확산된다. 오늘날 이탈리아 남부 하면 우리의 머리에 떠오르는 이미지가 오랜 세월에 걸쳐 북부의 사람들이 만들어낸 편견과 큰 차이가 없다는 것이 그 증거이다. 물론 편향적인 미디어와 권력의 획득을 위해 북부 분리주의를 조장해 온 정치가들 역시 이러한 상황을 부추긴 장본인들이다. 이러한 맥락에서 미니에로 감독은 다음과 같이 말한다.

〈웰컴 투 사우스〉는 상반되는 정체성을 변호하고 타자에 대한 앎을 권장하는 영화입니다. 저는 이탈리아 북부의 정치가들이 이 영화를 관람하기를 희망합니다. 물론 그들은 저의 메시지를 이해하지 못한 채 내내 웃다가 나오겠지만요.[16]

영화의 결론은 미니에로 감독이 전하고자 하는 메시지를 명확하게 보여준다. 그것은 지역감정의 극복과 통합은 직접 알고 경험하게 되었을

---

16 http://www.claudiobisio.it/jolly/articolo.asp?ARTICO_ID=373 (클라우디오 비지오 공식 웹페이지)

때 가능하다는 것이다. 온갖 걱정이 가득한 마음으로 홀로 카스텔라바테를 향했던 알베르토는 그곳의 삶에 완전히 동화되고 결국 온 가족이 카스텔라바테에서 함께 지내게 된다. 그리고 2년의 임기가 끝나고 북부로 돌아갈 시간이 되었을 때 그는 슬픔과 아쉬움의 눈물을 흘린다. 이탈리아와는 역사적·문화적 맥락이 전혀 다른 한국에도 영호남 지역갈등이 뿌리가 깊은 것처럼 사회통합에 장애로 작용하는 지역적 격차와 적대적인 감정은 사실 오늘날 대다수의 국가가 가지고 있는 문제일 것이다. 유럽으로 눈을 돌려 보더라도 카탈루냐 문제가 상존하는 스페인이나 아일랜드, 스코틀랜드 문제를 안고 있는 영국도 마찬가지이다. 이탈리아 남부와 북부 사이의 갈등은 그 어느 곳과 비교해 보더라도 가장 첨예한 축에 속한다. 이탈리아 사회는 미니에로 감독의 희망처럼 지역갈등을 극복하고 통합에 다가설 수 있을까? 현재의 상황만 놓고 본다면 통합의 길은 요원해 보인다. 이에 대해 〈웰컴 투 사우스〉에서 알베르토 역을 맡아 열연한 클라우디오 비지오Caludio Bisio는 다음과 같이 단언한다.

프랑스와 비교해볼 때 이탈리아는 지역문화의 차이가 훨씬 뚜렷합니다. 이탈리아의 남부문제는 어느 관점에서 보더라도 전혀 해결되지 않았습니다.[17]

---

17 http://www.claudiobisio.it/jolly/articolo.asp?ARTICO_ID=373 (클라우디오 비지오 공식 웹페이지)

참고문헌

- 김시홍. 2003. "이탈리아 지역주의의 사회적 기원." 『유럽연구』 17집.

- 김종법. 2006. "이탈리아 남부 문제에 대한 정치사상적 기원: 치꼬띠에서 그람쉬까지." 『世界地域研究論叢』 24집 1호.

- 김종법. 2004. "이탈리아 남부 문제의 역사: 카부르에서 니띠까지 부르주아 지배계급의 관점에서." 『이탈리아어문학』 15집.

- 김종법. 2012. 『현대 이탈리아 정치사회』 (서울: 바오출판사).

- 김종법. 2012. 『천의 얼굴을 가진 이탈리아』 (서울: 학민사).

- 이사이아 살레스. 1996. "특집1: 각국의 지역갈등 지역주의와 국가분열 국가분열의 위기에 처한 이탈리아 남부와 북부." 『역사비평』 36집.

- 임동현. 2018. "역사발전의 과정을 통해 본 이탈리아 사회와 문화." 김종법 외 『유럽정치론』 (서울: 박영사).

- 장문석. 2000. "이탈리아 만들기, 이탈리아인 만들기: 리소르지멘토와 미완의 국민형성." 『역사비평』 53집.

- 정병기. 2000. "이탈리아 정치적 지역주의의 생성과 북부동맹당(Lega Nord)의 변천." 『한국정치학회보』 34집 4호.

- 클라우디오 비지오 공식 웹페이지

- http://www.claudiobisio.it

- http://www.claudiobisio.it/jolly/articolo.asp?ARTICO_ID=373

신뢰에 대한 불편한 진실:
우리는 타자·낯섦을 어떻게 대하고 있는가?

〈더 스퀘어The Square〉 (2017, 스웨덴)

김새미

우리 사회는 타자를 어떻게 바라보라고 이야기하고 있는가?

영화 〈더 스퀘어The Square〉(2017)는 현대미술관 큐레이터 크리스티안 Christian이 겪게 되는 이야기를 통해 현대인이 갖는 이중성을 꼬집은 블랙 코미디이다. 2017년 칸 영화제Festival de Cannes 황금종려상Palme D'Or을 받기도 한 이 영화는 개인과 예술의 위선적인 모습들을 꼬집으며 생각해 볼 이야깃거리를 제공한다. 그러나 본 글에서는 조금 다른 시선으로 타인과의 관계를 중심으로 논하고자 한다. 영화 도입부에서 바흐 Johann Sebastian Bach의 평균율 1번에 성모송 "은총이 가득하신 마리아님 기뻐하소서, 주께서 함께 하시니, 여인 중에 복되시며 태중의 아들 예수 또한 복되시도다"라는 가사를 입힌 구노Charles-François Gounod의 아베 마리아Ave Maria가 평화롭게 흘러나온다. 그러나 평온한 음악과 달리 영화는 시작부터 타인을 호기롭게 도와주다 오히려 소매치기를 당한 주인공의 난감한 사건을 마주하게 된다. 거리에서 타인에게 선행을 베푸는 것이 나에게 오히려 해가 되는 결과로 나타났을 때, 주인공이 이 상황을

239

어떻게 풀어가는지 일련의 과정들을 보게 된다.

간단히 줄거리를 살펴보면, 스웨덴 스톡홀름 현대미술관 큐레이터인 주인공 크리스티안은 소매치기를 당하게 되자 잃어버린 물건을 되찾고 자 감정에 치우친 행동을 한다. 타인에게 폭력적일 수 있는 행동이지만 주인공은 자신이 피해를 당했으니 그것을 되찾기 위한 과정은 정당하다 고 여긴다. 결국 물건은 되찾게 되지만 이러한 과정에서 사건과 관련이 없는 이주 소년이 피해를 입게 되고, 소년은 크리스티안에게 사과를 요 구한다. 크리스티안은 온통 이 사건에 정신을 쏟느라 본업인 미술관 일 을 소홀히 하여 사고가 발생하고 결국 직장도 잃게 된다. 이러한 과정을 통해 크리스티안은 자기반성과 변화의 모습을 보이지만 그렇다고 해피 엔딩을 기대할 수는 없다. 영화 결말에서 실수해도 다음 기회에 잘하면 되니 낙담하지 말라는 메시지도 남기지만 주인공은 소년과 화해하지 못 했고 영화에서 빗댄 현실도 그리 낙관적으로 그리지 않는다.

영화 제목인 '더 스퀘어'는 현대 미술작품을 가리키는데, 작품 설명 을 통해 루벤 외스틀룬드Ruben Östlund 감독의 의도를 엿볼 수 있다. 예술 작품 '더 스퀘어'는 도움을 청하면 옆을 지나가는 누구나 도울 의무가 있 는 사각형의 공간. 신뢰와 배려의 상징이자 모두 동등한 권리와 의무가 있는 공간이다. 영화에서 주인공이 전시를 개관하기 전에 아이들과 함께 미리 전시를 체험해 보는 장면에서 보다 자세한 설명이 나온다. 전시장 초입에서 "나는 사람을 믿지 않는다 vs. 나는 사람을 믿는다 I mistrust people vs. I trust people"라는 팻말을 마주하게 된다. 관객은 이에 대해 선택 을 하게 되는데, 영화를 보면 사람을 믿는다는 사람의 숫자는 43, 믿지 않는다는 숫자는 3으로 사람을 믿는다는 숫자가 더 많다. 그러나 입구에 들어서면 다시 한 번 큰 사각형 모양에 "당신의 지갑과 휴대폰을 여기에 두시오Leave your wallet and phone here"라고 쓰여 있는 도전을 만난다. 전시를 보는 동안 지갑과 휴대폰이 분실되지 않고 계속 그 자리에 있는지, 즉, 청중에게 사람을 진정으로 신뢰하는지 시험하는 것이다. 다른 사람의 물건을 가져가지 않는 것, 손해를 입히지 않는 것은 우리 사회가 살아가는 데 기본적으로 준수해야 하는 일종의 사회적인 규칙이다. 그러나 현실에서 모두가 그 규칙을 따르는 것은 아니다. 큐레이터인 크리스티안은 예술작품

[그림 12-1] 루벤 외스틀룬드 감독

'더 스퀘어'를 관객에게 설명하면서 운전자는 보행자를 살피고 빨간불이면 멈춰야 하고 파란불이면 건널 수 있도록 사회적으로 합의한 약속의 공간 횡단보도에 비유한다. 그러나 현실에서 횡단보도는 지켜야 하는 규칙이지만 때론 준수하지 않는 예측불허의 상황을 마주하는데, 영화에서는 마치 이러한 상황이 일상 속에 나타난다면 각기 어떠한 선택을 하겠는지 질문을 던진다.

주인공 크리스티안은 딸들과 전시를 보면서 할아버지의 경험담을 들려준다. 할아버지가 여섯 살 때 증조할아버지는 이름과 주소를 적은 표를 만들어 목에 걸어서 나가게 했다고 한다. 당시에는 남의 아이들이라도 문제가 생기면 자신의 아이들처럼 보호해 줄 것이라는 믿음이 있었기 때문이었다. 그러나 영화를 보며 우리는 우리의 상황을 되짚어 볼 수 있다. 과연 지금 우리 사회에서 아이들의 신상정보를 담은 명찰을 달아 사회에 거리낌 없이 내보낼 수 있겠는가? 물론 도와주는 사람도 존재하겠

지만 대다수 사람들은 아이들이 위험한 상황에 놓이지 않을까 걱정할 것이다. 이렇듯 영화 〈더 스퀘어〉는 인간의 이중성과 신뢰에 대한 질문을 던지며 영화 속 인물들이 꼬여버린 실타래를 어떻게 풀어가는지 다양한 변주를 통해 보여준다. 과연 우리는 각기 다른 상황과 사회적인 맥락 속에서 타인과 서로 어떻게 관계를 맺고 있을까? 우리는 스스럼없이 타인을 도와줄 수 있는가? 그러한 환경과 제도가 마련되어 있는지 생각해 볼 수 있다.

본 글에서는 이와 같은 관점에서 사람과 사람 사이의 관계에 대해 다시 생각해 보고자 한다. 타인, 낯섦을 우리는 어떻게 대하고 있는가? 세계화 현상과 함께 이동이 잦아지면서 기존의 경계와 장벽이 무너졌고, 국민국가를 넘어 새로운 공동체의 형태를 이루며 살고 있지만 동시에 새로운 장벽이 생기는 경험을 하고 있기도 하다. 유럽을 생각해 보자. 셍겐조약Schengen Agreement으로 이동이 자유로워지고 통합이 강화되는 듯했으나 이방인에 대한 기준과 잣대가 심해지고 편견이 강해졌다. 유럽의 가치라고 할 수 있는 관용은 점차 사라지고 폭력과 극우가 난무하는 모습을 보이기도 했다. 자본주의와 계급사회에서 보였던 불평등의 또 다른 모습을 보여주기도 한다. 민주주의를 내세우는 유럽 사회에서 이와 같은 모습을 어떻게 해석할 수 있을까? 현대의 중요한 가치는 무엇이며 우리가 새롭게 구성해야 하는 민주주의 모습은 어떤 것인가? 이를 기존에 대한 개념을 비판적으로 재해석하는 포스트모더니즘의 관점에서 바라보고자 한다. 그러나 영화에서 크리스티안의 대사처럼 "중요한 것은 작품 '더 스퀘어'를 통해 관람객에게 무엇을 일깨워줄 것인지" 타인과의 관계에 대한 당위성을 설명하는 게 아니라 여러 관점을 제시함으로써 이 문제를 우리가 어떻게 바라볼 것인지 자문하고자 한다.

공동체의 훼손과 타자에 대한 관계 설정: 이중성과 정당화 논리

현대 사회는 세계화와 과학기술의 발전으로 다른 시대로 빠르게 이행하고 있다. 그러나 사람들의 마음과 여유는 기술을 따라가지 못하는 듯하다. 한국을 비롯한 여러 나라에서 각박한 사회 이면에 타인에 대한 극혐과 갈등, 경시의 모습이 나타났다. 내가 중요하고, 내가 손해를 보거나 뒤처지면 응징하려는 마음들이 생겨나고, 그런 모습 속에서 집단적 분노가 나오기도 한다. 특히 나와 다르거나, 나보다 못하다는 사람들에 대해서, 소위 사회적 약자에 대해 반감과 싫어하는 감정을 표출해 문제가 되기도 했다. 2014년 국립국어원에 신조어로 '극혐'이 등장한 것이 이를 방증한다.

영화에서도 이러한 현상이 복지·개방으로 상징되는 스웨덴 수도 스톡홀름을 배경으로 선명하게 대비된다. 스웨덴은 선진적 제도로 약자에 대한 보호가 완벽할 것 같지만 영화에서는 걸인과 노숙자를 반복적으로 보여주며 이들을 지나쳐가는 사람들의 무관심과 '나와 관계없음' 식의 태도를 강조한다. 크리스티안을 부추겨 자신이 협박 편지를 넣어주겠다던 동료도 막상 내 일이 아니라고 회피한다. 도움을 요청하는 위급한 상황에서도 이러한 관점은 동일하다. 미술관 후원 행사에서 행위예술가가 야생동물wild animal로 분해 위협적이고 폭력적인 행동에도 아무도 맞서지 않는다. 군중은 한 남자가 공연자를 제압하고 나서야 그를 따라 여성을 도와주기 시작한다. 즉 타인의 위기는 나의 일은 아니며 나에게 해가 된다면 쉽사리 돕지 않는다. 바꾸어 말하면 타인에 대한 선의와 호의는 내가 가진 것을 잃지 않는 범위 내에서만 가능한 것이다. 영화에서 주인공이 잃어버린 지갑을 찾고 나올 때는 노숙자에게 호의를 베풀지 않다가 현금을 잃어버리지 않았다는 걸 확인한 후에는 노숙자에게 가서 현금을 내어주는 것처럼 영화에서 조건적 호의 혹은 위계적 호의가 나타난다.

이를 다른 관점에서 해석할 수 있다. 주인공 크리스티안은 휴대폰과 지갑을 소매치기당하자 GPS를 통해 휴대폰의 위치를 확인하고 그곳에 사는 불특정 다수를 도둑으로 지목하고 자신의 물건을 되돌려 놓으라는 협박 편지를 직접 전달했다. 처음 동료의 제안에 폭력적이라 할 수 없다고 망설이지만, 이내 주도적으로 참여한다. 그렇게 행동할 수 있었던 것은 소매치기인 한 사람의 잘못이 아니라 나와 사는 곳이 다른 그들은 모두 범죄자와 같다고 치부했기 때문이다. 그러나 크리스티안이 후미진 아파트로 들어가 각층을 돌며 협박 편지를 우편함에 꽂는 모습은 마치 크리스티안 역시 범죄를 저지르는 장면을 연상하게 한다. 피해를 입은 소년이 찾아와 문제를 제기할 때에도 크리스티안은 소년에게 사과하지 않고 내 물건을 찾고 싶었을 뿐이라고 자신의 행동을 정당화한다. 폭력은 정당화될 수 없다고 이야기하면서도 내가 피해를 입었기 때문에 이에 상응하는 응징은 합당하다는 논리, 약자를 보호하고 평화를 지켜야 한다고 하지만 정작 내 주위의 약자에게는 무관심하고 나와 관계없다는 태도, 이들 모두 나만이 우선시되는 사회에서 갖게 되는 이중적인 태도이다.

사회가 자본주의에 매몰되고 개인화되면서 사회관계의 결속력이 약해졌다. 우리가 살아가는 사회는 단순히 교통법규와 같은 사회적 규칙만이 존재하는 것은 아닐 것이다. 기본적인 예의와 양심, 공공선, 사회의 암묵적 질서와 규범이 우리의 일상 속에서 길러져야 한다. 바버Benjamin R. Barber는 현대 사회에서는 상호작용의 기회가 드물어 사회적 관계 맺기가 어렵다고 비판한다. 사회관계는 법에 규정되는 권리와 의무 수행만을 의미하지 않고, 자기 이익과 사생활 우선주의를 극복하고 '우리'라는 의식 속에서 '낯선 사람'을 포용하며 서로 간의 차이를 조정하면서 형성된다. 아렌트Hannah Arendt의 논의도 맥을 같이 한다. 세상은 나 혼자 사는 게 아니라 어울려 사는 것이므로 '시민'은 시민적 덕성virtue을 갖추고 서 개인적 욕구에 매몰되지 않고 공동체의 공적인 삶에 참여해야 한다. 과거에는 광장·시장과 같은 공적인 공간과 사적인 공간이 혼재되며 개인이 사회적인 의식을 키우고 집단적 숙의가 가능했지만, 사회가 분업화되고 기능화되면서 삶 속에서 시민성이 사라져감을 비판했다.

이는 한국 사회에 시사하는 바도 크다. 후쿠야마Francis Fukuyama는 『트러스트Trust』에서 한국을 저신뢰 사회로 지목하며 성장과 번영에 한계가 있을 것이라고 전제하고 신뢰의 문제는 단순히 제도와 체계의 문제가 아니라 문화와 정서의 문제로 접근해야 한다고 지적한다. 한국에서는 혈연·지연·학연과 같은 관계성을 중요하게 생각하지만 이로 인해 구분되는 적대·경계·불신과 같은 문제도 내재할 수 있다(손호중 2020). 이는 한국 사회가 경제적 고도성장과 민주화라는 정치발전을 이뤄냈으나 여전히 강한 불안정성과 불신이 내재함을 보여준다. 세대 간 추구하는 가치의 간극은 심해지고 공동체에 대한 존중보다는 자기중심적 가치관이 강조된다. 비단 한국만의 문제는 아니다. 소위 서구의 선진 민주주의 국가에서도 유사한 형태로 인종, 민족, 젠더, 성적 지향, 종교로 인해 차별하거나 적대하거나 폭력으로까지 나아가는 모습을 쉽게 볼 수 있다. 이렇듯 사회에 대한 믿음이 약해지고 나의 안정성이 보장받기 힘든 가운데 타인을 배려하는 상황은 좀처럼 여유가 생기지 않는 것이 작금의 현실이다. 파편화된 갈등이 우리 사회를 잠식한 가운데 사회적인 연대 속에서 다양한 관계를 형성하고 나와 다른 사람들과 어울림과 조화가 필요하다. 1인 가구가 급증하고 자유를 중시하면서 개인주의적인 특성이 강해졌지만, 울리히 벡Ulrich Beck이 『위험사회Risikogesellschaft』(1986)에서 언급한 것처럼 스스로가 미래에 대해 자신의 길을 찾아 나가야 하듯, 사회에 나타난 다양한 문제를 고립된 채 짊어지게 되었다. 이러한 심리적 부담은 무기력을 양상할 뿐만 아니라 내적인 두려움을 사회에 혐오로 쏟아낼 뿐이다.

퍼트넘Robert D. Putnam은 사회적 자본social capital 개념을 통해 이러한 문제를 풀고자 한다. 『나 홀로 볼링』(2000)은 2차 세계대전 이후 미국 사회의 변화를 시민참여의 정도와 형태를 관찰함으로써 보여준다. 제목에서 유추하듯 과거에는 가족모임, 교회단체, 지역사회 단위에서 사람들과 어울려 시간을 보내면서 사회에서 익혀야 하는 문화들을 습득할 수 있었는데, 이제는 핵가족화되면서 사람들이 TV를 보거나 나 홀로 볼링을 치면서 그 기회를 상실했다고 보고 공동체가 회복하기 위해서 사회 구성원 간의 상호 어울림의 필요성을 제기한다. 사회적 자본은 개인들 사이의 연계connection로 인해 발생하게 되는 호혜성과 신뢰의 규범을 일컫는 개념이다(이영재 2018). 촘촘한 사회관계 속에서 시민들이 '시민적 덕성civic virtue'을 갖추고 이를 발휘할 때 사회적 자본이 강력한 힘을 발휘하며 사회를 지탱한다(퍼트넘 2018). 타인의 불행을 무관심하게 넘기지 않고 적극적으로 대응하는 이타적 행위는 막상 경험하게 되면 인근으로 쉽게 확산되는데(프랑수아 줄리앙 2004), 사회가 공공선을 지향하도록 사회 구성원들로 구성하고 돕는다면 사회는 건강하게 작동하게 될 수 있다.

퍼트넘은 개인과 사회와의 호혜성을 다음과 같은 사례를 들어 설명한다. 11월 주말의 어느 날, TV 시청을 하고 있지만 마당에 떨어진 낙엽을 청소해야 한다는 마음은 규범으로 작동할 수 있다. 이러한 규범은 학교에서 알려주지는 않지만 동네 이웃 사람들은 반상회와 같은 모임을 통해 알려주고 바람이 불 때 자신들의 마당을 열심히 빗질함으로써 규범을 강화한다. 본래 TV 시청을 선호하나 낙엽을 쓸지 않으면 이웃에서 소외당할 손해를 감수해야 하니 자연스레 낙엽을 쓸게 된다. 즉, 법적 구속력은 없지만 특별한 사정이 없는 한 규범을 따르게 된다(Putnam 1994, 171; 이영재 2018). 퍼트넘은 사회에서 일상적 유대가 약화하면 참여자 대신 구경꾼이 늘어난다고 주장한다. 이익과 효용의 논리가 아니더라도 이러한 자발적인 협력으로 사회적인 문제 해결을 풀어나갈 수 있듯이, 문화예술과 같은 활동과 이로 인한 연대는 사회적 신뢰와 네트워킹을 활성화하여 사회의 다양한 문제에 접근하며 사회적 관계를 회복할 수 있다는 것이다(김새미 2018).

타인과 정체성에 대한 문화적 관점: '나와 다르다'는 차이, 혐오와 자기성찰

앞서 공적인 유대를 통해서 공동체가 회복하도록 사람들의 연대를 강조하는 퍼트넘의 논의를 살펴봤는데, 핵심은 시민사회가 제대로 역할하지 못하면 공동체와 민주주의가 훼손될 수 있다는 것이다. 그러나 내부 집단 간의 유대bonding는 타집단에 배타적일 수 있으므로 다양한 다른 집단 간의 연계형bridging 유대를 특히 강조한다. 퍼트넘 자신도 지적했듯이, 시민들의 연대를 강화하는 사회적인 시스템이 잘못 다뤄지면 백인우월주의KKK 집단이 나타나듯 정치적 양극화나 냉소를 초래할 수 있기 때문이다. 이를테면 공감이 특정한 집단에게서 편향되게 나타나거나 과잉된다면 이면에 내재한 연결의식이 다른 집단을 혐오하는 형태로 나타날수 있다. 사회적 연대가 개인주의화되는 사회를 방지하는 역할을 하면서도 동시에 영토적 경계가 허물어지는 시기에 '나 혹은 우리와 다르다'는 구분짓기가 적대적 감정으로 번질 수 있으므로 유의해야 한다.[18] 특히 경쟁이 우선시되는 요즘 집단의 정체성에 따라 응집하고 균열하는 특성을 정치화하거나 미디어에서 악용하기도 한다.

영화에서도 동일한 문제를 제기한다. 영화 후반 크리스티안은 소년에게 사과하는 동영상을 보내는데, 너희 동네사람들을 멋대로 상상했고 부정적인 인식이 나를 편견에 사로잡히게 했다고 고백하며 자신의 행동을 사과한다. 그럼에도 자신의 잘못된 시각은 이를 정치화하고 인식하게끔 한 사회의 구조적인 문제와 연결되어 있다고 주장한다. 소년은 전형적인 스웨덴 백인이 아닌 이주민이다. 만약 주인공이 범인을 스웨덴인으로 상정했다면 집집마다 정중하게 문을 두들겨 휴대폰에 대해 물어봤을 수 있다. 이주에 대한 편견의 모습은 〈더 스퀘어〉 홍보영상에서도 묘사된다. 금발 백인 거지 여자아이가 폭파되는 장면 뒤이어 이슬람어 자막을 내보임으로써 마치 이슬람인들이 이를 주도한 인상을 준다. 이슈를 내세우는 홍보는 추악한 전략이라는 비판을 받지만, 사건 이후 신문에 도배된 전시내용은 결과적으로 이슈몰이가 성공했음을 빗대고 있다. 이처럼 사실을 알려고 하기보다는 대상을 집단화하는 인식이 일상화되었다.

나와 다른 이들을 집단으로 받아들이는 경향은 이주정책에서 찾아볼 수 있다. 유럽은 일찍이 이주 문화가 발달하면서 타자에 대해 다양한 정책이 시행되었다. 크게 배제·분리·통합의 정책을 예로 들 수 있는데, 배제exclusion는 우리와 타자의 공간을 엄격하게 나누고 통제하는 것으로 직간접적으로 이들의 유입을 금지하거나 거부하는 정책을 뜻한다. 분리

---

18 짐멜(Georg Simmel)은 이방인에게서 공통적이지 않은 특성이 우리에게 부각되면서 긴장이 발생한다고 지적했다. 여기서의 다름은 개인적인 특성이 아니라, 출신에서 비롯되는 낯섦(strangeness of origin)을 의미한다. 이들은 특정한 유형의 낯선 존재로 인식되며, 이방인은 집단 구성원으로 살아가면서도 그 집단에서 어색하게 붙어 있는 것처럼 살아가는 존재로 볼 수 있다. 집단이 경계 안에 있으면서 쉽게 환영받지 못하는 아웃사이더이다. 우리는 이들에게 사회적인 표식을 달기도 하고, 행정 관리 대상으로 분류하기도 했다(김태원 2017).

segregation는 별도의 특정 환경을 제공하고 격리시키는데 서로 간의 상호작용이 이뤄지지 않는다. 타자들은 난민캠프처럼 허락된 거주공간에 머물러야 한다. 통합integration은 물리적인 사회 안에는 속할 수 있지만 진정한 의미의 사회 구성원이 되기 위해서는 동화assimilation되거나 적응adjustment으로 표준화된 요건을 충족하는 것을 요구한다.

특히 서구 유럽에서는 '차이의 인정을 통한 공존'을 주장하며 차이에 대한 불개입의 원칙을 중시했는데, 문화는 나름의 고유한 가치를 지니고 있으므로 하나의 가치론적 기준에 의해 문화를 재단하거나 평가하여 그 문화의 고유한 가치를 훼손하는 행위는 도덕적으로 부당하다고 여겨졌기 때문이다. 즉, 문화적 차이를 사회적으로 인정하여 타자의 정체성은 이국적인 것으로 상정했다. 그러다 보니 사회 구성원으로 인정받기 위해서는 사회에 들어오는 타자가 변해야 했다. 포용정책 중 많은 부분은 소수자가 자발적으로 움직여서 개선해야 하는 논리의 구조를 지니고 있는데, 이러한 모습은 사회적 소수와 타자에 대해 대중들이 만들어내는 혐오의 구조 논리와도 닮아 있는 부분이 있다.

엠케Carollin Emcke는『혐오사회』(2017)에서 증오와 혐오의 논리 기저에는 나와 같다는 동질성과 본연의 순수성이라는 이데올로기가 작동한다고 주장하면서 혐오의 대상은 타자화되어 우리라는 집단을 억압하거나 위협하는 존재로 범주화된다고 보았다. 이런 과정은 집단적으로 형성되고 배양되며, 타자화된 대상을 거부하는 것은 우리의 안전과 보호를 위해서 당연하게 여겨진다. 따라서 죄책감이나 두려움 없이 증오와 혐오를 표현하는 메커니즘을 구성하게 된다. 이는 지난 2018년 제주도에서의 예멘 난민 사태에서 청와대 국민청원에 70만 명이 난민 허가를 폐지하는 개정에 참여했던 점, 제주 맘카페를 시작으로 온라인 커뮤니티에서 난민에 대한 불안감과 욕설이 증폭한 점과 연계해서 생각해 볼 수 있다. 이를 극복할 수 있는 방법으로 엠케는 상대방에 대해 상상력을 언급한다.

혐오 감정은 사소한 편견으로부터 시작하여 확대 재생산 과정을 거쳐 파괴적인 결과를 낳게 하는데, 상대에 대한 공감을 형성하지 못하므로 인간을 인간으로 바라보지 못하는 무서운 공격성을 발휘할 수 있는 것이다. 혐오 감정이 강화되면 공감 능력이 약화될 수밖에 없으며, 타인의 고통에 무감각해지기 시작하면 혐오 대상에 대한 공격성이 강화되는 것은 불가피하다(김용환 2017). 따라서 이러한 증오문화에 대처하기 위해서는 세심한 관찰을 통해 자신의 감정과 사실을 엄밀하게 구별해야 하며, 군중에게서 한 걸음 떨어져 분리해서 바라볼 수 있어야 한다. 왜냐하면 불안함, 염려, 근심, 두려움에 사로잡히면 잘못된 예측으로 대상을 왜곡되게 바라볼 수 있기 때문이다. 이를 위해서 자기의심Selbstzweifel을 통해 끊임없이 반추하는 작업을 추구하는데, 이는 환대의 자기성찰 요소와 접하고 있다(박충구 2018).

이는 누스바움Martha Nussbaum이 혐오라는 위험한 사회적 감정을 통제하기 위해서 중요하게 여겼던 서사적 상상력narrative imagination과도 부합한다. 누스바움은 혐오에 대해 몸에서 배출되는 분비물, 노폐물에 대해 느끼는 혐오, 즉 원시적인 두려움을 지적한다. 이와 같은 이분법적인 타자에 대한 혐오는 더글라스Mary Douglas의 논의에서 기인한다. 영국의 문화인류학자로 벨기에령이었던 콩고République du Congo 현지답사에서 사회도덕 질서를 제의와 상징이라는 분류체계를 시도하면서 인간 문화의 특성을 논했는데, 현대의 오염 관념이 단지 위생학적인 관점에서 비롯되는 것이 아니라 모든 사회의 복잡한 상징체계와 연결되어 있다는 것이 핵심이다(더글라스 1997). 종교질서와 사회질서의 상관관계를 강조하며 레위기에서 돼지를 금하고 있는 문제, 즉, 무엇이 더럽고, 깨끗한가를 이해하는 것이 사회도덕 질서의 근간을 이해하는 것과 유사함을 밝혀

냈다. 따라서 사회를 범주화하여 불결한 것으로 간주하는 것은 마치 순수한 것에 대항하는 분명한 외부경계가 있고 이를 일상의 문화 관점에서 접근하는 것이다.

다시 누스바움 논의로 돌아오면, 분비된 동물적인 것들은 정신적으로 오염된 것들이다. 오염된 것이 모두 위험하지는 않지만 사람들은 부패된, 역겨운 특정 부류에 자신들의 심리적인 감정을 투영해 그들을 위험하다고 단정짓고 그들을 종속시키려는 경향을 보이게 된다. 투사혐오 방식은 각기 다른 차이를 보이는데, 흑인, 여성, 게이, 하층계급 등 사회적 소수 계층은 사회에서 더러운 이미지로 형상화돼 왔으며, 이러한 구분들은 전통적인 사회구조를 위협하는 모습을 가지고 있다. 기존의 문화나 권위가 도전을 받게 되는 두려움을 포장하고자 타인을 종속시키려는 모습을 보이고 이 사회를 존속시키겠다는 신념으로 분노를 표출하며 그들을 낙인찍게 된다. 때문에 누스바움은 사회적 안정망의 강화를 통해 사회 구성원들의 두려움과 불안을 실질적으로 줄일 필요가 있다고 주장한다. 그리고 문학적 상상력narrative imagination을 통해 자기 자신과 다른 사람의 입장에 있는 것이 어떠한지를 생각하고 타인의 관점을 이해함으로써 자신의 관점도 변할 수 있다고 했다. 타인의 감정과 정서에 대한 이해와 공감 능력을 키워내어 타자를 존중하고 이들을 인류애적 관점에서 우리의 집단으로 상상하는 제안을 하기도 했다(누스바움 2020).

이러한 자기성찰적 태도는 단순히 개인의 윤리적 성찰에 그치는 것이 아니라 참여를 통해 타자들과 상호작용이 형성되고 이를 통해 관계가 형성됨으로써 사회적으로 구성되는 것이다. 개개인 모두가 참여하여 공동체적 연대 의식을 맺는 것도 의미 있지만 다양한 관점과 맥락에서 생각해 보고 간접 경험으로 자신의 생각을 넓힐 수 있다.[19] 이러한 논의를 영화에 나온 예술작품 '스퀘어'에 맞춰 재고한다면, 작은 네모난 형상의 예술작품은 작가가 과거 '사람들의 관계'를 생각하며 만든 곳으로 "신뢰와 돌봄의 성역"이다. 그곳에서 타인에게 베푸는 선행은 우리가 속한 사회를 만들어가는 기본적인 양식으로 나와 같은 동등한 입장에서 타인을 여기고 대하고 내어주는 공간을 생각할 수 있다. 요청하면 누구라도 도와야 하는 의무를 지닌 공간, 우리는 이러한 가치를 지켜낼 수 있을까? 그 의미를 자크 데리다Jacques Derrida를 통해 되짚어보고자 한다.

'The Square' 공간과 데리다의 '환대'

데리다는 프랑스의 식민지였던 알제리 태생으로 유대인이었다. 어린 시절부터 소외되고, 차별을 직접 경험하며 성장했다. 데리다 자신도 인간으로서 인정받기보다는 서류에 의해서만 표상되고 확인되고 분류된 삶을 거쳤기에 전쟁난민들의 인권문제에 대해 남다른 관심과 이해를 지니

---

19 혐오가 보편화되면서 타자에 대한 차이를 강조하여 논의를 전개하는 학자들이 주로 언급되지만 역발상적으로 차이에 무관심하고 다양성의 의미로 해석하는 코스모폴리탄적인 모습을 지적한 학자도 있다. 길로이(Paul Gilroy)는 공생(Conviviality)이라는 개념을 제시하며 일상생활에서 타자와의 적극적인 상호작용을 통해 차이를 대면하며 살아가는 모습을 통해 차이의 일상화를 강조했다. 글로벌화되고 다변화된 도시의 일상생활에서 겪는 삶의 경험에 주목하는데, 공생 문화에서 인종적·민족적(ethnic) 차이들은 눈에 띄지 않는 일상적인 평범한(ordinary) 것이다. 일상적인 영역에서 상호작용이 활발하게 일어남으로써 인종적 차이는 시시하고 심지어 지루하게 만들어버릴 뿐, 진정한 차이는 취향, 라이프 스타일, 레저, 기호 등에서 나타난다는 것이다. 이외에도 세넷(Richard Sennett)은 경청(listening) 개념을 통해 공동체가 풍요로워지려면 인간은 서로가 서로를 인정하고 염려해야 한다고 강조했다. '협력', '연대'를 위한 사교적 능력(social skill)이 필요하다고 보았고, 짐멜(Georg Simmel 2005)은 사회공간을 지리적 경계로 국한된 개념을 넘어 상호관계망의 지속적 실천을 통해 의미가 재구성되는 소통과 상호작용의 결과라고 보았다. 개인들은 사회적 관계 속에서 인정·수용·도움을 주고받는 관계, 공감을 맺는 정서적 관계로 확장될 수 있으며, 타인과 마주치며 소통을 이루기도 한다.

고 있었다. 1966~67년 학자로 인정받기 시작했지만 프랑스에서 상당한 실패와 좌절의 시기로 오랜 기간 배척을 받았다. 이후 해외에서 명성이 확대되었지만, 데리다 본인이 주류가 아닌 경계에 존재한 사람이었기에 그의 저서 『환대에 대하여』는 이방인에 대한 깊은 사유를 담고 있다.

[그림 12-2] 자크 데리다

환대는 영어로 'hospitality'인데, 적·남이라는 어원을 지닌 라틴어 'hospes(호스페스)'와 할 수 있는, 가능성이라는 의미를 지닌 'potis(포티스)'의 합성어이다. 흥미로운 건 'hospes(호스페스)'는 주인, 손님, 낯선 사람이라는 뜻으로 주인인 'host'와 손님인 'guest'라는 이중적 함의를 지니고 있다. 이는 데리다가 '서로가 서로에게 이방인이다'라고 한 관점과 부합한다. 데리다는 주인과 이방인의 관계를 해체하고자 했는데, 우리는 항상 주인일 수 없고, 언제든 낯선 곳에 있는 손님으로 자리할 수 있다고 보았다. 따라서 데리다에게 환대는 이미지와 매개에 휘둘리지 않고 본질을 보려고 하는 것이다. 그러나 우리는 앞의 논의에서처럼 타인과 우리를 구별·구분지으며 우리의 존재를 만들어가는 데 익숙해져 있다. 현재 우리의 위치나 자리는 항상 고정된 것으로 생각하기 쉽지만, 데리다의 시선으로 바라본다면 주인과 이방인은 항상 변할 수 있으므로 손님의 자리에서 내가 기존에 누리던 문화와 질서를 이해하고 바라볼 수 있어야 하고, 혹은 반대의 관점도 고려해야 한다. 특히 다른 문화권에서 자라난 사람들과 일상적으로 어울리고 소통하는 열린 태도를 수반한다. 이러한 경험을 통해 이전과 다른 확장된 나로 나아갈 수 있다.

그러나 환대할 때 경계해야 되는 점은 선택적 이타주의, 즉, 호의가 차별을 전제로 하지 말아야 한다는 점이다. 내 기준에 따라 내가 맞아들이고 싶은 사람만 환대하는 자기중심적인 환대 즉, 환대할 만한 사람만 환대하는 것, 내가 내건 조건에 맞는 사람에게만 조건부로 환대 하는 것이 아니다. 영화에서 주인공 크리스티안은 난민, 이방인을 경시하는 태도가 있었지만, 쇼핑몰에서 다급하게 딸들을 찾는 상황이 되자 직전 무시했던 걸인에게 도움을 요청하는 역전하는 상황에 처하게 된다. 나의 위치가 언제든 변할 수 있으며 그의 태도가 얼마나 아이러니한지를 엿볼 수 있다.

환대를 실천한다는 것은 두려움과 어려움을 감수해야 할 수도 있다. 영화에서 크리스티안이 편의점에서 노숙인에게 샌드위치를 사준다고 할 때, 마치 돈을 맡겨놓은 것처럼 당당하게 양파도 빼고 구체적인 요구를 해 오히려 호의를 베풀려고 했던 크리스티안이 당황했던 것처럼 전혀 예상하지 못한 난감한 상황에 놓일 수도 있다. 이방인을 내 집에 들여 기꺼이 환대한다는 것은 이방인이 적으로 돌변해서 나를 해치고 내가 가진 것을 빼앗을 수 있다는 가능성도 배제할 수 없으므로 환대의 실천을 어렵게 한다.[20] '더 스퀘어' 공간이 너무 순진하거나 이상적일 수 있다는 영화 대사처럼 무조건적인 환대는 쉽지 않다. 영화에서는 끊임없이 도움을 요청하는 사람들의 모습과 이에 반응하지 않는 사람들을 보여주는데, 이처럼 개인은 행동에 나설 만큼 안전이 확보되지 않으면 나서지 않게 된

---

20 역으로 만약 환대를 하지 않을 경우, 이방인이 나에게 불이익을 줄 수도 있다는 사실 때문에 우리는 환대를 실천하기도 한다.

다. 따라서 개인만이 감당하기에는 한계가 있음을 인정하면서 환대의 과정에서 발생할 수 있는 위험과 불미스러울 수 있는 상황에 대응하도록 합법적인 강제력을 가진 제도의 병행도 고려해야 한다. 물론 데리다가 지적했듯이, 법과 법 사이에 해결할 수 없는 이율배반도 있다. 사회적 소수를 위해 법이 존재하지만 모두를 포괄할 수는 없다. 아무리 법의 적용 범주가 포용적으로 되었다고 해도 포함되지 못하는 사람들은 존재하기 마련이다.

대표적으로 난민의 사례를 들 수 있다. 1941년 국제적 연대인 난민 협약은 난민의 인권을 보호하는 환대의 법제화라고 볼 수 있지만, 사실 협약에 제시하고 있는 난민 인정 사유는 크게 다섯 가지이다. 유엔 난민 협약에서 난민은 "1)인종, 2)종교, 3)국적, 4)특정 사회집단의 구성원 신분 또는 5)정치적 의견을 이유로 박해를 받을 우려가 있다는 합리적 근거가 있는 공포로 인하여, 자신의 국적국 밖에 있는 자로서, 국적국의 보호를 받을 수 없거나 또는 그러한 공포로 인하여 국적국의 보호를 받는 것을 원하지 아니하는 자"라고 정의한다. 여기에 해당되지 않는 이주를 강요받거나 고국에서 추방된 난민들도 다수 존재하지만 사실 모두 포괄하지 못한다. 이처럼 법은 모두가 공생할 수 있도록 공통의 규율을 마련하지만 어떠한 법치라도 포함하지 못하는 간극은 존재한다. 끊임없이 확인하여 줄여나갈 수 있을 뿐이다.

영화에서 투렛 증후군Tourette Syndrome으로 전시 인터뷰를 방해하자 관객 중 한 사람이 장애를 가지고 있고 일부러 행동하는 게 아니니 우리가 이해해야 한다며 인내를 가지고 배려하자는 제안을 한다. 이 장면을 통해 우리와 다르고 그들의 특성이 진행에 방해가 될 수 있을 때 우리는 그들의 참여를 막아야 하는지 생각해 볼 수 있다. 사회가 이를 허용하고 배려하는 사회화된 환대로 나아갈 때, 데리다가 말하는 절대적 환대를 위한 장치나 제도는 차후에 논의되더라도 보다 무조건적 환대에 근접할 수 있다. 이를 위해 다양한 활동으로 이들과 소통하며 공감과 이해를 유인할 수 있다. 덧붙이면 데리다는 언어의 위계와 권력을 언급하며 놀이를 통해 자신을 새롭게 보는 활동을 중요시했다. 태어나고 자라온 본국을 떠나 이주하면 낯선 공간에 도착하면 자신도 모르게 위축되고 암묵적인 위계구조 속에서 스스로를 억누르기 쉬운 환경에 노출되는데, 서로가 전혀 다르지 않은 인간임을 깨닫게 해주는 프로그램이 시도되기도 한다(김새미 2019).

환대가 갖는 함의

현대 사회는 디지털 공간까지 고려하면 낯선 존재, 익숙하지 않은 존재들로 가득하다. 우리는 타자를 우리 안에 '어떻게 잘 맞이할 수 있을까? BBC 방송이 한 설문조사에서 2018년 '배경과 문화, 견해가 다른 이들에게 얼마나 관용적인가'라는 설문조사에서 한국은 27개국 중 26위를 했다(1위 캐나다, 2위 중국). 한국인 응답 중에 20퍼센트만 관용적이라는 답변을 했고, '대부분의 사람은 믿을 수 있는 존재인가? 사람을 만날 때 주의가 필요하다'는 설문에서 한국은 6위를 함으로써 타인에 대한 포용력이 상당히 낮은 단계임을 보여줬다. 타자·이방인을 편견없이 바라보지 못하는 것은 무엇 때문일까? 우리의 삶과 우리가 속한 사회에 대한 신뢰가 약하기 때문이다. 또한 자신의 기준에서 다른 사람들을 대상화하게 되는데, 그들의 본모습이기보다는 미디어와 특정 기준을 통해 만들어진 이미지 속에 갇혀 바라보기 때문이다.

환대hospitality, 歡待는 반갑게 맞아 정성껏 후하게 대접한다는 뜻을 지닌다. 누군가를 기쁘게 기다리고 마땅한 예를 갖춰 대한다는 사전적 의미를 지니고 있다. 타인에 대한 신뢰와 사회적 관계가 약한 우리에게 데리다의 무조건적 환대는 이상적이고 거리감 있게 느껴질 수 있다. 그럼에도 데리다의 환대가 현재의 우리에게 말하는 것은 무엇인가? 아마도 주인과 손님의 '분리성'에 고착하지 않으며, 대립을 만드는 구조와 위계질서를 해체하고 수평적인 태도를 지향하여 다 함께 어울리며 살아감을 실천하는 것을 의미할 것이다. 즉, '타인, 이방인'에 대해 사회가 부여하는 틀에 기준하지 않으며 나와는 다르다고 규정하는 문화적 차이에 대해서도 비판적인 시선으로 바라볼 수 있으면서 오히려 나와 다름을 보며 공생할 수 있는 공통성의 기반을 확장하는 것이다.

영화 속에서 도움을 요청하는 이들과 이들에 대한 방관은 지속적으로 나타난다. 시작 장면에서 길거리에 누워 있는 노숙자를 비추고, 거리에는 "생명을 구하지 않으시렵니까?", "인명을 구하는 데 도움을 주세요"라는 운동가들이 활보하지만 대중들은 모두 '휴대폰'만을 보며 "다음에요"라는 답변만을 할 뿐이다. 인간의 생명을 구하는 일만큼 존귀한 문제도 없지만 당장 내 손 안 휴대폰에 전달되는 뉴스보다 중요하지 않다. 마치 선행과 배려가 주인공 크리스티안이 인터뷰 전 갖춰 입어야 하는 슈트처럼 장식물처럼 보인다. 이는 세계평화를 설명하는 장면과 빗대어 비꼬아진다. 전시를 앞두고 홍보를 위한 회의에서 등장인물들은 실제the fact와 홍보는 다르다는 지적과 함께 "예술과 홍보를 분리해야 한다"고 말한다. 이슈가 되거나 트렌드가 없다면 관심을 끌기 어렵기 때문에 강렬한 무엇인가로 사람들을 사로잡아야 한다면서 "세계평화 기원"을 페이스북에 올려도 전혀 관심을 받지 못하는 것과 같다고 말하는 장면을 기억할 수 있다. 자극적이지 않으면 주의를 끌지 못하는 사회가 됐다. 그러므로 우리는 일상에 존재하는 작은 차별을 그냥 지나치지 않고 존재와 본질 그대로의 시선으로 바라보려는 노력이 필요하다. 타자를 집단화시키고 동질화시키는 틀을 깨기 위해 열린 태도를 가지고 타자의 목소리에 귀를 기울이고 굴절된 다른 매개체를 배제시켜 본질과 소통을 이루도록 개인에서부터 실천해야 한다.

한동안 한국 사회에 제기된 주요한 화두는 '포용'이었다. 우리가 논하는 포용의 의미 속에는 이전의 빈곤 개념으로 해소될 수 없었던, 경제적 결핍을 넘어 다차원적 삶의 영역에서 발생하는 배제를 우리 공동체가 끌어안는 것을 뜻한다. 생각과 문화에 있어 나타나는 차이, '다르다'라는 점에 '관용'과 '관대함'을 허용하기 위해서는 인식의 변화가 필요하다. 매우 복잡하게 얽혀 있는 구조와 흐름을 생각해 보기도 하고, 각자 개인이 처한 모습을 이해하고 편견 없이 그들을 바라볼 필요가 있다. 우리는 살아가기 위해서 타자와 끊임없이 소통하는데, 나와 다른 사람들과 일상적 소통을 추구할 수 있는지 생각해 볼 수 있는 관점에서 환대는 중요하다.

'다르다'와 '틀리다'에 대해 사람들은 곧잘 혼동한다. 잘못된 언어습관이라고 할 수 있는데, 왜 우리는 '틀리다'는 표현이 널리 활용될까? 익숙하지 않은 존재에 대해서 불편해 하는 것이 드러난 것은 아닌지, 즉, 다른 것은 틀린 걸로 규정하고 있는 것은 아닌지 생각해 볼 수 있다. 인간 모두는 다른 존재이다. 그러나 다름을 인정하고 타인을 존중하는 것, '과거의 나'는 '현재의 그들'일 수 있는 것처럼 단지 그곳에서 태어났다는 이유로 그 공간의 주인행세를 할 수 있는지 데리다는 화두를 던지고 있다. 차별과 불평등의 관계를 완전히 종식시키기는 어렵더라도 타인을 공감하는 역지사지易地思之의 태도를 갖추고 사람들과 관계를 맺어간다면 사회도 신뢰를 회복하게 될 수 있을 것이다.

참고문헌

- 김새미. 2018. "도시재생에서 나타난 문화접근법의 대안."『문화와 정치』제5권 제2호.

- _____. 2019. "문화예술을 매개로 한 난민에 대한 환대 가능성."『통합유럽연구』 제10권 1집.

- 김수철. 2017. "공생과 타자: 초국가 이주시대에 도시 공간 이론에 관한 재고찰." 『문화와 정치』제4권 2호.

- 김희강. 2015. "난민은 보호받아야 하는가?."『담론 201』제18권 3호.

- 김태원. 2017. "게오르크 짐멜의 이방인 이론과 상호문화."『인문사회 21』제8권 2집.

- 박충구. 2018. "박충구의 책읽기 (3): 카롤린 엠케의『혐오사회(Green den Hass)』 (다산초당, 2017)."『본질과 현상』53호.

- 손호중. 2020. "감성관리와 정부신뢰."『한국지방자치연구』21권 4호.

- 송영훈. 2018. "수의 정치: 난민인정률의 국제비교."『문화와 정치』제5권 4호.

- 수잔 손택 저, 이재원 역. 2008.『타인의 고통』(서울: 이후).

- 이상원. 2017. "데리다의 환대 개념의 정치적 긴장성: 고대정치철학적 해석과 사유를 중심으로."『한국정치학회보』51집 4호.

- _____. 2018. "이기성의 끝 그리고 환대."『철학연구』57호.

- 이영재. 2018. "사회적 자본 개념의 미분화 비판."『정치사상연구』24집 2호.

- 홍태영. 2018. "타자의 윤리와 환대 그리고 권리의 정치."『국제지역연구』27권 1호.

- 마사 누스바움 저, 임현경 역. 2020.『타인에 대한 연민』(서울: RHK).

- 메리 더글라스 저, 유제분·이훈상 역. 1997.『순수와 위험』(서울: 현대미학사).

- 로버트 D. 퍼트넘 저, 정승현 역. 2018.『나 홀로 볼링』(서울: 페이퍼로드).

- 벤자민 R. 바버 저, 조은경·최은정 역. 2013.『뜨는 도시 지는 국가』(서울: 21세기북스).

- 울리히 벡 저, 홍성태 역. 2014.『위험사회』(서울: 새물결).

- 자크 데리다 저, 남수안 역. 2004. 『환대에 대하여』 (서울: 동문전).

- 프랑수아 쥴리앙 저, 허경 역. 2004. 『맹자와 계몽철학자의 대화』 (서울: 한울 아카데미).

- 한나 아렌트 저, 이진우 역. 2019. 『인간의 조건』 (서울: 한길사).

- Putnam, Robert D., Robert Leonardi, and Raffaelia Naneffi. 1994. *Making Democracy Work: Civic Traditions in Modern Italy* (Princeton: Princeton University Press).

차별화된 통합과 분리·통합 설명틀:
'구별짓기'를 넘어서

이옥연

들어가며

… 언제나 권력과의 관계로 인해 태어나는 명확한 차별성이 지리적으로
도 존재한다. …

『영화를 찍으며 생각한 것映画を撮りながら考えたこと』(2016/2017, 100-
101)에서 고레에다 히로카즈 감독은 〈번영의 시대를 떠받치고: 도큐먼트
피차별 부락 繁栄の時代を支えて: ドキュメント被差別部落〉(1992, 일본)이라는 다
큐멘터리를 제작하기 위해 일본 내에서 금기시되는 '피차별 부락 被差別部
落'에 거주하는 부락민에 대한 차별문제를 취재한 소감을 이렇게 밝힌다.
고레에다 감독은 신분으로 인해 천대받은 역사를 공유하면서도 에타穢多
부락 거주민과 '히닌非人' 또는 부락민 간 교류가 없는 현실을 당연시하는
상황에 "도저히 현대의 일이라고는 생각할 수 없는 충격적인 이야기"라고
털어놓는다. 무엇보다 모두가 아는 사실임에도 불구하고 모두가 그 존재
자체를 부인하려는 실상을 전하며 "아는 것과 알리는 것의 의미 … '잠자

코 있어도 없어지지 않는 차별'"을 고발하려는 심경을 전한다.

공동체 구성원들이 더 넓은 상위체제로 공동체 외연을 확대하려는 경우, 통합이 주된 역학으로 작동한다. 반대로 더 좁은 하위체제로 공동체 내부를 결속하려는 경우, 분리가 중추적 역학이 된다. 이렇게 생성되고 유지되는 다층적 관계를 공동체 내 복수의 층위에서 작동하는 권한집중과 권한분산을 분리와 통합의 최종 결과물로 규정할 수도 있고, 그 결과물에 도달하는 반복되는 행위가 관찰되는 과정이라고 볼 수도 있다. 특히 복수의 층위에서 설정되는 다층적 관계에 접목해 설명하는 경우, '차별화된 통합differentiated integration'은 이 역학에 의존해 작동하는 복합 정치체제의 맥락에 따라 순기능적 역할, 또는 정반대로 역기능적 역할을 수행한다.

이 역학은 가장 높은 단계 또는 층위 질서로 상향 조정하려는 연대성을 지향하거나, 반대로 가장 낮은 또는 밀접한 단계나 층위 질서로 하향 조정하려는 보조성을 지향하는지에 따라 일방적 또는 동등한 방식으로 전개된다. 앞서 피차별 부락 문제는 이런 점에서 일방적 방식으로 구별짓기를 한 결과, 일본 국민 전체 대비 일방 분리 사례에 해당하나 부락민 전체 대비 일방 통합 사례에 해당한다고 볼 수 있다. 본 장에서는 원칙적으로 동등통합을 표명하면서도 실질적으로 동등분리로 천착하는 유럽연합을 선정해 "여러 속도의 유럽multi-speed Europe," "핵심 유럽core Europe," "메뉴식 유럽A la carte Europe" 등 '차별화된 통합'의 다양한 하위 개념을 검토하며 '구별짓기'를 넘어서는 계기가 되거나 혹은 걸림돌이 되는 이주·이민 분야에 관해 숙고하려 한다(안병억 2013; Leruth and Lord 2015).

유럽연합이 수용한 '차별화된 통합'의 명암

유럽연합은 헌법 조약 비준이 난항에 봉착하자 2007년에 '유럽연합조약 TEU과 유럽연합기능조약TFEU을 개정하는 리스본조약'을 가까스로 발효했다. 그러나 이 긴급조치는 위기 상황에 접할 때마다 다층 정치체제와 다층 거버넌스의 실험실로서 유럽연합의 국가 정체성과 유럽연합헌법 조약의 헌법성을 둘러싼 논쟁의 불씨를 다시 지피곤했다. 최근 2008년 미국발 금융위기로 인해 촉발된 유럽 국가부채위기 사태, 2011년부터 이어지는 시리아 내전으로 인한 대규모 이주민 또는 난민의 유럽 유입 사태, 그리고 러시아 개전으로 인한 우크라이나 사태와 그 여파로 유럽 연합과 북대서양조약기구의 급속한 심화와 확대 등 돌발 상황이 발생했다. 이는 필연적으로 유럽연합이 추구하는 다층 거버넌스에 돌파구를 요구할 것이다.

유럽 지역통합은 유럽 전체를 대상으로 강대국 신탁통치가 가능한 시기에 탄생했기 때문에, 톱다운top-down 보호·감독체제에 기반을 두고 지역통합을 운용하는 과정에 필요한 국가 간 기구나 초국가 기구를 창설해 혼재한 조직도가 만들어졌다. 이를 리스본조약체제도 이어받아 제도를 분리하되 권한을 공유하는 다층 거버넌스로 승화시키고자 했다. 우선 유럽연합은 종전 후 독일 문제 해결을 위해 미국 주도 집단안보체제인 북대서양조약기구 구축을 용인했다. 미국 주도 집단안보체제를 전제한 이후, 프랑스·독일·이탈리아·벨기에·네덜란드·룩셈부르크 5개국 주축으로 유럽석탄철강공동체ECSC에 이어 유럽경제공동체EEC와 유럽원자력공동체Euratom를 창설해 유럽공동체EC를 결성했다. 비록 유럽 지역공동체의 외연 확대는 때때로 답보 상태였으나 영국의 탈퇴 후에도 점진적으로 단계적으로 27개국 회원국으로 안착했다. 더불어 유럽지역개발

자금ERDF과 유럽통화제도EMS 발족, 유럽의회 의원 직선과 예산감독권 부여 등 내부 결속은 제한된 범위 내에서 진행되었다. 무엇보다 유럽연합은 복수 층에 걸쳐 복잡하게 연계된 망으로 짜이며 확대하며 심화한 결과, 경제통화동맹EMU이 출범하며 단일화폐인 유로euro가 통용되는 유로존이 창설되었다.

유럽연합의 발전사를 면밀하게 들여다보면, 외양적으로 유럽연합은 입법, 행정, 사법 등 정부 기능을 수행하는 기관들과 정부 운영에 필수적 기관인 유럽중앙은행과 감사원을 구비한 국가에 준한다. 무엇보다 유럽 의회도 점진적으로 확대해 유럽연합이 통치 합법성을 확보하는 민의 대변기관으로 정립했다. 특히 직선을 도입하면서 유럽연합 시민의 정치참여와 유럽연합에 대한 정책 책임을 추궁할 수 있는 창구가 마련되었다. 그러나 이러한 심화는 유럽연합의 외연 확대가 동시에 진행되면서 기존 회원국 간 차등 의석 재조정을 필연적으로 수반했다. 더욱이 유럽연합을 지탱하는 기제로 관세동맹, 셍겐 지역, 유로존 등 정식 기구도 점진적으로 확장하면서 각 기구가 작동하는 권역에 관한 결정 과정에 거부권을 행사할 수 있는 정치적 입지 확보를 위한 각축전이 격화되기 시작했다.

유럽연합이 채택한 다층 거버넌스는 강압적 통제를 사용하지 않고 인위적으로 창출한 정치 통합체를 성공적으로 보존하려는 목표를 지향한다. 그러나 원칙과 실재 간 간극을 해소하는 과정에서 분리를 통합의 상극으로 상정하는 세력과 분리와 통합을 연속선에 전제하려는 세력 간 팽팽한 대결이 반복되기 마련이다. 유럽연합은 구성원 간 상호 주체성을 수용하며 공유 주권을 보장하는 다층 거버넌스를 운용 기제이자 작동 수칙으로 정립해, 원칙과 실재 간 발생한 간극을 조정하는데 '차별화된 통합differentiated integration' 접근 방식을 적극적으로 활용했다(Leuffen et al. 2013). 이 차별화된 통합은 확대와 심화가 진행되는 가운데 유럽연합을 보존한 해법이기도 했지만 동시에 위기 상황이 동시다발적으로 포개져 구별짓기를 통해 유럽연합을 압박하면서 유럽 공동체 정신을 와해시킬 수도 있는 진원지가 되기도 했다.

집단안보와 경제성장 및 경제번영을 보장하는 신뢰 구축을 전제로, 유럽연합의 심화와 확대는 점진적으로 그리고 단계적으로 '차별화된 통합'을 거쳐 진행했다. 회원국 간 가입 대상과 역할 분담을 둘러싼 정책 차원의 합의를 이루고, 지역통합 기구에 가입한 회원국 주권과 병행하는 초국가적 기관을 정립하며 공동체 정체성을 구축했다. 그 결과 정부 간 제도와 초국가적 기구가 혼재하는 구조로 회원국과 유럽연합이 주권을 일부 공유하는 연합적 거버넌스가 형성되어 유지된다. 그러나 최근 확대와 심화에 대한 불만을 토로하거나, 경제통화위기나 난민 사태로 인한 중압감과 불안감을 호소하며 유럽 정체성에 대한 회의주의가 일상화되는 이면이 드러나는 상황이다.

'차별화된 통합'이란 일탈 조항derogation clause에 근거한 공식적 또는 준공식적 규제 적용 예외, 안전장치 조항safeguard clause에 근거한 특정 국가 대상으로 특정 분야에 참여 유보opt out나 선별 참여opt in 허용, 그리고 리스본조약에 확립된 협력 강화enhanced cooperation를 근거로 광범위한 범위의 정책 분야에서 모든 회원국 대상으로 단일한 법적 규제를 제한적으로 강제하는 대신 개별 회원국의 재량권을 극대화하는 등 세 개 차원에서 가능하다(Eriksen 2018, 6-7). 중요한 점은 '차별화된 통합'은 원칙적으로 통합 해결책으로서 차별화를 추구하므로 잠정적 효력이 부여된다는 사실이다. 그러나 실질적으로 차별화된 법 차원의 세 번째 해법은 가장 심화한 형태의 통합으로 핵심 회원국이 거버넌스를 선점하기 때문에, 복층으로 구성된 상호의존 체계에서 핵심 회원국 집단의 독단적 통치는 영구적 효력을 지닌다. 그 결과 극대화된 재량권은 수직적 파편화를 초래하기 쉽고 이는 소수 핵심 회원국이 지배하는 우세dominance로 나타나 패권으로 이어지면서 자치는 허울 좋은 빈껍데기에 불과하고 구성원 간 평등한 지위마저 위협을 받을 수 있다.

예컨대 유럽 단일유럽의정서는 유럽의회와 각료이사회 간 입법 활동 공조를 규정해 자유로운 자본·노동·용역의 왕래를 보장함으로써 통합 시장 체제를 구축할 수 있는 법안이 통과되었다. 이어 마스트리히트조약은 경제통화동맹EMU을 통해 단일화폐 통용과 재정정책 공조를 구축함으로써 유럽중앙은행에게 통화-재정정책 결정권을 이양하도록 촉구한 제1기둥, 공동외교안보정책CFSP을 출범시키며 외교안보정책연합UFASP과 유럽대외업무부EEAS를 신설한 제2기둥, 그리고 주권에 민감한 이민, 국경, 관세, 망명 분야에서 사안에 따라 만장일치나 공동결정을 선택하는 의결절차를 마련해 유럽 지역통합의 창구를 확대한 제3기둥을 창설했다. 특히 제3기둥은 권력분립의 토대를 구축하고 각 회원국 정상회의인 유럽이사회에게 감독 기능도 부여했다.

그러나 단일화폐를 통용하는 유로존 창설에도 불구하고 실질적으로 단일통화-재정정책 집행에서 유럽공동체조약 122.2항에 명시된 엄격한 자격요건을 충족하지 못하는 회원국이 속출한다. 게다가 유럽중앙은행의 재정 보수주의는 모든 회원국에게 고유권한인 재정정책과 통화정책에 대한 결정권을 유럽중앙은행에 이양하도록 촉구하나, 실제로 주요 결정은 여전히 국가정상회의에 준하는 의결방식으로 결정된다. 특히 영국은 유럽단일화폐통용권 가입을 여전히 거부한다. 결국 이러한 정치적 차별화 조치는 국가 간 협약에 의존해 지엽적으로 초국가 기능을 보완하는 데 그친다. 이는 주권재민 원칙을 구현하는 자유민주주의 체계의 권력 구조 운용에 필요한 주요 기관 간 상호견제가 실질적으로 어렵다는 방증이다. 무엇보다 유럽연합 회원국에게 적용되는 실질적 법체계가 제각각

이기 때문에, 회원국 간 갈등이 증폭될 가능성과 약소국의 자율권이 핵심 회원국 집단의 독단적 결정으로 인해 상실될 가능성도 커진다.

지역통합의 형성과 유지는 역내 구성원의 노력에 따라 유럽화, 즉 유럽연합 구성원 간 상호작용의 결과물로 유럽 정체성을 창출할 수 있다. 일단 지역통합이 출범하더라도 지역통합을 공식화하는 제도화에는 기득권 양도를 정당화할 요구가 수반된다. 그러나 심화와 확대 과정에서 일부 회원국에게 적용 예외derogation나 참여 유보opt out 등 효력 발생 유예를 허용한 결과, 회원국의 반발을 무마하려는 잠정 미봉책이 궁극적으로 공동체의 결집성을 저해하는 부작용을 초래했다. 이는 반복해서 헌법에 명시된 최종적 권한의 소재지로서 주체가 누구인지, 명시된 정부체계와 권한 영역이 진정한 의미에서 헌법이 천명한 기본정신이나 국정운영 이념체계를 충실하게 반영하는지에 대한 논란을 불러일으킨다(Walker 2007, 248). 특히 '브렉시트'를 계기로 유럽연합으로부터 탈퇴를 이행하는 조항을 가동하는 과정에서 유럽통합에 대한 인식이 개별 회원국의 국내 정치과정에 노출되는 취약점을 적나라하게 보여주면서 그 태생적 한계를 재확인시켜 주었다.

다층 거버넌스는 궁극적으로 복수의 정체성을 허용해 복수의 층위에 권한 소재지를 분산하는 동시에 이를 결속할 수 있는 구속력을 지닌 상위 정부 권위의 정당성을 보존해야 한다. 이는 정립 단계에서 정교한 운용 수칙에 대한 기본 합의를 요구하며, 유지 단계에서 운용의 묘를 살리는 기략을 요구한다. 구체적으로 연합적 거버넌스는 헌법상 수직적 권한 분산의 유형별 분류를 요구하는데, 주요 특성을 비교하는 과정에서 각 유형이 반드시 상호 배타적이지 않다는 점을 유의할 필요가 있다. 특히 만약 상위 정부 주장이 수적 다수의 주장을 국가성으로 포장하거나 또는 그렇다고 인식된다면, 한편으로 공치共治의 마비를 초래할 수 있으나 다른 한편으로 자칫 모양뿐인 자치를 야기할 소지도 지닌다. 만약 다층 거버넌스를 지향하는 당사자 간 상호 차이점을 명확하게 인지한 후 타협하지 않으면, 그를 정립하는 제도화 과정에서 중앙을 구성단위의 상위 정부라기보다 거추장스러운 정부로 각인시켜 결과적으로 국민을 대표하는 정부로 자리매김하지 못하는 실책을 범할 위험이 크다.

　무엇보다 공치를 통해 부각되는 국가성이 독자적 정체성에 충실한 자치에 상치한다고 간주하게 되면, 비중앙 구성단위는 다른 중앙 구성단위와 비교해 중앙과의 특수한 관계를 부각시켜 독자적 정체성을 방어하는데 주력한다. 그리고 이 각자도생 시도는 수평적으로 다른 구성 단위에게 안위 위협을 가중시켜 연합적 거버넌스 기반으로 한 통치가 정치체제의 불안정을 야기할 수도 있다. 이러한 위험은 특히 재정 주권분립이 가능한 경우에 가중되며, 국가에 따라 다양한 형태로 활성화되는 경향이 있다. 원칙적으로 정치과정을 통해 협상하는 절차를 통해 이러한 불안정을 제거할 수 있으나, 실질적으로 정치과정이 불안정을 배가시키는 역설적 상황을 유럽연합의 심화와 확대 과정에서 목격할 수 있다. 특히 원칙과 실재 간 간극이 심화되면, 유권자의 불만을 적극적으로 동원하는 선동가의 획책으로 대중영합주의는 대의민주주의 근간을 잠식할 가능성이 커진다(이졸데 카림 2019). 예컨대 지스카르 데스탱 전 프랑스 대통령이 초안을 마련한 유럽헌법은 국민투표에서 부결되었고, 이어 유럽 지역통합에 호의적인 네덜란드에서도 국민투표에서 부결되었다. 그리고 이를 대체한 리스본조약도 유로존 참여국인 아일랜드가 1차 국민투표에서 부결하고 2차 투표에서 간신히 가결해 발효되었다.

　군사안보 측면에서 유럽연합과 더불어 북대서양조약기구는 서로 다른 범위로 신입 회원국으로 가입시키며 '차별화된 통합'을 선택했다고 볼 수 있다. 유럽연합 회원국 중 아일랜드·오스트리아·핀란드·스웨덴·몰

[그림 13-1] 1950년 쉬망조약이 체결된 프랑스 외무부 건물

타·키프로스 등 6개국은 북대서양조약기구 회원국이 아니다. 또한 북대
서양조약기구 회원국 중 노르웨이·아이슬란드·튀르키예(터키)·알바니
아 등 4개국은 유럽연합 회원국이 아니다. 탈냉전 또는 탈-탈냉전시기에
도 이러한 괴리가 지속된다는 점은 유럽연합 통합 차원에서 집단안보 결
집력의 공백을 간접적으로 방증할 뿐 아니라, 점진적·단계적 조건부 통
합이 과도기에 그치지 않고 반영구적일 수 있다는 방증이다. 더욱이 최
근 우크라이나 사태는 이 반영구적 성향을 강화하는 방향으로 '차별화된
통합'을 지속시킨다.

　정치경제 측면에서 유럽연합은 자원과 권한 배분이나 의사결정 과정
의 불균형에도 불구하고, 자유무역지대, 관세동맹, 사증 폐지, 셍겐조약,
단일시장, 그리고 통화동맹 순서로 통합을 구축했다. 그 결과 정치경제
측면에서 회원국이 중첩된 기구나 조약이 많은데, 단계적으로 경제통합
이 진행되면서 이를 제도화하는 정치통합이 순차적으로 달성되었기 때문
이다. 또한 쉬망Schuman조약에서 언급하듯이, 이는 '생산의 연대성solidarity

in production', 즉 전쟁의 원인을 제공한 철강과 석탄 등 경제협력 차원의 통합을 정치협력 및 군사안보협력 차원으로 승화시킨 결과다. 다만 자유로운 이동을 보장하는 셍겐조약이나 단일화폐를 통용하는 유로존의 경우, 유럽 지역통합의 정치경제 측면에서도 유럽 국가 간 이견이 적나라하게 드러난다.

예컨대 유럽경제구역은 유럽연합의 전신인 유럽공동체 회원국과 유럽자유무역연합 회원국 간 자유로운 인구·자원·자본·용역의 이동을 보장하기 위해 1994년에 설립되었다. 그러나 스위스 국민투표에서 유럽경제구역 인준이 거부된 후, 스위스는 유럽연합과 양자협정에 의존해 유럽경제구역이 추구하는 자유로운 이동에 참여했다. 더불어 스위스는 2008년에 셍겐조약에 가입함으로써 기능적으로는 단일시장에 접근하면서 법제도적으로는 일정한 거리를 두는 특이한 방식을 고수한다. 그 결과 가장 최근 유럽연합 회원국이 된 크로아티아를 제외한 나머지 27개 회원국과 스위스를 제외한 유럽자유무역연합 3개 가입국을 합해 총 30개 회원국으로 구성된 유럽경제구역은 유럽연합 회원국이 아니더라도 유럽 단일시장에 참여하는 기회를 제공하는 창설 당시 역할을 여전히 수행하는 반영구적 기구다.

'차별화된 통합'은 유로존 또는 경제통화연맹Economic and Monetary Union(EMU)에서 극명하게 드러난다. 회원국으로 가입하려면 경제수렴 기준convergence criteria, 즉 단일통화를 효율적으로 운영하기 위한, 4개 거시경제지표를 근간으로 마련된 자격요건을 충족해야 한다. 이는 회원국 간 경제 환경을 동질화하기 위해 구축한 자격요건이자 거시경제 운영 수칙이기도 하다. 동시에 통화통합 이후 관리를 위해, 유로와 비유로존 통화 간 환율안정 기제로 신환율조정 메커니즘ERM II과 재정안정기제로 안정–성장협약Stability and Growth Pact을 채택해서 2007년 경제위기 이전까지 유로존은 성공적으로 운영되었다.

그러나 그리스 사태를 시작으로 유럽연합은 단일화폐를 통용하는 대가로 환율변동에 따른 조기경보 기능을 상실했고, 단일 통화정책에 따른 단일 환율을 적용해 회원국 간 거시경제 불균형이 심화되었다. 각 회원국이 자국의 재정정책을 자율적으로 운영한 수직적 파편화와 수평적 분절화는 결국 유럽중앙은행의 단일 통화정책 운영에 기인한 구조적 취약점이라는 고질적 문제의 진원지가 되었다. 더불어 안정·성장협약을 보완한 법안이 채택되었음에도 이를 위반한 회원국에게 대한 제재가 현실적으로 어려워, 재정적자와 정부 부채가 악화되는 근본적 문제점을 여전히 해결하지 못하는 점이 치명적이다. 이를 치유하기 위해 유럽연합 심화More Europe라는 극약 처방을 내렸으나, 연이은 각종 사태로 인해 포용적 다층 거버넌스를 거부하는 난관에 봉착했다.

유럽연합은 평화 시기에 유래된 정치적 시도가 아니라, 역내질서의 상대적 우위 쟁탈을 빌미로 반복되는 전쟁으로 인한 막대한 물질과 인명 피해를 줄이려는 목적으로 국가 간 협조체제를 모색하며 탄생했다. 다시 말하자면, 종전 후 현상유지가 강대국 간 전면전보다 이득이 크다고 인식했기 때문에 침략적 의도를 지닌 국가를 통제해 전후 평화 체제를 유지하려는 공감대를 토대로 출발했다. 따라서 유럽 지역통합은 '긍정적' 목적보다 전쟁과 혁명에 대한 공포에서 벗어나려는 '부정적' 동기를 추동력으로 삼아 출범했다. 그 결과 유럽연합에게 통합의 '긍정적' 동기가 부족해 위기에 닥칠 때마다 이를 극복하지 못하고 정지나 무한 대기 체제로 변환한다.

그러나 유럽연합은 다층 거버넌스를 통해 구성원에게 각종 공식적 제도를 통해 경성 지역정서를 각인시킴으로써 실질적으로 연성 지역정서의 의미를 부여하기 시작했다는 사실에 유의해야 한다(이옥연 2019).

이러한 정치질서의 변동은 한편으로는 법률 조율과 지역통합 기구의 역할분담 조정 등을 동반했고, 다른 한편으로는 자원의 불균등한 안배를 해소하기 위한 변화의 정당성에 대한 공감대를 구축하기 위해 기득권의 양도에 대해 기존 회원국이 합의해야 했다. 기능적 필요성에 의해 지역통합이 시작되더라도 궁극적으로 지역통합체제를 유지하기 위해서는 지역통합의 필요성을 공유하는 가치관이 구축되어야 한다. 따라서 지역통합의 성패는 결국 신뢰 구축과 더불어 위기관리 시 그 신뢰를 유지하느냐에 달렸다.

건립 과정에서 유럽연합과 회원국 간 수직적 관계를 규정하는 보조성 원칙과 회원국 간 수평적 관계를 규정하는 비례대표성 원칙의 조합이 그다지 조화롭지 않은 결과를 낳은 불운이 겹쳤다. 특히 후보 회원국이 유럽연합의 공식적 또는 비공식적 기구에 가입 의사를 표명한 시점과 가입 승인이 이뤄진 시점 간 격차가 클수록, 유럽연합에 대한 불만과 불신이 유럽회의주의로 심화되는 경향을 관찰할 수 있다. 무엇보다 유럽연합은 정부 간 협약에 의거해 지역통합을 추진했기 때문에, 지역통합 이전에 미처 완수하지 못한 과제는 지역통합 이후에도 보조성 원칙을 어떻게 해석하느냐에 따라 정부로서 유럽연합의 정당성을 강화시키기도 또는 약화시키기도 한다(Elliot and Atkinson 2016, 17-28).

만약 회원국의 권한 일부를 유럽연합에게 양도하는 정당성에 대해 회의적이라면, 통치체계 정비를 목적으로 설정된 리스본조약의 권한 분류도 지역통합의 현실에 부합하지 않는다는 반발을 불러일으킬 가능성이 크다(Christiansen 2009, 69-82). 유럽연합이 현재 봉착한 위기 상황을 타파하는 돌파구를 찾으려면, 독단적 권력의 원천이 되는 수직적 차별화, 즉 정책 분야가 선별적으로 다른 속도로 통합되면서 분야마다 다른 수준의 중앙집중화가 이뤄진 파편화를 해소해야 한다. 무엇보다 유럽 다층 거버넌스가 양산한 문제를 해결하려면, 위기 상황에 드리워진 문제를 발굴하고 그에 대한 해법을 선택하는 과정에서 정책 결정 과정과 민주적 접근 구조 간 이탈decoupling을 줄이는 데 전력해야 한다(Eriksen 2018, 13).

'구별짓기'를 넘어서: 이주·이민 분야 차별화된 통합의 난관

1) 차별화된 통합이 구별짓기를 만나면

권한집중과 권한분산 간 평형점을 법·제도적으로 정비해 다층 거버넌스의 난관을 극복할 수도 있으나, 반대로 권한집중과 권한분산을 내재화한 법·제도로 인해 다층 거버넌스 문제가 악화될 수도 있다. 원론적으로 말하면, 법·제도상 권력 소재지를 분산시키면 이익 대표 과정도 그에 비례해서 분산되기 마련이다. 그 결과 권한분산과 정책 유동성 간 정비례관계를 상정할 수 있다. 그러나 결정권이 극심하게 편중되면, 정권교체로 인한 연속성이 결여된 분절된 다층 거버넌스 문제가 심해지기 때문에 권한분산과 정책 유동성은 무한대로 정비례한다고 보기는 어렵다. 즉, 다층 거버넌스를 원칙으로 하는 경우라도 분리-통합 평형점을 찾는 문제가 복합적이다. 이 분리-통합의 원칙과 실재 사이에 발생하는 간극을 설명하는 틀을 적용해 차별화된 통합differentiated integration을 재조명할 필요가 있다.

자유민주주의 체제에서도 수혜 대상이나 범위가 편중되는 이율배반적 현상은 빈번하다는 점에 유의해야 한다. 심지어 역설적으로 공권력의 개입을 통한 균등한 재분배에 의존해서야 비로소 다원주의가 구현되기도 한다. 이 역설적 현상, 즉 권력집중 패러독스power concentration paradox에 근거해 권한분산과 정책 유동성 간 반비례 관계를 상정할 수 있다. 즉, 권한분산이 커질수록 정책 유동성이 증가하나 만약 결정권이 극심하게 파편화되면, 복잡한 정책 변동으로 인해 총괄 정책에 대한 헌신을 기대하기 어려워지는 문제가 더 심각해진다. 그 결과 문제 빈도와 정책결정권의 분산 정도는 양 극단에서 다층 거버넌스를 무력하게 만드는 U자 도형으로 나타난다.

그렇다면 왜 분리-통합 역학에서 간극이 발생할까? 우선 공동체 구성원이 분리와 통합을 다양한 조합으로 구현하는 정립 과정에서 간단한 단서를 찾을 수 있다. 예컨대, 동등 통합을 다층 거버넌스의 최종 목표로 설정한다고 쌍방 간 동등한 통합을 제고하려는 노정이 반드시 전개되지 않는다. 나아가 비록 공동체 구성원이 최선으로 노력했지만 동등 통합을 구현한 결과를 달성할 수 있다는 보장도 없다. 만약 방식에 있어서 보조성보다 연대성을 강조해 상향 층위를 우선시한다면, 동등통합 원칙이 실질적 일방통합으로 실현되는 간극을 초래할 수 있다. 또는 방향에 있어서 외연 확대보다 내부 결속을 제고하려는 의지로 집결되면, 동등통합 제도가 동등분리 과정을 거치며 간극이 발생된다. 게다가 방식과 방향에서 상반되는 양상으로 전개되면, 동등통합은 일방분리로 나타나며 최대 간극을 야기할 수도 있다.

따라서 이 분리-통합 역학에서 관찰되는 복합성의 원천을 우선 체제의 건립 역사와 전개 과정에서 규명해야 한다. 권한집중을 전제한 절대 주권과 달리, 주권공유는 권한을 다층으로 분산시킴으로써 책임 소재지를 다원화할 뿐 아니라, 복수의 정부단계 간 인위적 등가성을 제도화해 궁극적으로 구성 정체政體와 각 정체의 구성원인 국민을 동시에 대변하는 정치체제 구축을 지향한다. 그런데 아무리 주권공유를 표방하는 연방주의 원칙을 천명하더라도, 과도한 중앙 집중이나 과도한 탈중앙 분산을 야기할 위험 부담을 완전하게 면하기 어렵다. 결과적으로 왜 이러한 상반된 양상으로 극도로 편중되는지 이해하기 위해서 체제가 제도화되는 정립 과정과 대조할 필요가 있다.

만약 외연 확대를 제고하려는 원칙에 충실한 제도를 정비한다면, 공동체 구성원들은 통합의 대상인 동시에 통합의 주체가 되는 양면성을 지닌다. 그렇다면 통합 시점 이전에 향유한 단일주권 대신 상위 권위체로부터 등가성을 보장받는 공유주권에 합의하기 위해서, 중앙집중, 즉 보조성보다 연대성을 강조해 상향 층위를 우선시할 수 있다. 또는 반대로 탈중앙 분화, 즉 연대성보다 보조성을 강조해 하향 층위를 우선시하는 정당화 작업이 수반될 가능성이 크다. 그 결과 상위 정부의 권한을 명기하고 하위 정부에게 잔여권한을 부여하거나, 혹은 하위 정부의 권한을 명기하고 상위 정부에게 잔여권한을 부여함으로써 상위 정부가 국민을 총체적으로 대표한다는 명분을 정립시킬 수 있다.

원칙적으로 동등통합을 제도에 반영시키려했으나 전개 과정에서 실제로 일방통합으로 구현되면, 공동체 구성원 간 통합방식에 있어서 이견이 표출된 결과다. 또한 동등통합 원칙이 동등분리로 나타난다면, 공동체 구성원 간 통합 방향에 대한 이견이 불거진 결과다. 특히 동등통합을 표명한 제도가 궁극적으로 일방 분리로 전개된 결과를 초래했다면, 공동체 구성원 간 통합 방식과 방향에 대한 이견으로 인해 제도와 과정 또는 원칙과 실재 간 간극이 극대화된 경우다. 그렇다면 구체적으로 어떻게 간극이 발생할까?

우선 공동체가 형성되고 유지되기 위해서 구성원들은 중심으로 결집하려는 구심력과 중심으로부터 멀어지려는 원심력의 두 가지 상반된 힘이 작동하는 균형점에 관한 공동체 내 공감대를 선택해야한다. 만약 구성원들이 이 공감대를 선택하는 절차에 정당성을 부여하지 않거나 정당성을 부여할 필요를 느끼지 않는다면, 원칙과 실재 또는 제도와 과정 간 간극이 발생할 것이다. 전자의 경우 공감대 선택 결과에 불복해 선택절차 자체를 부인하기 때문에 간극이 발생한다면, 후자의 경우 공감대 선택 절차에 대한 명확한 규정이 없거나 있더라도 불충분하기 때문에 간극이 발생할 것이다.

흥미로운 점은 상반되는 방향으로 구심력과 원심력이 작동하며 상충되는 효과를 창출함에도 불구하고 구심력의 이완이 반드시 탈중앙화의 심화로 이어지지는 않으며 마찬가지로 원심력이 약화된다고 반드시 중앙 주도로 응집되지 않는다는 사실이다. 즉, 구심력이 증가해 커진 응집성과 원심력이 증가해 커진 자율성을 완전한 상호 반비례 관계로 규정하기는 힘들다. 다만 어떤 경로로 외형상 분류와 실질적 유형의 간극이 발생하는지 설명하기 위해 요구되는 준거를 단정하기가 어렵다. 선행연구는 대체로 어떤 상황에서 간극이 발생하는지 유형을 규명하고자 주력했다. 이런 점에서 유럽연합은 차별화된 통합을 통해 유형별 사례를 창출한 보고實庫에 해당한다.

그렇다면, 권력 책임소재지 분산과 다층 거버넌스 난이도 간 상관관계는 조건에 따라 응집성과 자율성 간 영합零合적 관계를 정합定合적 관계로 전환할 수도 있다. 즉, 특정 전제조건만 부합한다면, 국가마다 다른 실질적 법체계로 인해 회원국 간 갈등이 증폭될 가능성과 약소국의 자율권이 핵심 회원국 집단의 독단적 결정으로 인해 상실될 가능성도 커지는 역설을 번복할 수 있다. 만약 이러한 전환을 가능하게 하는 조건이 온전하게 충족된다면, 통합과 분리가 반드시 상치하지 않는다는 신뢰를 구축할 수 있다. 구성원 간 합의한 층위가 두꺼워질수록 자율성을 상실할 가능성이 커진다고 인식할 가능성이 있다. 바로 분리를 명분으로 내세우는 정치 구성원들의 불안감을 자극해 수직적 관계뿐 아니라 수평적 관계에서 생존을 위한 방어막에 집착할 수 있기 때문이다.

다층 정치체제와 다층 거버넌스를 도입한 정치체제에서 수직적·수평적 기회주의는 내재한다. 유럽연합은 수평적 확대와 수직적 심화를 제도화하는 과정에서 차별화된 통합이 창출되었으며 이는 동시에 차별화된 분해differentiated disintegration로도 발현되었다. 만약 개별 안위에 대한 위협이 가중된다고 판단할 경우, 유럽공동체 정체성에 도전하는 대가를 불사하더라도 통합을 거부해 정국 불안정 또는 심지어 정치체제 해체까지 초래할 수도 있다. 따라서 다층 정치체제와 다층 거버넌스가 추구하는 공유주권은 이를 제어하는 복수의 차단 장치를 필요로 한다. 다층 정치체제와 다층 거버넌스 간 간극을 줄이려면, 헌법 명시, 제도적 권한 분산 경로와 절차 구비, 재정적 책임 소재지의 분배 실현, 그리고 연방주의에 대한 연방대법원의 유권해석 권한 수긍 여부 등이 내재화되어야 한다. 다만 이러한 제도화가 위험 부담을 줄여줄 수는 있으나 완벽하게 또는 사전에 제거할 수는 없다.

궁극적으로 극대화된 위기 상황에서 상호 주체성을 수용하며 공유주권을 보장하는 데 성공하는지 여부가 관건이다. 각자 상이한 규모나 자원을 기반으로 구성된 정치적 공동체인 유럽의 중앙, 즉 유럽연합과 비중앙, 즉 회원국 간 대칭적 적용을 거부하려는 시도가 이어진다. 유럽연합은 이 비대칭성을 조정하는 강압적 통제를 제도화하는 유럽화를 점진적으로 단계적으로 도입하며 인위적으로 복합 정치체를 창출하는 데 성공했다. 그러나 동시에 정치적 공동체를 보존하는 과정에서 제도와 과정의 간극이 극대화된 결과가 도출되고 있다. '차별화된 통합'의 세 번째 유형인 협력 강화를 제도화한 유로존이 대표적 분야다. 바로 이 유로존에서 시작한 재정 위기가 대량 이주민과 난민 사태를 계기로 이주·이민 분야에서 구별짓기의 주요 기제로 활용되며 지리적으로 '차별화된 분해'

형태로 드러났다. 이는 분리·통합의 원칙과 실재의 간극이 점차 벌어져 정치적 차별화의 폐단을 제공한 또 다른 대표적 분야다.

2) '차별화된 통합' 대 '차별화된 분해'

이민을 포함한 이주자 문제는 출입국 관리나 국경통제에 관한 국가와 국가 간 관계를 다루는 대외정책 사안에서 출발한다. 이는 입국절차를 통과한 이주자와 이민자를 수용하는 유입국에게 이민자와 이주자에 대한 규제와 통제를 요구하는 국내정책으로 연결된다. 따라서 이주·이민 분야는 연속선상에서 구축되는 편이 비용효과 측면에서 효율적이다. 무엇보다 이민을 포함한 이주자에 대한 규제는 입국 후 유입국에 정착하는 과정에서 발생하는 수용 또는 통합 방식과 직결되는 사안이다. 이러한 맥락에서 이주·이민을 총괄하는 접근이 요구되며, 궁극적으로 입국 직후부터 유입국의 구성원으로서 역할 및 기능, 그리고 수용 및 통합으로 예상되는 파급 효과 등을 관장하는 소위 이주·이민 종합설계도가 필요하다. 더불어 이와 밀접하게 연관된 국가에 대한 구상, 다시 말하자면 기존 국가 정체성을 어떻게 재편성할지에 대한 집합적 고민을 요구한다.

그러나 체계화된 이주·이민 분야, 즉 이민과 이주를 입국부터 수용·통합에 걸쳐 포괄적으로 관장하는 정책 꾸러미를 제시하는 경우는 이례적이다.[21] 영토를 전제한 법제도적 기반을 두는 국민국가와 대조적으로 초국가기구는 근대국가 간 위계질서를 초월하는 권위를 창출한다. 동시에 각 국가의 권력 일부를 이 새로운 초국가기구에 이양해야 생명력을 지닌다. 유럽연합의 특수성은 이 둘을 모두 충족시켜야 성공적으로 운용

---

21 예컨대 인구조사 통계에서 사용한 분류 준거에서 이민국가를 표명하는 미국, 캐나다, 호주 등은 '외국출생'을 채택한 반면 공식적으로는 이민국가를 표명하지 않는 독일, 오스트리아, 벨기에 및 한국 등은 '외국인'을 채택한다.

[그림 13-2] 룩셈부르크 모젤 강변의 셍겐조약 기념비

할 수 있다는 데 있다. 전후 유럽은 국가 간 협력 강화를 통해 공동의 평화와 번영을 모색하는 새로운 지역질서로서 지역통합을 추진한 결과, 국경 없는 셍겐 지역과 단일화폐가 통용되는 유로존을 성공적으로 출범시키는 역사적 위업을 달성했다. 위기 상황이 반복적으로 동시다발적으로 포개지면서, 바로 그 두 분야가 차별화된 분해의 진원지가 되었다고 할 수 있다.

　만약 국가 간 이주가 국토의 안보를 위협할 정도로 국경통제를 마비시켰다면, 이는 국가 간 이주민 수가 급격하게 늘고, 이주민 출신 성분이 이주 대상국의 국가 이념과 현저하게 다르고, 이주민 대다수가 이주 대상국의 기본 질서를 붕괴시킬 의도로 침투한 경우에 한정된다. 그러나 국가 간 이주와 국경통제에서 제기되는 문제가 안보 담론으로 포장되는 경우, 정책적 문제 해결보다 대중영합적populist 정치쟁점으로서 흡입력을 지니는 경향이 크다. 왜냐하면 민주주의 체제에 기반한 국가는 이주·이민에 관한 사법-행정 기제를 국경통제의 연장선에서 정비하지만, 바로 그러한 조치가 자유주의 이상과 현실 사이에서 충돌하기 때문이다.

따라서 국가 간 이주는 대체로 시민권과 국적에 근거한 국가정체성 담론으로 직결된다. 무엇보다 민주주의를 근간으로 하는 헌정체계에서 이민자를 포함한 이주자 심지어 난민의 인권문제는 법적 형평성과 심지어 정치적 형평성 문제로 이어진다. 실제로 대다수 안정된 민주주의 국가의 헌법은 이주자, 특히 이민자의 법적 지위에 관해 원론적으로 언급하거나 아예 침묵한다. 난민의 경우는 국제조약에 구속되지만 국내 정치과정에서 그 효력에 대한 정치적 반발과 극단적으로는 입법 번복으로 이어지기도 한다. 결과적으로 사법부의 소극적 행동주의로 인해 이주자의 사회적, 정치적 권리에 관해 심리나 정서에 호소하는 정치 시장 논리가 판치는 여지를 남길 개연성이 크다.

물론 헌법 명시나 사법심사 선례가 이민을 포함한 이주자 문제를 모두 해결할 수 없다고 반박할 수 있다. 그러나 헌법의 침묵이나 경직된 사법심사가 이민을 포함한 이주자 문제에 대한 정책적 혼선을 악화시킬 수 있고, 정치과정은 이 혼선을 정치쟁점으로 비화시킬 수 있다는 점에 주목해야 한다. 왜냐하면 이 사법적 공백 지대가 이민을 포함한 이주자의 국민으로서 지위를 보장하기 위해 사법·행정 차원의 실질적 행위를 모색하기보다 정치 시장에서 상징적 수사rhetoric를 동원하는 경향이 크고 폭발적이기 때문이다.

이주·이민 분야에서 원칙과 실재 간 괴리가 발생하는 이유는 복합적이다. 첫째, 대다수 국가 헌법은 이주·이민을 통해 입국해 거주하는 국민 개인으로서 사법적 지위에 대해 혼재한 형태로 규정한다. 둘째, 다양한 사회적 균열구조가 이주·이민 분야를 동원한 정치과정에 작동하는 경우, 이를 총괄하는 공공정책은 정치 시장의 집단압력에 노출될 가능성이 크다. 셋째, 그에 더해 복층 정부 단계에 의한 국정 운영을 명시한 경우, 수직적 권력분립에 따라 연방 또는 중앙정부가 단일한 공공정책 꾸러미를 제공하기보다 원론적 집행 방향 또는 공공 철학을 제시하는 경향이 크다. 넷째, 설령 정착하는 지역에 따라 수용 또는 통합의 격차가 크다고 판단한 연방 또는 중앙정부가 이주·이민문제 규제를 선점하더라도, 복층 정부 단계의 입법 및 집행 절차에서 정책 개혁의 원래 취지가 압력집단과 그를 옹호하는 정치인의 개입으로 변형될 가능성이 커지기 때문에 일관된 방식으로 구현하기 어렵다.

이주·이민 분야에서 유럽연합 차원의 공동정책을 실질적으로 정착하기까지 기간을 여섯 개 시기로 분류하며 분기점마다 주요 조약 체결이 이주·이민 분야에 주요 정책 변화를 가져왔다. 1957년 로마조약이 체결되기 이전 첫 번째 시기에는 이민정책은 사회정책의 일부로 주권국가 소관이었다. 그러나 점차 단일시장을 구축하기 위한 경제통합에 역점을 두며 유럽 역내 노동자에 한해 자유로운 이동의 필요성이 비로소 제기되었다. 무엇보다 이 시기의 비유럽 출신 이주자는 단기체류 이후 영구 귀국을 전제했기 때문에 합법적 이민자 통제에 이민정책의 초점을 맞추었다. 그 결과 이민정책은 이주국과 송출국 간 국제관계에 예속되는 국가주권의 독자 영역이었다. 더불어 행정적으로 이민정책은 국경통제보다 입국후 거주지를 중심으로 이주자를 관리하는 데 주력했다. 따라서 유럽 차원의 공동정책에 대한 발상이 태동하기 이전 시기에 해당한다.

1987년 단일유럽의정서가 채택되기까지 두 번째 시기는 30년이 걸렸다. 마침내 유럽 역내 인적·물적 서비스 등 자유로운 이동이 보장되었으나 유럽공동체 소속 시민에 제한된 권리였고, 비유럽 출신 이주자는 법적으로 단기체류 자격을 부여받아 노동력의 공급원으로 분류되며 유럽국가 시민과 동등한 정치·사회적 권리 향유에서 배제되었다. 이 시기 이민문제는 개별국가 소관이며 이민정책의 궁극적 목표는 합법적 이민의 통제와 관리에 제한되었다. 실질적으로 자유로운 이동이 보장된 유럽에서 육로를 통한 국경 간 이동을 단일국가가 효율적으로 통제하는 일은 현실적으로 어렵다. 따라서 이민정책의 중점이 이주민의 거주지 등록과 체류허가증 발부를 통한 관리에 그쳤다. 그 결과 배타적 시민권을 소지하지 않은 비유럽 출신 이주자에게는 유럽국가 시민보다 법적으로 열등한 지위가 부여되었다. 마침내 1974년 이사회 결의안을 통해 비유럽 출신 이주자와 유럽국가 시민 간 평등한 경제적 권리를 보장해야 한다는 주장이 제기되었다.

그리고 1987년 단일유럽의정서를 채택하면서 세 번째 시기에는 이민정책을 개별국가 차원보다 국가 간 협력을 통해 구상하고 수행할 필요성이 제기되었다. 입국사증은 영구 귀국을 전제한 단기체류가 주요한 이주 형태인 경우, 유용한 국경관리 도구다. 다만 유럽연합 차원에서는 영주권이란 개념 자체가 부재했다. 단일유럽의정서에 명시된 가중다수결 방식이 이민정책에도 적용되어야 한다는 논의를 시작으로 이민정책을 초국가 차원에서 구상하고 집행할 필요성이 핵심 논제로 부상했다. 또한 망명 신청자의 적부심사 권한을 최초 체류 국가에 일임하는 1990년 더블린 협정과 1985년 셍겐조약의 두 번째 조치가 채택되었다. 다만 비공식적 경로에 의존해 국가 간 협력으로 추진되는 이민정책은 정책 수행의 편의 도모가 주요 목표였다. 특히 냉전체제 해체로 인해 동구권으로부터 대량 이주가 시작하자, 비공식적 경로를 통한 국가 간 협력은 역외 국경 통제와 망명정책의 단일화에 주력하였다. 따라서 비유럽 출신 이주자는 여전히 유럽국가 시민과 차별되어 동등한 사회적 권리 보장에서 제외되었다.

유럽시민권을 창설한 1992년 마스트리히트조약이 체결되면서 네 번째 시기에 유럽국가 시민에게 자동적으로 유럽시민권을 부여했다. 그러나 비유럽 출신 이주자를 법적 열외로 분류해 그 자동적 부여를 허용하지 않았다. 그래도 유럽이라는 공적 영역을 설정하며 경제연합과 정치연합을 넘어서 사회연합을 공식적으로 유럽공동체의 영역으로 규정한 점은 괄목할 만하다. 특히 이민문제를 유럽 차원의 논제로서 내무·사법 분야, 즉 제3범주로 공식화하여 사안의 필요성에 따라 제한된 범위에서 이뤄지던 비공식적 국가 간 협력이 공식적 절차를 통한 국가 간 협력으로 제도화했다. 무엇보다 역내 이주와 더불어 역외 이주가 폭증했고, 영구 거주를 전제한 장기체류나 합법적 이민과 가족 결합이 증가하면서 이민정책은 이주자의 사회적 통합을 목표로 하는 발상의 전환을 요구했다. 그러나 동시에 이와 같은 정책적 개입 조치는 선주민의 노동 시장 보호에 대한 민감도를 높였고, 나아가 배타적 성향이 깊은 국가 정체성이나 시민권과 밀접하게 연관된 이민정책을 초국가화하려는 유럽연합에 대한 저항을 촉발시키는 원인이 되었다.

1997년에 체결된 암스테르담조약을 기점으로 다섯 번째 시기에는 국가주권과 지역통합의 긴장 관계를 절충해 탄생한 마스트리히트조약보다 진일보한 양상이 드러나기 시작했다. 드디어 이민정책 권역이 유럽공동체 체제, 즉 제1축 범주로 편입되고 이민문제도 가중다수결 방식에 의한 공동의사결정 대상으로 확정되었다. 동시에 이민자의 사회적 권리를 명문화하여 유럽국가 시민과 동등한 권리를 누릴 수 있게 해야 한다는 주장이 제기되었다. 그 결과 암스테르담조약에서 합의한 공동정책을 수행하기 위해 1999년 템페레 이사회 회의에서 구체적 실행안이 결의안으로 채택되었고 이어 2004년 헤이그 프로그램에서 향후 5년 간 유럽연합을 '자유·안전·정의의 공간'으로 구현하기 위한 공동정책 수립을 목표로 제시했다.

마지막으로 여섯 번째 시기에 유럽헌법에 준하는 기본수칙을 근간으로 한 리스본조약이 2010년에 체결되면서 이민을 실질적으로 공유 영역, 즉 유럽연합의 선점 권한을 인정하되 회원국의 우위 권한을 명시했다. 이러한 유럽화 과정은 이민문제를 차별화된 통합이 작동하는 다층 거버넌스에 의존하며 이민정책이 유럽연합과 개별 회원국 간 공유 영역으로 법제화된 경로를 창출했다. 다만 통합과정의 경로에 따라 유럽연합과 개별 회원국 간 고유한 균형점이 별도로 설정되면서, 대량 이주민-이민-난민이 발생하는 위기 상황에 접하자 정치적 차별화의 주요 공격 대상이 되었다.

그 결과 다차원에 걸쳐 영향을 끼치는 이민문제의 속성으로 인해 국내외적으로 처한 특수한 상황과 관계성은 유럽연합과 개별 회원국 간 균형점을 재설정하자는 요구에 노출될 수 밖에 없었다. 특히 대의민주주의 체제에서 정책 입안을 주도하는 집권 정당 또는 여당에 의해 이민정책이 각종 이익단체의 압력을 수용하는 데 그치지 않고, 국정 운영 질서를 재편성하는 상징성을 띠며 주요 정치 쟁점으로 부상했다. 예컨대 영국의 경우 유럽연합에서 공식적으로 탈퇴하는 결단을 공식화하기까지, 1970년대 이후 통합체제의 노정에 후발주자, 동반자, 선도자, 방관자, 회의주의자 등 맥락에 따라 입지를 바꾸면서 영국 이민문제는 공동체 해체의 결정적 단서를 제공했다(이옥연 2019). 이는 통합체제 차원에서 이주·이민 분야가 정책 구상도 실행도 어렵다는 사실을 여실히 보여준다.

유럽 단일시장 구축이 필연적으로 자유로운 이동 증대를 동반하면서, 이주·이민 분야가 속한 내무 및 사법 분야에서 유럽 차원의 협력 강화와 초국가적 공조 필요성에 대한 요구가 커졌다. 그 결과 이주·이민 분야에서 유럽 차원의 공동 대응을 위해 개별 회원국으로부터 유럽연합에게 일부 권한 이양에 대한 합의가 이뤄졌다. 비록 지엽적 범위에 그치지만, 이는 근대 국민국가의 징표인 국가주권을 자발적으로 포기하는 결단을 요구했다. 그러나 이를 국가 정체성의 상징으로 인식되는 주권상실에 해당하며 헌법이나 기본법에 명시된 헌정 질서의 변동이라고 인식하면서 정치 쟁점으로 유럽 차원과 국내 차원 정치 시장에 등장했다. 이는 유럽연합 회원국 국민의 이중성, 즉 유럽 지역통합을 원칙적으로 지지하면서도 그 통합의 세부 사항인 이주·이민 분야 공동정책에 반발하는 이율배반적 측면을 가리킨다. 무엇보다 '구별짓기'를 넘어서려면 곡해되고 왜곡된 '차별화된 통합'에서 '차별화된 분해' 요소를 격리할 필요성을 제시한다.

나가며

유럽에 나타나는 이주민·이민·난민 증가는 세계화로 인한 보편적 현상이다. 유입국으로서 유럽은 안정된 경제 여건, 양질의 사회보장제도, 고임금직 채용 가능성, 풍부한 교육이나 직업훈련 기회 보장, 정치적 안정성, 법치주의에 입각한 통치, 다원주의를 존중하는 의사결정방식, 인권보장 등 다차원적으로 탁월한 환경을 제공하기 때문에 매력적이다. 게다가 유럽통합의 심화와 확대는 물리적으로 자유로운 이동을 법제도적으로 보장한다. 유럽연합의 이주·이민 분야는 이러한 노동인구의 국제적 이동으로 생성되는 파장을 좇아 변천했다. 바로 이 변천이 동시에 유럽연합 차원뿐 아니라 개별 회원국의 사회 및 경제정책에 지대한 영향을 미쳤기 때문에, 유럽연합에 고유한 다층 거버넌스가 구축되었다.

이주·이민 분야를 보더라도, 건국과 재건국을 반복해 복기하며 유럽연합이 통합체제로서 대외적으로 법인격을 획득한 이후에도 여전히 제도화를 되짚어야 하는 '정체政體의 맹아萌芽'라는 사실이 드러난다. 특히 단기체류 자격으로 거주하는 유입인구 다수가 영구 거주를 전제한 장기체류 자격으로 갈아타면서, 이주·이민 분야는 국경관리와 체류 규제 자체보다 사회통합에 중점을 두는 전환기에 필연적으로 수반되는 사회적 갈등을 표출하고 해소하는 공공 담론장을 만들 필요성을 부각시켰다. 그러나 경제와 사회 양 측면에서 통제 불가한 위기가 발생하는 경우, 통합 체제에 대한 불신으로 번질 수 있는 정치적 위험 부담을 유럽의 이주·이민 분야에서 목격할 수 있다.

유럽연합 차원에서 공동정책 지침을 구축하고 법제를 정비하더라도 실질적으로 회원국 차원에서 적대·배제·차등을 빌미로 하고 '구별짓기'의 기제로서 '차별화된 통합'을 명분으로 내세워 재량권에 의해 활용할 수 있다. 그 결과 수직적 차별화, 즉 '핵심 유럽'이 주축이 된 내부자 정책 결정 과정을 통해 기존 기구나 법제도에 의한 집행 위주가 가능해진다. 이는 정책 구상을 위한 심의 단계가 간소화되거나 형식적으로 변질해 대의민주주의 정신이 발현되는 통로를 봉쇄하는 꼴이다. 그보다 더 심각한 문제는 수직적 차별화로 인한 수평적 차별화, 즉 지리적 파편화 또는 분야별 분절에 반발하는 창구를 유럽연합 차원에서 민주적 절차가 제공한다는 점이다. 영국독립당이 브렉시트를 성사시킨 배경이기도 하다. 민주주의 대변인 정치인이 묻고 유권자가 화답한 "부권적인 것이 존재하지 않는 시대에 자란 … 세대가 … 일종의 부성에 끌려가는 상황(고레에다 2016/2017, 168)"인 포스트 존슨Boris Johnson 영국이 눈에 밟히는 이유다.

참고문헌

• 고레에다 히로카즈 저, 이지수 옮김. 2016/2017. 『영화를 찍으며 생각한 것』 (서울: 바다출판사).

- 안병억. 2013. "유로존 위기와 차별화된 통합: 정책 결정에 미치는 영향을 중심으로." 『유럽연구』 제31권 2호.

- 이옥연. 2019. "영국의 탈유럽연합 투표 배경에 대한 담론." 홍태영 외. 『유럽의 타자들: '구별짓기'의 역사와 정치』 (서울: 사회평론).

- 이졸데 카림 저, 이승희 옮김. 2019. 『나와 타자들: 우리는 어떻게 타자를 혐오하면서 변화를 거부하는가』 (서울: 민음사).

- Christiansen, Thomas. 2009. "The EU Treaty Reform Process since 2000: The Highs and Lows of Constitutionalising the European Union," in Anca Pusca, ed. *Rejecting the EU Constitution?: From the Constitutional Treaty to the Treaty of Lisbon* (New York: International Debate Education Association).

- Elliot, Larry, and Dan Atkinson. 2016. *Europe Didn't Work: Why We Left and How to Get the Best from Brexit* (New Haven: Yale University Press).

- Eriksen, Erik. 2018. *Contesting Political Differntiation: European Division and the Problem of Dominance* (New York: Palgrave-Macmillan).

- Leruth, Benjamin, and Christopher Lord. 2015. "Differentiated integration in the European Union: a concept, a process, a system or a theory?" *Journal of European Public Policy* 22(6).

- Leuffen, Dirk, Berthold Rittberger, and Frank Schimmelfennig. 2013. *Differentiated Integration: Explaining Variation in the European Union* (New York: Palgrave-Macmillan).

- Walker, Neil. 2007. "Post-Constituent Constitutionalism? The Case of the European Union," in Martin Loughlin and Neil Walker, eds. *The Paradox of Constitutionalism: Constituent Power and Constitutional Form* (Oxford, UK/New York: Oxford University Press).

저자 소개

이옥연 Okyeon Yi

서울대학교 정치외교학부 교수

주요 저술로 『유럽의 타자들: '구별짓기'의 역사와 정치』(2019 공저), 『21세기 초 한국의 정치외교: 도전과 과제』(2018 공저), "연방주의 비교 연구를 토대로 한 연방주의화의 조작적 정의: 미합중국과 유럽연합 사례를 중심으로"(2018) 등이 있다.

고주현 Joohyun Go

연세대학교 동서문제연구원 연구교수

주요 저술로 『유럽의 역사화해와 지역협력』(2019 공저), 『EU 민주주의와 자본주의』(2017 공저), "대외정책행위자로서 유럽의회의 역할에 관한 고찰"(2022) 등이 있다.

김새미 Saemee Kim

한양대학교 평화연구소 연구교수

주요 저술로 "평화 문제와 문화영역에서의 실천연구: 유럽연합의 '문화 간 대화' 정책을 중심으로"(2021), "중견국 공공외교의 문화자원"(2021), "문화예술 매개로 한 난민에 대한 환대 가능성"(2019) 등이 있다.

김인춘 Inchoon Kim

연세대학교 동서문제연구원 연구교수

주요 저술로 『자유민주주의, 사회민주주의, 시민민주주의: 스웨덴·네덜란드의 경험과 한국사회』(2022), "북유럽 국가들의 민주주의와 '권력조사(maktutredningen)': 배경과 의의"(2020), "식민주의적 병합과 민주주의적 분리독립: 민주적 헌정주의와 1905년 노르웨이 독립"(2020) 등이 있다.

윤석준 Seock-Jun Yoon

성공회대학교 사회융합자율학부 정치학 전공 및 동아시아연구소 조교수

주요 저술로 『공공외교의 이해』(2020), "EU-MENA의 지속가능한 녹색협력: 지중해연합(UfM)에서 인식 공동체의 역할을 중심으로"(2022), "'박물관의 유럽화'를 통한 유럽의 문화 정치"(2018) 등이 있다.

임동현 Donghyun Lim

신한대학교 리나시타교양대학 교수

주요 저술로 *La Peyrère's influence on Vico's Historical Reconstruction: from Pre-Adamism to the Plurality of History*(2022), *Polis e polemos. Giambattista Vico e il pensiero politico*(2022 공저), 『귀부인의 남자 치치스베오: 18세기 이탈리아 귀족 계층의 성과 사랑 그리고 여성』(2018 역서) 등이 있다.

장선화 Seonhwa Jang

대전대학교 혜화리버럴아츠칼리지 글로벌문화콘텐츠학전공 조교수

주요 저술로 "급진 우파 포퓰리즘적 정치 동원과 정당민주주의의 딜레마: 북유럽 사례를 중심으로"(2021), "탈근대 사민주의 정당정치의 위기와 도전: 스웨덴사민당을 중심으로"(2019), 『저출산시대의 가족정책: 젠더, 가족, 그리고 국가』(2019 공저) 등이 있다.

영화로 보는 세계정치: '구별짓기'를 넘어서

1쇄 인쇄 2022년 8월 23일
1쇄 발행 2022년 8월 30일
편저자 이옥연
발행인 부성옥
발행처 도서출판 오름
등록번호 제2015-000047호 (1993. 5. 11)
주 소 서울특별시 중구 필동로 19 삼가빌딩 4층
전 화 (02) 585-9123 / 팩스 (02) 584-7952
E-mail oruem9123@naver.com

ISBN 978-89-7778-522-9 93340

* 값은 뒤표지에 있습니다.